UNIVERS DES LETTRES

sous la direction de Fernand Angué

~~WITHDRAWN~~

~~BEAUMARCHAIS~~

LE BARBIER DE SÉVILLE

Comédie

avec une notice sur le théâtre au XVIIIe siècle, une biographie chronologique de Beaumarchais, une étude générale de son œuvre, le texte intégral de la lettre-préface, une **analyse méthodique de la pièce,** le *Compliment de clôture*, des extraits de l'opéra-comique, des notes, des questions

par

Georges BONNEVILLE

Assistant à la Faculté des Lettres
et Sciences humaines de Nanterre

BORDAS PARIS - BRUXELLES - MONTRÉAL

GEORGE G. HARRAP & Co LTD - LONDON
SPES - LAUSANNE

Collection Marquis de Beaumarchais   Cl. Bulloz

Portrait de Beaumarchais par Nattier

© Bordas 1973 n° 865 733 606   Printed in France
I.S.B.N. 2-04-008006-6 (I.S.B.N. 2-04-000751-2 – 1ʳᵉ publication)

LE THÉATRE AU XVIIIᵉ SIÈCLE

Les grandes dates du théâtre parisien

1398   Les Confrères de la Passion sont établis à Saint-Maur.

1402   Ils s'installent à Paris (hôpital de la Sainte-Trinité) et y représentent des mistères, des farces, des moralités.

1539   Ils se transportent à l'Hôtel de Flandre.

1543   Celui-ci est démoli; ils font construire une salle à l'emplacement de l'hôtel des anciens ducs de Bourgogne, tout près de l'ancienne Cour des Miracles.

1548   Un arrêt du Parlement défend aux Confrères la représentation des pièces religieuses, leur réservant en retour le droit exclusif de jouer les pièces profanes (on commence à composer des tragédies imitées de l'antique).

1635   Ouverture du Théâtre du Marais, rue Vieille-du-Temple.

1643   Molière fonde l'Illustre Théâtre.

1658   La troupe de Molière partage avec les Comédiens italiens la salle du Petit-Bourbon, qui sera démolie à partir de 1660.

1661   Molière partage avec les Italiens la salle du Palais-Royal.

1671   Inauguration de l'Opéra, au jeu de Paume de Laffemas, près de la rue de Seine et de la rue Guénégaud. Lully en assure la direction à partir de 1672.

1673   Expulsée du Palais-Royal, que Lully convoitait, la troupe de Molière, à la mort de son chef, fusionne avec celle du Marais. Les Comédiens du Roi (c'est le nom que prend la troupe ainsi constituée, bien qu'elle ne touche pas de pension) s'installent rue Guénégaud.

1680   (18 août) Les Comédiens du Roi fusionnent avec les Grands Comédiens de l'Hôtel de Bourgogne sous le nom de Troupe du Roi. Ainsi est fondée la future Comédie-Française. Les Comédiens sont « entretenus par Sa Majesté » et occupent la salle Guénégaud.

Les troupes au XVIIIᵉ siècle

1. La Comédie-Française. En 1687, la troupe a quitté l'hôtel Guénégaud pour la salle du Jeu de Paume, rue des Fossés Saint-Germain (actuellement rue de l'Ancienne-Comédie). En 1770 elle s'installe aux Tuileries, avant d'aller occuper, en 1782, le théâtre bâti pour elle : l'actuel Odéon. Au XVIIIᵉ siècle, le prestige de la Comédie-française est demeuré grand, mais on lui reproche souvent son attitude guindée et son manque d'ouverture aux nouveautés. Les Comédiens français ont joué les tragédies de Voltaire, mais Marivaux a préféré les Italiens.

2. Les Comédiens italiens. Seuls occupants de l'hôtel de Bourgogne depuis 1680, ils ont été expulsés de 1697 à 1716 sous le prétexte d'une pièce satirique qui aurait visé Mᵐᵉ de Maintenon. Abandonnant peu à peu la tradition de la *commedia dell'arte*, ils interprètent des auteurs nouveaux avec un naturel, un art du geste et du regard qui rachètent avantageusement la difficulté qu'ils éprouvent parfois à prononcer le français. Dans leur troupe a figuré la fameuse Silvia (Gianetta Benozzi), interprète préférée de Marivaux.

3. L'Opéra. Installé au Palais-Royal de 1673 à 1763, puis aux Tuileries, puis de nouveau au Palais-Royal en 1770, il consacre le triomphe de Rameau, que Rousseau et les Encyclopédistes soutiennent contre les partisans de la musique italienne. Le succès de l'Opéra auprès du public va croissant au cours du siècle.

4. Le théâtre de la Foire. C'était, à l'origine, un spectacle de baladins installés à la Foire Saint-Germain durant l'hiver et à la Foire Saint-Laurent durant l'été. Ils ne semblaient pas devoir concurrencer les Comédiens français quand, en 1680, ils s'efforcèrent de prendre leur succession. Mais les Comédiens français leur mènent la vie dure. « Les comédiens du Roi font interdire à leurs rivaux les scènes dialoguées (1703). Les forains se soumettent et donnent des monologues. On leur dénie le droit de déclamer : ils chantent des couplets. Défense d'ouvrir la bouche : ils jouent la pantomime et inscrivent en gros caractères, sur des écriteaux, des refrains que le public chante en chœur (1711). Que faire contre ces obstinés ? » (Georges Ascoli). Lesage écrit pour la Foire. Au retour des Italiens (1716), les comédiens de la Foire finissent par s'entendre avec eux.

5. L'Opéra-comique. Les débuts avaient été à peu près aussi modestes que ceux de la Foire. Le terme d'opéra-comique rappelle l'intention initiale : parodier l'opéra. Par la suite, on s'orienta vers une forme de comédie à couplets et à danses, très proche des spectacles de la Foire et des Italiens. En 1765, l'Opéra-comique fusionne d'ailleurs avec le Théâtre italien et s'installe donc à l'hôtel de Bourgogne, qu'il quittera en 1783 pour occuper à peu près son emplacement actuel. Favart et Sedaine notamment ont produit pour l'Opéra-comique.

6. Autres théâtres. Un assez grand nombre se créent vers la fin du siècle, notamment le Théâtre de Nicolet, boulevard du Temple, qui devient en 1772 le Théâtre des grands Danseurs du Roi; l'Ambigu comique, spécialisé dans les mimes et les féeries, fondé en 1769 par Audinot; le Théâtre des Associés (1774); les Variétés amusantes (1778). N'oublions pas enfin les représentations privées ou semi-publiques données chez eux par les grands de la naissance ou de la fortune : cet usage est fort répandu au temps de Beaumarchais.

Les genres nouveaux

Un bilan sommaire du théâtre français du xviiie siècle ne retiendrait guère que les tragédies de VOLTAIRE (qu'on ne lit plus, car on y voit le prolongement anachronique de la formule classique) et les prestigieuses réussites de MARIVAUX et de BEAUMARCHAIS, qui ont acquis l'éternelle jeunesse des chefs-d'œuvre. Encore ne faudrait-il pas oublier que les timides mais réelles innovations de

Voltaire, et surtout la puissante originalité de ses deux confrères, sont plus ou moins liées aux tentatives de renouvellement dramatique dont ce siècle a été le témoin.

Dans l'héritage même de Molière il n'est pas indifférent de noter, pour introduire une œuvre de Beaumarchais, la réhabilitation de la comédie d'intrigue à laquelle s'est efforcé un REGNARD ; ni la satire des mœurs, associée à la tradition de la Foire, qui suscite les préoccupations sociales de DANCOURT pour aboutir au rire amer de LESAGE, dans *Turcaret*.

La première vague de sensibilité qui déferle sur le début du siècle n'est pas étrangère aux attendrissements de DESTOUCHES (1680-1754) qui, grâce à ses fonctions diplomatiques, avait connu le théâtre anglais, et à la comédie larmoyante de NIVELLE DE LA CHAUSSÉE (1692-1754). C'est au confluent de ce courant sensible avec la subtilité de la psychologie racinienne et la volubilité des Comédiens italiens que nous trouvons le théâtre de Marivaux (1688-1763).

Les goûts et aussi la morale de Marivaux étaient aristocratiques, et par lui la comédie se hissait à la gravité du sourire. La même vague de sentimentalité, gonflée de préoccupations moralisantes, fera descendre la tragédie des nuages mythologiques et des royales demeures dans les foyers bourgeois. Si la tentative de DIDEROT n'a pu aboutir à la création d'une formule durable, ce n'est pas faute d'avoir été méditée. Son *Fils naturel* (1757) et son *Père de famille* (1758) ont été proposés non seulement comme des œuvres nouvelles, mais comme les illustrations d'une théorie affirmée dans les *Entretiens sur le Fils naturel*. Beaumarchais lui-même se croyait plus doué pour le drame que pour la comédie : le drame d'*Eugénie* (1767) fut accompagné d'un *Essai sur le genre dramatique sérieux* (voir la *Lettre modérée*, p. 38, l. 58-76).

Mais la nostalgie de l'opéra qu'on trouve dans la même *Lettre modérée* et les considérations sur l'art musical qu'elle révèle dans les dernières pages s'expliquent tout aussi bien par une tradition qu'on voit naître au cours du siècle. SEDAINE, qui a écrit le drame du *Philosophe sans le savoir* (1765), était déjà l'auteur d'opéras-comiques, après avoir composé des chansons. La recherche d'un genre qui mêlerait paroles et musique, dialogues et chansons, la comédie et la danse (et dont on voyait déjà une manifestation dans les comédies-ballets de Molière) n'a cessé de hanter les auteurs dramatiques du XVIIIe siècle. Elle se confond avec l'histoire des Comédiens italiens, de la Foire et de l'Opéra-comique.

On ne peut enfin comprendre *le Barbier* sans faire état des « parades ». A l'origine, les parades étaient ce qu'elles sont restées sur nos foires : une exhibition tirée d'une œuvre pour engager le public à entrer voir le spectacle. Mais comme les grands qui aimaient s'encanailler, tel le futur Régent, venaient *incognito* assister à ces démonstrations, l'idée leur vint de les faire exécuter dans leurs demeures (voir p. 13). La parade aristocratique avait pour règles d'être écrite en une langue très verte, émaillée de

fausses liaisons ou « cuirs » ; de comporter des personnages tradi-
tionnels comme Isabelle, Léandre, Gilles, Arlequin ; enfin d'être
d'une parfaite obscénité. CHARLES COLLÉ (1709-1793), maître du
genre, en formule ainsi les exigences : « Que le fond zen doit être
zagréablement ordurier ; que ces ordures ne doivent sortir que de
ce fond et n'y paraître ni zapportées ni plaquées. » Il paraît que les
dames aimaient particulièrement ces spectacles. C'est un des
aspects d'une époque riche et complexe, au demeurant passion-
nément et sincèrement éprise de vertu. On verra (p. 29) la liste des
parades composées par Beaumarchais pour Lenormant d'Étioles.

Les comédiens : condition morale

Les autorités religieuses restent en principe hostiles aux comédiens, sinon toujours au théâtre. Comment expliquer cette contradiction, sinon par les mœurs attribuées aux gens de théâtre ?
DANCOURT, issu de bonne bourgeoisie comme Molière, comme lui
à la fois acteur et auteur, et comme lui passionné de théâtre, se
sentait, au début du siècle, assez mal à l'aise dans le milieu des
comédiens. Sous l'influence de son ancien maître, le Père de La Rue,
il se convertit en 1718 et abandonna les « planches » (comme acteur
et comme auteur). Il ne devait y revenir que pour écrire une tragédie sacrée.

A la mort d'ADRIENNE LECOUVREUR, en 1730, on s'aperçut que
l'excommunication était toujours applicable. La sépulture reli-
gieuse ayant été refusée par M. Languet, curé de Saint-Sulpice,
le corps de l'illustre comédienne fut enterré clandestinement, la
nuit, près des bords de la Seine, au coin de la rue de Bourgogne.
S'appuyant sur ce fait, dans ses *Lettres philosophiques*, Voltaire loue
les Anglais d'être « bien loin d'attacher l'infamie à l'art des Sophocle
et des Euripide et de retrancher du corps de leurs citoyens ceux qui
se dévouent à réciter devant eux des ouvrages dont leur nation se
glorifie ».

Mais, si cet incident parut scandaleux, ne peut-on en conclure
que l'attitude du zélé curé de Saint-Sulpice était quelque peu
exceptionnelle ? Dans ce domaine, une lente évolution s'accomplit.
Il faut noter, à ce propos, que les Comédiens italiens ne cessent de
protester contre l'excommunication qui les frappe en France
(mais non à Rome), arguant de la pureté de leurs mœurs : ils
accomplissent leurs devoirs religieux, décorent la façade de leur
théâtre pendant les processions, font relâche le vendredi.

Le problème est posé même chez les calvinistes de Genève où
toute forme de théâtre demeure interdite. Si l'on croit d'Alembert
en son article « Genève » de l'*Encyclopédie*, le point de vue des
pasteurs serait à peu près identique à celui des autorités catho-
liques : « On ne souffre point à Genève de comédie ; ce n'est pas
qu'on y désapprouve les spectacles en eux-mêmes, mais on craint
dit-on, le goût de parure, de dissipation et de libertinage que les
troupes de comédiens répandent parmi la jeunesse ». On sait
comment Rousseau prit la défense des pasteurs avec plus de zèle

qu'ils n'en mettaient eux-mêmes : c'est que, pour lui, le théâtre était une des formes de la civilisation qu'il battait en brèche.

Rapports avec les auteurs

Quant aux conditions matérielles, elles demeurent excellentes. Les auteurs ont même quelque raison de croire qu'elles le sont à leurs dépens. Un arrêté royal de 1697 avait, pour la première fois, cherché à sauvegarder les droits des écrivains : ils devaient désormais toucher 1/9 de la recette pour une pièce en cinq actes, et 1/12 pour trois actes, moins les frais journaliers, estimés à 500 livres l'hiver (à cause de l'éclairage et du chauffage) et à 300 l'été. Mais les comédiens avaient réussi à tourner l'arrêté en imposant aux auteurs les conditions suivantes : si la pièce tombait au-dessous de 1 200 livres de recette l'hiver (et 800 livres l'été), elle devenait propriété du théâtre. Les comédiens s'appliquaient donc à faire baisser la recette pour s'approprier l'œuvre. A cet abus évident s'ajoutait une scandaleuse irrégularité dans les comptes.

Beaumarchais protesta. Par représailles, les Comédiens français boudèrent *le Barbier*. L'auteur réussit à émouvoir les « Supérieurs de la Comédie », gentilshommes de la Chambre du Roi. Les Comédiens refusèrent de montrer leurs livres de recettes quand Beaumarchais eut prouvé que leurs comptes étaient faux. Il réunit alors des auteurs qui constituèrent la **Société des auteurs dramatiques** (3 juillet 1777). Mais après toutes sortes de tentatives de compromis, aucun règlement acceptable par les auteurs ne put aboutir. Il fallut attendre le 13 janvier 1791 pour que la Constituante abolît le privilège des Comédiens du Roi. Beaumarchais intervint en personne pour obtenir que les acteurs ne pussent jouer une pièce sans l'autorisation de l'auteur.

Organisation matérielle

Aucune rupture ne s'effectue brutalement avec les traditions du siècle précédent. La règle des unités s'assouplit, d'autant plus qu'on manifeste une habileté croissante pour changer les décors. Le public reste relativement bruyant. En 1734, *Adélaïde du Guesclin*, tragédie de Voltaire, tomba, parce qu'à la réplique de Vendôme : « Es-tu content, Couci ? » un mauvais plaisant répondit : « Couci-couci. » En 1759, on renonce toutefois à la coutume anglaise (adoptée en 1637) de placer les spectateurs de marque sur la scène.

Les ressources étaient constituées par « les recettes journalières » obtenues grâce aux entrées et aux abonnements. Il existait des abonnements à vie, au prix de 3 000 livres (4 ans de salaire ouvrier). Les loges, et les « petites loges » grillagées pour lesquelles Beaumarchais a toutes sortes de sarcasmes (voir la *Lettre modérée*, p. 47, l. 423), étaient réservées aux abonnés. Une taxe de 25 % (le quart des hôpitaux, ou quart des pauvres) était prélevée sur une recette forfaitaire fixée, au temps du *Barbier*, à 60 000 livres par an.

L'ÉPOQUE DE BEAUMARCHAIS

Règne personnel de Louis XV (1723-1774)

1732	*Zaïre* de Voltaire.	
	Manon Lescaut de l'abbé Prévost.	**Enfance**
1733	Affaire de la Succession de Pologne.	
	Les Fausses Confidences de Marivaux.	
	Mort de Couperin.	Famille.
1734	*Grandeur et Décadence des Romains* par Montesquieu.	
1735	Mise au point, en Angleterre, de la fabrication de la fonte au coke.	
	Systema naturae de Linné.	
1736	*Le Mondain*, poème de Voltaire.	
1737	*Castor et Pollux*, opéra de Rameau.	
	Institution du *Salon* annuel de peinture.	
1738	Traité de Vienne, donnant le duché de Lorraine à Stanislas.	
	Invention de la navette volante par J. Kay.	
1739	John Wesley fonde le méthodisme.	
1740	Mort de Charles IV et crise de la succession d'Autriche.	
	Saint-Simon commence à rédiger ses *Mémoires*.	Études.
1742	Traduction de *Paméla* de Richardson par l'abbé Prévost.	
1743	Mort du cardinal de Fleury.	
1745	Victoire de Fontenoy, où l'on s'est battu « pour le roi de Prusse ».	
1747	*Zadig* de Voltaire.	
1748	Paix d'Aix-la-Chapelle.	
	L'Esprit des Lois de Montesquieu.	**L'horlogerie**
	Clarisse Harlowe de Richardson.	
	Aménagement de la place Louis XV (aujourd'hui de la Concorde) sous la direction de Gabriel.	Inventeur.
1749	Institution de l'impôt du vingtième par Machault d'Arnouville.	
1750	Voltaire à Berlin.	
	Mort de J.-S. Bach.	Polémiste.
1751	Dupleix aux Indes.	
	Premier volume de l'*Encyclopédie*.	
	Le Siècle de Louis XIV par Voltaire.	
1752	*Le Devin du Village*, opéra de J.-J. Rousseau.	
	L'École militaire, construite par Gabriel.	
1753	*Discours sur le Style* par Buffon.	
1753-58	*Essai sur les Mœurs* par Voltaire.	
1754	*Traité des Sensations* par Condillac.	

LA VIE DE BEAUMARCHAIS (1732-1799)

1732   (24 janvier). Naissance à Paris, rue Saint-Denis, de PIERRE-AUGUS-
TIN CARON, troisième enfant d'une famille de modestes horlogers
d'origine normande et protestante. Deux filles étaient déjà nées :
Marie-Josèphe et Marie-Louise. Trois autres filles naîtront après
le futur homme de lettres : Madeleine-Françoise, Julie (qui sera
la plus douée et sa préférée) et Jeanne-Marguerite.

     Le père était un ancien dragon, établi depuis peu dans un com-
merce où il ne fera jamais fortune. Mais, auteur d'un mémoire sur
les machines à draguer, il a l'esprit inventif. Il possède aussi une
brillante culture littéraire : il sait des vers par cœur, lit Richardson
dans la traduction de l'abbé Prévost. Ses lettres révèlent un style
très personnel, et il a toute la gaieté du siècle.

     Pour exceptionnelle qu'elle fût, cette situation familiale illustre
bien l'évolution qui s'accomplit dans la société. Elle explique aussi
de multiples aspects du futur Beaumarchais : le jeune Pierre-Augustin a grandi dans une atmosphère de travail et d'ingéniosité, de
romans et de chansons. La boutique paternelle s'ouvrait sur le
monde : le plébéien y trouve toutes les occasions de juger l'aristo-
cratie avec aussi peu d'indulgence qu'un autre fils d'horloger, son
contemporain Jean-Jacques, encore que dans un tout autre esprit.

1742   Est-ce une conséquence de la condition sociale ou parce que, dans
la famille Caron, la culture était une manière d'être plutôt qu'une
tradition ? Contrairement au fils du tapissier Poquelin un siècle
auparavant, l'enfant n'est pas confié à un grand collège parisien,
mais à une obscure école d'Alfort d'où on le retire en 1745 (à treize
ans !) pour lui apprendre le métier paternel. Sa véritable école, ce
sera la vie.

1753   (juillet). A défaut d'autre gloire, Pierre-Augustin Caron eût laissé
un nom dans l'histoire de la technique horlogère. Il met au point
le mode d'échappement (c'est-à-dire le mécanisme qui transmet le
mouvement du ressort à l'ensemble des rouages) qu'on cherchait
depuis longtemps et dont on se sert encore aujourd'hui.

1754   Mais cette découverte le jette sur la voie de l'aventure et révèle au
public et à lui-même une vocation de polémiste. LEPAUTE, « horloger du roi » et confrère de son père, lui ayant volé son invention en
se l'attribuant dans une communication au *Mercure*, le jeune Caron
adresse à cette publication une protestation vigoureuse ainsi qu'un
Mémoire à l'Académie des Sciences. Ce chef-d'œuvre de logique et
de clarté suscite, le 23 février, un arbitrage de l'Académie en faveur
de l'inventeur spolié, et ce succès vaut au génial horloger une
invitation à la Cour. Une démonstration, et aussi la séduction
personnelle, décident le roi et Mme de Pompadour à passer commande, cependant que le *Mercure* offre à « Caron père et fils » une
page de publicité. Ainsi Pierre-Augustin se trouve-t-il confirmé
dans sa vocation d'horloger.

1755	Franklin à Londres pousse les Anglais à la guerre contre la France. Mort de Montesquieu. *Discours sur l'Inégalité* par J.-J. Rousseau. Restauration du Louvre par Gabriel.	Intrigant de Cour.
1756	*Idylles* de Gessner. Naissance de Mozart. *Cosmologie* de Maupertuis.	
1756-63	Renversement des alliances et guerre de Sept ans.	Marié et veuf.
1757	Victoire de Frédéric sur les Français à Rossbach, et sur les Autrichiens à Leuthen. Attentat de Damiens contre Louis XV. *Le Fils naturel*, drame de Diderot. Mort de Fontenelle.	
1758	Ministère de Choiseul. *Lettre à d'Alembert* de J.-J. Rousseau. *De l'Esprit* par Helvétius.	**La finance**
1759	*Candide* de Voltaire. Marmontel obtient le privilège du *Mercure de France*. Mort de Jussieu. Capitulation de Québec. *Du poème dramatique* par Diderot. Mort de Haendel.	Rencontre de Pâris-Duverney.
1760	*Ossian* de Macpherson. *Les Philosophes*, comédie satirique de Palissot. Invention du paratonnerre par Franklin.	Projets littéraires.
1761	Représentation du *Père de Famille* de Diderot. *La Nouvelle Héloïse* de J.-J. Rousseau. *On ne s'avise jamais de tout*, opéra-comique de Sedaine.	

1755   Cependant, l'aventure entre dans la boutique en la personne de Mme Franquet. « Elle apporte une montre à réparer et un cœur à prendre » (René Pomeau). Le jeune libertin n'avait pas attendu cette occasion pour se manifester, et ce n'est pas la passion, cette fois encore, qui le fait agir. Il devient l'ami du mari, un vieil homme malade qui exerçait à la Cour la charge de « contrôleur de la bouche » (elle consistait à surveiller les mets jusque sur la table royale). La dame persuade le mari de se faire suppléer par le jeune ami, qui obtient ainsi une charge à Versailles.

1756   M. Franquet meurt. Pierre-Augustin aide la veuve à défendre son héritage, l'épouse le 22 novembre et prend le nom de BEAU-MARCHAIS (d'une terre de sa femme : le « bos » ou bois Marchais). Le ménage donnait déjà des signes de mésentente, quand Mme Caron de Beaumarchais meurt à son tour, sans doute de la tuberculose, le 29 septembre 1757. Le jeune mari aurait empoisonné une épouse trop âgée, ont suggéré les ennemis de Beaumarchais. Assurément pas, répondent les biographes, car le contrat de mariage n'était pas encore enregistré. Un procès et des dettes : voilà tout l'héritage. Beaumarchais cherche donc à assurer sa position à la Cour où on le trouve, jusqu'en 1760, au service de Mesdames, filles de Louis XV, en qualité de professeur de harpe. Il se charge aussi de faire leurs commissions à Paris.

1760   Il mène une vie assez médiocre, jusqu'au jour où il rencontre PARIS-DUVERNEY, un des quatre frères qui dominaient la finance française. Entre autres fonctions, Duverney se chargeait des fournitures aux armées royales, et c'est à son service que le jeune Voltaire avait acquis fortune et indépendance. Duverney rêvait de placer une part de ses bénéfices dans la création d'une école militaire. Le service qu'il attendait de Beaumarchais était, par l'intermédiaire de Mesdames, d'intéresser le roi à son projet. Autre trait de mœurs du temps : Beaumarchais est associé aux affaires, donc aux bénéfices de son protecteur, mais les lettres qui traitent de ces questions sont chiffrées en termes de libertinage et Beaumarchais est chargé de cette cryptographie; il y réussit fort bien.

    N'a-t-il pas déjà des projets littéraires ? Lintilhac a prétendu faire remonter à l'année 1759 un ancien plan du drame d'*Eugénie*, dont il a retrouvé le brouillon. C'est la date affirmée par Beaumarchais dans la préface publiée en 1767 sous forme d'*Essai sur le genre dramatique sérieux*. Mais ne tenait-il pas surtout à s'attribuer la paternité d'un genre que Diderot avait déjà illustré en faisant jouer *le Père de famille* en 1761 ? M. René Pomeau observe que le drame de Diderot était imprimé dès 1758 et pense, avec Beau de Loménie, qu'une première version d'*Eugénie* devait être rédigée avant le voyage espagnol.

1762   Avènement de Catherine II de Russie.
Procès et exécution de Calas; intervention
de Voltaire.
Le Parlement de Paris ordonne la suppres-
sion de l'ordre des Jésuites.
Le Contrat Social et *Émile* de J.-J. Rous-
seau.
Mort de Crébillon.
Orphée de Glück.

1763   Traité de Paris : l'Angleterre acquiert la   **Beaumarchais**
Nouvelle-France. L'Espagne cède la Flo-   **anobli**
ride aux Anglais et reçoit en compensation
la Louisiane française.
Mort de Marivaux.
Traité sur la Tolérance par Voltaire.

1764   Mort de la marquise de Pompadour.
Dictionnaire philosophique et *Commentaire*   **L'aventure espa-**
sur Corneille par Voltaire.   **gnole**
Ouverture du salon du Mlle de Lespinasse.
Lettres de la Montagne de J.-J. Rousseau.
Commencement de la construction de
l'église Sainte-Geneviève (le futur Pan-
théon) par Soufflot.
Mort de Rameau.

1765   Frédéric II crée la Banque de Berlin.
Réhabilitation de Calas.
Le Philosophe sans le savoir, drame bour-
geois de Sedaine.
Droit naturel de Quesnay.

1765-67   Premiers *Salons* de Diderot.   **Eugénie**

1766   Mort de Stanislas. La Lorraine devient
française.
The Vicar of Wakefield de Goldsmith.
Essai sur les richesses par Turgot.
L'Accordée de Village, tableau de Greuze.
Mort de Nattier.

C'est aussi l'époque où il fait la connaissance du financier Lenormant, le mari complaisant de Mme de Pompadour, lequel offrait à ses invités des « parades » (voir p. 5) en son château d'Étioles. Beaumarchais s'est essayé à ce genre qui apparemment lui convenait mieux que le drame bourgeois, puisque notre *Barbier* en est sorti. A cette date, il hésite sur sa voie, mais il hésitera toujours entre le drame moralisant et la comédie libertine.

Il lit beaucoup, et des auteurs aussi variés que Pascal et Voltaire, Rabelais et Richardson. Songe-t-il sérieusement, en 1760, à une carrière d'homme de lettres ? Sans doute, et à beaucoup d'autres. Avec l'aide de Duverney, il achète deux charges importantes : celle de « secrétaire du Roi » (85 000 livres), qui l'anoblit ; celle aussi de « lieutenant-général des chasses aux baillage et capitainerie de la Varenne du Louvre ». Sa position sociale est maintenant bien assurée.

1764 L'avant-veille de Pâques, il part pour Madrid, où vivaient deux de ses sœurs : l'aînée, devenue Mme Guilbert, et la cadette, nommée familièrement LISETTE. Motif officiel du voyage (accrédité par Beaumarchais lui-même dans son quatrième *Mémoire* en 1774) : il se précipite à Madrid pour rétablir la réputation de Lisette, fiancée à un certain CLAVIJO, journaliste espagnol, lequel, avec une incroyable mauvaise foi, refuse de l'épouser.

La réalité (prouvée par la correspondance de Beaumarchais) est un peu différente : Lisette, en 1764, a trente-trois ans, c'est « une personne déjà mûre, au passé quelque peu chargé, qui se prépare à faire une fin » (René Pomeau). Mais le *Mémoire* tait son passé équivoque, ses fiançailles avec un nommé Durand, le fait qu'elle avait refusé Clavijo quand il n'avait pas une situation assez solide et qu'elle le poursuivit quand il fut bien établi... La trop astucieuse Lisette n'épousera ni Clavijo, ni Durand.

Mais Beaumarchais (qui ne se hâte nullement vers Madrid) a en tête des projets moins chevaleresques et plus positifs. Il s'agit d'ouvrir le marché de la Louisiane, particulièrement le commerce des esclaves noirs, à un consortium dirigé par Pâris-Duverney. Le gouvernement espagnol était hostile. Pour favoriser la négociation, Beaumarchais imagine d'agir sur le roi d'Espagne en lui procurant une maîtresse : la sienne. Peine perdue. Alors il rédige un mémoire, sans plus de résultat. Du moins Beaumarchais a-t-il vécu à Madrid un des épisodes les plus pittoresques du roman de sa vie. Il a connu l'Espagne. Et, si la réputation de Lisette était utile à ses projets financiers, la version poétisée de l'affaire Clavijo fournira le drame d'*Eugénie*, en attendant que Goethe en tire un autre drame.

Durant son séjour à Madrid, Beaumarchais travaille à un poème en octosyllabes sur *l'Optimisme*, qui restera inédit.

1765 Il rompt avec Pauline Lebreton, une jeune créole qu'il aimait, mais dont les biens, à Saint-Domingue, n'offraient pas des garanties suffisantes. Lasse d'attendre, Pauline choisit un autre parti.

1766 Beaumarchais devient adjudicataire de la forêt de Chinon, au nom

1767	Expulsion des Jésuites d'Espagne et de France. *L'Ingénu*, roman de Voltaire. *Dramaturgie de Hambourg* par Lessing. Voyage de Bougainville. James Watt achève de construire la machine à vapeur.	
1768	La République de Gênes vend à la France ses droits sur la Corse. *La Physiocratie* par Quesney. Naissance de Chateaubriand. *Le Siècle de Louis XIV* par Voltaire. Le Petit Trianon construit par Gabriel. Premier voyage de Cook dans les mers australes.	**Intrigues matrimoniales et drames bourgeois**
1769	Naissance de Napoléon Bonaparte. Création à Londres du *Morning Chronicle*. *Les Guèbres* de Voltaire. *Les Géorgiques*, traduction de l'abbé Delille. *Histoire du Parlement* par Voltaire.	**Le Barbier de Séville** (1)
1770	Départ de Choiseul, suspect de faiblesse à l'égard du Parlement. Accession au pouvoir du chancelier Maupeou. Mariage du futur Louis XVI et de Marie-Antoinette. *Système de la nature* par d'Holbach. Naissance de Beethoven. Statue de Voltaire par Pigalle. Lavoisier analyse la composition de l'air.	**L'affaire La Blache**
1771	Les parlementaires en grève refusent de reprendre leur service. Ils sont privés de leur charge (23 janvier). Le Parlement de Paris est remplacé par six Conseils supérieurs, formés de véritables fonctionnaires. Mort d'Helvétius. Fin de la publication de *l'Encyclopédie*.	**Beaumarchais incarcéré**
1772	Premier partage de la Pologne. *Roméo et Juliette* de Ducis, d'après Shakespeare. Deuxième voyage de Cook.	

de son valet, car sa charge le lui interdisait. Duverney avance les capitaux nécessaires.

1767 (29 janvier). Le drame d'*Eugénie*, joué par les Comédiens français, échoue. Beaumarchais refait les deux derniers actes, et la pièce est sauvée.

Il précise sa conception du drame en publiant l'*Essai sur le genre dramatique sérieux*.

1768 Beaumarchais épouse Mme Lévêque, une riche veuve dont il aura un fils.

1770 (13 janvier). Représentation d'un second drame : *les Deux Amis, ou le Négociant de Lyon*, drame bourgeois s'il en est, sur le thème de l'échéance commerciale. Un des personnages semble avoir été inspiré par le souvenir de Pauline Lebreton. La pièce échoue.

(17 juillet). Mort de Pâris-Duverney.

(21 novembre). Mort de la seconde femme de Beaumarchais (il perdra en 1772 le fils qu'il a eu d'elle).

1772 Première ébauche du *Barbier de Séville*, sous forme de « parade ». Agrémentée d'airs rapportés d'Espagne, la pièce se transforme en opéra-comique, que la Comédie italienne refuse.

Beaumarchais prévoyait que la succession de Duverney serait compliquée. Aussi avait-il, avant la mort du financier, fait arrêter ses comptes avec lui, par un acte daté du 1er avril 1770. Mais le légataire universel, le comte de La Blache, est un ennemi de Beaumarchais. Il conteste les dispositions testamentaires et déclare que l'acte est un faux. L'accusation est fragile, mais l'accusateur redoutable.

(14 mars). Les « requêtes de l'hôtel » ordonnent l'exécution de l'arrêté de comptes. Victoire de Beaumarchais. Mais La Blache fait appel devant le Parlement.

1773 (11 février). Un épisode dramatique et burlesque vient compliquer l'affaire. Beaumarchais entre en conflit, à propos d'une maîtresse, avec le duc de Chaulnes, son ami, homme excessif, capable de la brutalité la plus féroce.

Décidé à tuer son rival, le duc le rejoint au Louvre où, dans sa charge de lieutenant général, il jugeait des délits de chasse. A défaut de duel, il s'ensuit un incroyable pugilat dans la maison de Beaumarchais. Le ministre La Vrillière envoie le duc à Vincennes, et Beaumarchais est mis aux arrêts chez lui. Le tribunal des maréchaux donne tort au duc, mais le ministre finit par enfermer Beaumarchais au For-l'Évêque, au moment où l'affaire La Blache entre dans une phase active.

(1er avril). Goezman est nommé rapporteur. Il est peu favorable à Beaumarchais.

(4 avril). Beaumarchais qui a obtenu de sortir de For-l'Évêque pour assurer sa défense, apprend que la jeune et jolie épouse du vieux et laid Goezman lui accorderait une audience pour la somme de 100 louis. Il l'obtient, et constate qu'on veut lui faire perdre son procès.

(5 avril). Mme Goezman accepte de le recevoir une seconde fois

1773 Suppression de l'ordre des Jésuites par le pape.
Conflit du thé à Boston.
Formation du Grand-Orient de France.
La Messiade de Klopstock.
Goetz de Berlichingen par Goethe.
Diderot en Russie.

L'affaire Goezman

Règne de Louis XVI (1774-1793)

1774 Traité russo-turc, rédigé en français.
Congrès de Philadelphie.
Mort de Louis XV (avril).
Werther de Gœthe.
Orphée, opéra de Glück.
Priestley isole l'oxygène.
Installation à Chaillot d'une « pompe à feu » pour approvisionner Paris en eau potable.

Beaumarchais négociateur officieux

(la veille du jugement), moyennant une montre ornée de diamants et 15 louis destinés au secrétaire. Puis elle se ravise, fait restituer les 100 louis et la montre, mais garde les 15 louis du secrétaire... Entre temps, La Blache avait dû offrir davantage.

(6 avril). Beaumarchais est condamné à payer 56 300 livres, plus les frais du procès. Situation désespérée : Beaumarchais est expulsé de chez lui, tous ses biens saisis. C'est alors qu'il songe à la contre-attaque.

(21 avril). Convaincu que le secrétaire n'a rien reçu des 15 louis, Beaumarchais en demande la restitution à Mme Goezman.

(8 mai). Libéré, Beaumarchais raconte, dans les salons parisiens, comment on obtient les audiences de Goezman. Mais le conseiller prend les devants et accuse Beaumarchais de tentative de corruption. Le risque est grand pour Beaumarchais, car Goezman est soutenu par tous les « tribunaux Maupeou ».

(5 septembre). La riposte arrive, foudroyante. Réfugié chez son beau-frère Lépine, et admirablement secondé par les siens, Beaumarchais fait paraître le premier *Mémoire*, qui obtient dans le public un succès immense. « Mon courage m'a sauvé », écrit-il. La partie est gagnée.

1774   (10 février). Publication du quatrième *Mémoire*. Dès le troisième, Beaumarchais pourchassait Goezman jusque dans sa vie privée. C'est maintenant un triomphe. Beaumarchais est connu dans toute l'Europe.

(26 février). Les juges n'osent plus se venger : Goezman est condamné, Mme Goezman « blâmée » (déchue de ses droits civiques), mais Beaumarchais l'est aussi.

(mars). Cependant, le bruit qui s'est fait autour des *Mémoires* inquiète le pouvoir. Beaumarchais, qui voudrait voir lever son blâme, préfère s'éloigner quelque temps à Londres. Une occasion merveilleuse se présente de rentrer en grâce : à Londres, une feuille de chantage annonce la publication prochaine d'un pamphlet contre Mme DU BARRY, *les Mémoires secrets d'une femme publique*; Beaumarchais est chargé, par le vieux Louis XV, de racheter le manuscrit.

(juin). Beaumarchais rentre à Paris toucher le prix de ses services. Mais Louis XV meurt, et son successeur n'attache plus la même importance à Mme du Barry. Cependant, on parle à Londres d'un autre libelle, sur les causes de la stérilité du couple royal : le 26 juin, Beaumarchais repart pour Londres.

(juillet). Il vit alors l'épisode le plus romanesque de sa vie. Une course folle le jette à travers la Hollande et jusqu'à Vienne, à la poursuite d'un certain ANGELUCCI, détenteur du libelle. On a (certainement à tort) été jusqu'à accuser Beaumarchais d'être l'auteur de cet écrit scandaleux. Le plus probable est qu'il a racheté le libelle à Londres, et que la suite de l'aventure (la disparition d'Angelucci avec un second exemplaire) a été inventée par besoin de se faire valoir, et enjolivée par goût du romanesque.

1775	Couronnement de Louis XVI.	**Le Barbier de**
	Incident anglo-américain à Lexington.	**Séville** (2)
	Washington commandant en chef des troupes insurgées.	
	Construction par le prince Charles-Auguste de la Résidence de Weimar.	
	Naissance de Boieldieu.	
	Priestley montre que la respiration est due à un échange gazeux.	
	Histoire de l'électricité par Priestley.	
	Utilisation industrielle de la vapeur par Watt.	
1776	Départ de Turgot ; Necker est chargé des finances.	
	Déclaration d'indépendance américaine.	**Beaumarchais**
	Richesse des nations par l'économiste Adam Smith.	**armateur**
	Principe des lois par Mably.	
	Traduction du *Werther* de Gœthe.	
	Lettre à l'Académie sur Shakespeare par Voltaire.	
	Début de la traduction de Shakespeare par Letourneur.	
	Édition des *Pensées* de Pascal par Condorcet, avec commentaire de Voltaire.	
	Mort de Mlle de Lespinasse.	
	Troisième voyage et mort de Cook.	
	Bateau à vapeur du marquis de Jouffroy.	
	Premiers rails en fer.	
1777	La Fayette au service des insurgés américains.	
	L'armée anglaise de Burgoyne capitule devant les Insurgents à Saragota.	
	Lancement du premier quotidien français : *La Gazette de Paris.*	
	Les Incas, épopée de Marmontel.	
	Mort de Mme Geoffrin.	
	Armide, opéra de Glück, oppose les partisans de Glück à ceux de Puccini.	**Intermède littéraire**
	Statue du maréchal de Saxe, par Pigalle, à Strasbourg.	
1778	Mission de Franklin à Paris. Alliance franco-américaine.	
	Création de la Caisse d'escompte de Paris.	
	Mort de Voltaire et de J.-J. Rousseau.	
	Les Époques de la Nature par Buffon.	
	Mort de Linné.	
1779	Mort de Chardin.	
	Alliance franco-espagnole d'Aranjuez.	

Cette trop belle histoire lui vaut d'ailleurs quelques ennuis à Vienne, car Kaunitz la trouve suspecte.

1775 (23 février). *Le Barbier de Séville*, qui attendait depuis deux ans chez les Comédiens français que son auteur fût libéré de ses aventures, est enfin représenté.

L'arrêt rendu sur le rapport de Goezman est cassé; mais Beaumarchais reste « blâmé ».

(mai). L'agent secret retourne à Londres, chargé de négocier le retour en grâce d'un de ses collègues, le pittoresque chevalier d'Éon, qu'il prend, comme beaucoup d'autres, pour une femme. Beaumarchais envoie un rapport sur la politique anglaise qui est très apprécié à Versailles. C'est de là qu'est parti le projet d'aide aux *Insurgents* américains. Dès ce moment, Beaumarchais se rallie à leur cause avec enthousiasme.

1776 (10 juin). Il fonde la société *Roderigue, Hortalez et Cie*. Capital initial : un million de livres données par le gouvernement français, et autant par le gouvernement espagnol. But de Vergennes : aider les *Insurgents* sans intervenir officiellement. La société Roderigue est une société commerciale : en principe, les Américains doivent fournir, en retour, des produits coloniaux. Beaumarchais achète un navire à la marine royale et monte une flotte, avec le concours des armateurs français.

1776 (6 septembre). Réhabilité par le Parlement, il retrouve ses droits civiques.

1777 (5 janvier). Naissance d'Eugénie, une fille de Beaumarchais et de Mlle de Willermaulaz. La même année, il rompt avec Mme de Godeville.

(mai). Beaumarchais expédie de quoi équiper 25 000 hommes. Mais il ne reçoit rien en retour, de sorte que Vergennes doit avancer un troisième million. La question de savoir qui devait payer Beaumarchais ne sera jamais clairement établie. L'Amérique ne paiera qu'une partie des fournitures, et l'affaire ne sera réglée (imparfaitement, selon les héritiers) qu'en 1835. Notons que l'opération, malgré des pertes énormes, n'a pas été déficitaire; de 1776 à 1783, dépenses et recettes se situent officiellement autour de 21 millions de livres (la livre française, sous Louis XVI, représentait une journée d'ouvrier).

1777 (3 juillet). A la suite de son conflit avec les Comédiens français à propos du *Barbier*, Beaumarchais s'était efforcé de faire modifier par la loi les usages jusque-là peu favorables à la sauvegarde des droits des auteurs. Diderot et La Harpe s'étant récusés, Beaumarchais réussit, avec vingt-deux autres confrères, à fonder la **Société des auteurs dramatiques**. Il est élu président. A ses côtés se trouvent Marmontel et Sedaine.

1778 (23 juillet). Le Parlement d'Aix doit rendre un jugement dans le conflit qui l'oppose au comte de La Blache, à propos de la succession de Pâris-Duverney. La Blache met en œuvre des moyens considérables, auxquels Beaumarchais répond avec sa verve des meilleurs jours. Le procès est gagné. Les Aixois célèbrent son

1780   Rochambeau en Amérique.
       Mort de Marie-Thérèse.
       Les Brigands de Schiller.
       Mort de Mme du Deffand.   **Beaumarchais**
       Il Barbiere di Siviglia, opéra de Paesiello, **éditeur de Vol-**
       à Saint-Pétersbourg.   **taire**
1781   Démission de Necker.
       Capitulation de l'armée anglaise à York-
       town.
       Critique de la Raison pure par Kant.
       L'Enlèvement au Sérail de Mozart.
       Découverte de la planète Uranus par
       Herschel.
1782   Reconnaissance de l'indépendance améri-
       caine par l'Angleterre.
       Suffren aux Indes.
       Les Jardins par l'abbé Delille.
       Édition posthume des *Confessions* de Rous-
       seau.
1783   Ministère du second Pitt.
       Traité de Versailles.
       Calonne, ministre des finances.
       Le Roi Lear de Ducis, d'après Shakespeare.
       Mort de d'Alembert.
       Analyse et synthèse de l'eau et *Traité de
       chimie* par Lavoisier.
       Première ascension humaine en montgol-
       fière.   **Le Mariage de**
1784   *Discours sur l'universalité de la langue* **Figaro.**
       française par Rivarol.
       Philosophie de l'histoire par Herder.
       Mort de Diderot.
       Études de la nature par Bernardin de
       Saint-Pierre.
1785   Affaire du Collier de la Reine.
       Fondation du *Times* à Londres.
       Les Noces de Figaro, opéra de Mozart.
       Invention de la machine à tisser d'Art-
       wright.
       La Pérouse part de Brest.
       Traversée de la Manche par l'aéronaute
       Blanchard.
       Première filature à vapeur à Nottingham.
1786   Mort de Frédéric II.
       Le Serment des Horaces par David.
       Première ascension du Mont-Blanc.
1787   Première assemblée des notables.
       Chute de Calonne; ministère Brienne.
       Vote de la Constitution des États-Unis.

triomphe comme une fête. Il répond à ces marques de sympathie en dotant quinze jeunes filles pauvres.

Voltaire préparait une édition complète de son œuvre quand la mort vint mettre fin à son dessein. L'éditeur Panckoucke ne donnant pas suite au projet, Beaumarchais décide de le reprendre à son compte. Sympathie pour l'homme et son œuvre ? désir de réaliser une bonne affaire ? goût du risque ? ces trois motifs ont dû jouer simultanément. Beaumarchais fonde, à lui tout seul, la *Société typographique et littéraire*.

1780   (18 décembre). Du margrave de Bade, favorable aux philosophes, il obtient la location du fort désaffecté de Kehl. Il passe des marchés pour les caractères et le papier, rachète les manuscrits à Panckoucke pour le prix de 160 000 livres. Il est seulement convenu avec le margrave que certaines œuvres, dont *la Pucelle*, ne seront pas éditées à Kehl, restriction que Beaumarchais ne respectera pas.

1781   (janvier). Lancement du prospectus.

1783   Sortie des premiers volumes (les derniers paraîtront en 1790). Sur le plan commercial, ce sera un échec (2 000 souscriptions au lieu de 15 000 espérées) et Beaumarchais perdra, dans l'affaire, un demi-million. L'hostilité des parlements et du clergé a certes nui à l'entreprise mais, dans la demi-liberté de l'ancien régime finissant, l'acuité de l'esprit voltairien s'était bien émoussée. Sur le plan littéraire, le mérite de Beaumarchais est grand. Mal servie par les annotations de Condorcet, l'œuvre ainsi réunie n'en est pas moins immense : Beaumarchais a certainement sauvé des textes rares; il a eu l'audace, si peu de temps après la mort de l'auteur, de publier une bonne partie de la correspondance.

Depuis longtemps, Beaumarchais rêvait d'une suite au *Barbier*; elle semble avoir été écrite dès 1780. La pièce, reçue au Théâtre Français, jugée favorablement à la Cour, se heurte à l'opposition royale. « Cela ne sera jamais joué », s'écrie Louis XVI, tandis que deux censeurs examinent la pièce.

(13 juin). *Le Mariage de Figaro* est joué sur la scène des Menus-Plaisirs, probablement sur l'initiative du comte d'Artois, frère du Roi. A la demande de l'auteur, un troisième censeur est désigné : avis favorable.

(septembre). Nouvelle représentation privée à Gennevilliers, en présence de la Cour. A la suite de quoi on assiste à un nouveau défilé de censeurs. Le roi, à qui l'on a fait croire que la pièce échouerait, cède enfin.

1784   (27 avril). *Le Mariage* est joué à la Comédie-Française, dans une atmosphère extraordinaire. Les ennemis s'agitent, tandis que Beaumarchais verse une part de ses bénéfices à des œuvres de charité. Le roi, qui se croit visé par un article de Beaumarchais, fait enfermer le grand homme à Saint-Lazare, puis se ravise et l'invite à la Cour en manière d'excuse.

1785   Beaumarchais est au sommet de sa gloire. Il épouse en troisièmes

| | Victoire du parti fédéraliste au Congrès américain.
Mort de Glück.
Voyages de La Pérouse. | |
| 1788 | Décision de convoquer les États Généraux.
Mort de Buffon.
Paul et Virginie de Bernardin de Saint-Pierre.
Amphitryon, opéra-comique de Grétry, livret de Sedaine. | **Affaire Bergasse** |

L'Assemblée Constituante

| 1789 | Première séance des États Généraux (5 mai).
Les États s'instituent *Assemblée nationale* (17 juin).
Assemblée nationale constituante (9 juillet).
Représentation à Paris du *Barbiere di Siviglia* de Paesiello (12 juillet).
Agitation au faubourg Saint-Antoine et prise de la Bastille (12-14 juillet).
Nuit du 4 août.
Déclaration des droits de l'homme et du citoyen (26 août).
Iphigénie de Gœthe. | **La Mère coupable** |

L'Assemblée Législative

| 1791 | Fuite du roi (20 juillet).
Réunion de l'Assemblée Législative (1er octobre).
Voyage de Chateaubriand en Amérique.
La Guerre de Trente ans de Schiller.
Les Ruines de Volney.
Mort de Mozart. | **Beaumarchais et l'orage révolutionnaire** |
| 1792 | Déclaration de guerre « au roi de Bohême et de Hongrie » (1er mars).
Commune insurrectionnelle de Paris et chute de la royauté (10 août).
Massacres de septembre.
Valmy.
Réunion de la Convention (20 septembre). | |

La Convention

1792	Dumouriez vainqueur à Jemmapes (6 novembre).	
1793	Exécution de Louis XVI (21 janvier). Prise de Cholet par les Chouans (14 mars). Comité de Salut Public (avril).	
1794	Exécution des Hébertistes (24 mars).	

noces Mlle DE WILLERMAULAZ (mère d'Eugénie), qui lui survivra jusqu'en 1816.

Ingénieur (et spéculateur), il fonde une société pour amener à Paris les eaux de l'Yvette. Mirabeau, au service d'intérêts rivaux, discrédite le projet. Beaumarchais réplique mais, remarque-t-on, avec moins de verve qu'autrefois.

1787 (8 juin). Il fait jouer avec succès *Tarare*, opéra philosophique sur un thème oriental, avec la collaboration de Salieri, élève de Glück.

La même année, Beaumarchais est attaqué par BERGASSE à propos de l'affaire Kornman. Ce sinistre individu, mari complaisant devenu jaloux lorsque son intérêt eut commandé ce changement, avait fait enfermer sa femme. Beaumarchais avait pris la défense de la malheureuse. Bergasse relance contre lui toutes les calomnies anciennes; il l'accuse, en outre, d'accaparer les blés au détriment du peuple. A cette date, ce n'est pas un vain grief. Le créateur de Figaro, devant ses contemporains, fait figure d'insolent parvenu.

1789 (2 avril). Le Parlement lui donne raison contre Bergasse. Mais la luxueuse maison qu'il se fait construire (près de la Bastille !) à l'angle de l'actuel boulevard Beaumarchais ne fait que fortifier les soupçons. Il échappe de peu aux premiers pillages.

1790 Il se donne l'attitude d'un patriote modéré et espère qu'une monarchie constitutionnelle va s'établir dans l'ordre.

1792 (26 juin). Il fait représenter *la Mère coupable* : c'est une suite au *Mariage*, traitée en drame larmoyant, œuvre navrante à nos yeux, mais qui trouva alors de fervents admirateurs.

Repris par ses vieux démons, il songe à traiter, pour le compte de la Révolution, un marché de 60 000 fusils hollandais. Mais Lebrun, le nouveau ministre des Affaires étrangères, est décidé à favoriser d'autres trafiquants.

(23 août). Beaumarchais est arrêté et sollicité d'abandonner l'affaire des fusils à un certain Larcher. « Je ne fais pas d'affaires en prison », répond-il fièrement.

(septembre). Transféré à l'Abbaye avec une foule d'autres suspects, il échappe de peu au massacre. Il est sauvé, non par un *Mémoire* hâtivement rédigé, comme le croit Lintilhac, mais, selon M. Pomeau, par l'intervention d'Amélie Houret, sa maîtresse depuis 1789, toute-puissante auprès de Manuel, procureur-syndic de la Commune. Libéré juste avant les massacres, il quitte cependant sa cachette pour harceler Lebrun à propos des 60 000 fusils.

(29 novembre). Avec un passeport officiel, il se rend en Hollande, à la poursuite des fusils qu'il dispute aux émissaires de Lebrun. La Convention le décrète d'accusation. Il se réfugie à Londres.

1793 (mars). Avec une folle imprudence, il rentre en France et publie un pamphlet, les *Six Époques*, où il dénonce la corruption des ministres révolutionnaires. Le Comité de Salut public l'écoute, le réhabilite et le charge d'introduire en France les 60 000 fusils.

	Exécution des Dantonistes (5 avril).	Chargé de mission..
	Loi de Prairial instituant la grande Terreur. Exécution de Chénier et de Lavoisier (10 juin).	et émigré.
	Institution du Culte de l'Être Suprême.	
	Chute de Robespierre (27 juillet : 9 Thermidor).	
1795	Les fantassins de Pichegru s'emparent de la flotte hollandaise immobilisée par les glaces.	
	Bonaparte réprime l'insurrection royaliste à Paris.	

Le Directoire.

1796	Campagne de Bonaparte en Italie.	
	Considérations sur la France par Joseph de Maistre.	
	Exposition du Système du monde par Laplace.	
1797	Victoires d'Arcole et de Rivoli (janvier).	Sa mort.
	Traité de Campo-Formio (17 octobre).	
	Banqueroute des deux-tiers.	
	Essai sur les Révolutions par Chateaubriand.	
1798	Départ de l'expédition d'Égypte.	
	Faust de Gœthe.	
1799	Défaite d'Aboukir.	
	Création du Conseil d'État.	
	Mécanique céleste de Laplace.	

Rendu à l'étranger, il apprend qu'il est inscrit sur la liste des émigrés, tandis que les fusils finissent par tomber aux mains des Anglais.

1794 Il se retire à Hambourg. Sa femme, sa fille et sa sœur sont emprisonnées, puis libérées — mais toujours privées de leurs biens — après Thermidor.

1796 (5 juillet). Après avoir écrit mémoire sur mémoire, Beaumarchais « commissionné, proscrit, errant, persécuté, mais nullement traître ni émigré », est autorisé par le Directoire à rentrer en France. Il se trouve au milieu des pires difficultés financières.

1797 Avec des prodiges d'habileté, il rétablit, une fois de plus, sa fortune. (5 mai). *La Mère coupable* est reprise : un triomphe. Beaumarchais est redevenu une sorte de personnage officiel, dont les avis sont écoutés.

1799 (18 mai). Il est trouvé mort dans son lit. On l'enterre dans son jardin de la Bastille. Chassés par un nouveau plan d'urbanisme, ses restes seront transférés au Père-Lachaise en 1822.

Les aînés de Beaumarchais et ses cadets

Marivaux (1688)
.Montesquieu (1689)
..Voltaire (1694)
...Abbé Prévost (1697)
....Buffon (1707)
.....J.-J. Rousseau (1712)
......Diderot (1713)
.......Vauvenargues (1715)
........Sedaine (1719)

B. de Saint-Pierre (1737) .....
Abbé Delille (1738).........
Choderlos de Laclos (1741)..
Beaumarchais Mirabeau (1749).........
né en 1732 Rivarol et..............
Joseph de Maistre (1754)
André Chénier (1762)..
G. de Staël (1766).....
Chateaubriand (1768).

L'âge du succès

Rimbaud : veut ignorer le succès d'une œuvre écrite entre quinze et vingt ans.
Racine *(Andromaque)* et Hugo *(Hernani)* : vingt-huit ans.
Corneille *(Le Cid)* : trente ans.
Molière *(Les Précieuses ridicules)* : trente-sept ans.
Beaumarchais *(Les Mémoires)* : quarante ans.
La Fontaine (premier recueil des *Fables*) : quarante-sept ans.
Stendhal : plusieurs générations après sa mort.

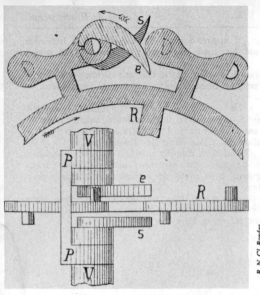

L'invention
de l'horloger
Pierre-Augustin
Caron

B. N. Cl. Bordas

L'échappement à virgule inventé
par Beaumarchais *(voir p. 9)*

Échappement à ancre employé aujourd'hui

Fédération de l'Horlogerie suisse

BEAUMARCHAIS : L'HOMME

Une énigme. « Quel est-il donc finalement, ce Beaumarchais, qui traversa la seconde moitié du XVIIIe siècle comme un météore fulgurant, méprisé, détesté, admiré, sacré ? Ses contradictions sont insolubles, sans que jamais il en souffre ou même paraisse en avoir conscience. Quelle est l'unité profonde d'un esprit aussi divisé en apparence entre l'ambition sociale, l'amour du théâtre, la passion des affaires, le culte de la vertu, l'amour du plaisir, le désir sincère du bien public, le soin porté aux questions politiques et sociales, la manie processive ? Plongé dans l'action qui l'entraîne plutôt qu'il ne la dirige, il ne cesse de relever la tête pour considérer de haut, avec une surprise amusée, le cours *bizarre* de sa *destinée*... » C'est en ces termes que M. Philippe van Tieghem pose le personnage de Beaumarchais.

Un être de contrastes. Son étonnante ascension ne saurait s'expliquer par des chances exceptionnelles. Beaumarchais est l'homme qui ne laisse pas venir les occasions : il va au-devant, il les suscite. Il a exercé sur ses contemporains, femmes, financiers, ministres, une incroyable séduction, aidée par un sens aigu de l'intrigue. C'est le même homme pourtant qui, par goût et par jeu, dans sa vie et dans son théâtre, laisse la situation s'embrouiller dangereusement et même, parfois, cherche à déplaire. Ainsi l'anecdote reproduite par M. Pomeau, selon laquelle Beaumarchais, fraîchement introduit à la Cour, se voit prier par un quidam de réparer une horloge ou une montre défaillante : était-ce malice, était-ce admiration ? Beaumarchais en tout cas répond qu'il est devenu maladroit depuis qu'il a abandonné cet art. L'autre a le malheur d'insister. « Beaumarchais prend l'objet, l'ouvre, le met en l'air, feint de l'examiner, et le laisse tomber de toute sa hauteur sur le sol ; puis il fait une profonde révérence : *Je vous avais prévenu, Monsieur, de mon extrême maladresse.* » Comment ne pas reconnaître là l'excessive susceptibilité, la malice et la froide impertinence qu'il manifestera toute sa vie ?

Celui qu'on a pu accuser (certainement à tort, nous l'avons montré) d'avoir empoisonné sa première femme est attesté avoir été bon fils, bon frère, bon oncle. Époux délicat parfois, encore que constamment infidèle. Apte aux spéculations les plus éhontées, mais aussi capable de se risquer, en faveur des insurgés américains, dans l'aventure la plus hasardeuse. En un mot, un homme que le roman de sa vie nous montre tour à tour et peut-être en même temps intéressé, cynique, dévoué, aimant le risque pour le risque et pourvu d'une réelle dose d'idéalisme. Tendre et roué. Séducteur et redresseur de torts. Et assez conservateur sous des dehors révolutionnaires.

Une activité infatigable. On a remarqué fort justement que, contrairement à la majorité des écrivains qui créent dans la retraite, il a écrit le *Barbier* et le *Mariage* en deux périodes extrêmement agitées de sa vie. « L'homme est fait pour l'action comme le feu tend en haut et la pierre tend en bas », disait Voltaire. Qui, mieux que Beaumarchais, illustrerait cette définition ? Dans ce qu'elle a de positif, mais aussi par tout ce qu'elle exclut. Le mal que se donne Voltaire pour bannir de sa vie toute inquiétude métaphysique, Beaumarchais n'a aucune difficulté à se l'épargner. Le divertissement de Pascal est son élément naturel ; *consilio manuque*[1], telle est aussi l'enseigne de Beaumarchais. La légèreté de l'homme et sa séduction mondaine cachent des qualités de décision et de continuité, une volonté et un courage que la pire adversité n'a jamais entamés. Cet homme aimable a été ou a voulu être un négrier : mais il a aussi, plusieurs fois dans sa vie, affronté sans faiblir des situations désespérées. Dans sa querelle avec Goezman il y a autre chose à considérer que la verve. On s'étonne que, plusieurs fois ruiné et, à la fin de sa vie, diminué par l'âge et par l'exil, il ait en un tournemain rétabli sa fortune : mais il n'y a point là de miracle.

Une gaieté folle. Cette force de tempérament, jointe à l'élégance du siècle, se résout continuellement en gaieté. De là vient sans doute que, moins chargées cependant d'éléments autobiographiques, les comédies de Beaumarchais révèlent le personnage infiniment mieux que les drames (qu'il serait toutefois imprudent de négliger complètement sous ce rapport). Sa correspondance nous en donne mille témoignages non apprêtés. Et l'auteur dit de lui-même, dans les *Mémoires* : « Vous qui m'avez connu, vous qui m'avez suivi sans cesse, ô mes amis ! dites si vous avez jamais vu autre chose en moi qu'un homme constamment gai ; aimant avec une égale passion l'étude et le plaisir ; enclin à la raillerie, mais sans amertume ; et l'accueillant dans autrui contre soi, quand elle est assaisonnée ; soutenant peut-être avec trop d'ardeur son opinion quand il la croit juste, mais honorant hautement et sans envie tous les gens qu'il reconnaît supérieurs ; confiant sur ses intérêts jusqu'à la négligence, actif quand il est aiguillonné, paresseux et stagnant après l'orage ; insouciant dans le bonheur, mais poussant la constance et la sérénité dans l'infortune jusqu'à l'étonnement de ses plus familiers amis. »

Il serait toutefois bien imprudent de conclure que cette gaieté ne recèle jamais de secrète inquiétude. Quand Figaro se « presse de rire de tout, de peur d'être obligé d'en pleurer » (I, 2, l. 163), on peut voir là autre chose qu'un bon mot. Cet homme qu'on dit saper l'ancien régime — avec la complicité de ceux qui ont le plus grand intérêt à sa survie — n'est-il pas un peu solidaire de ses imprudents complices ? Sans doute Figaro a-t-il mis dans cette confidence plus de vérité qu'il n'en avait conscience : il est néanmoins très remarquable qu'il l'ait faite. Ce n'est pas la moindre contradiction de Beaumarchais. Et elle représente bien son époque.

---

1. Voir p. 77, n. 3.

BEAUMARCHAIS : SON ŒUVRE

La littérature n'a pas été la seule préoccupation de Beaumarchais. Le plus étonnant, c'est qu'elle ait réussi à tenir relativement tant de place. Elle est essentiellement dramatique ou polémique.

1. **Pour faire sa cour auprès des grands de la finance,** Beaumarchais a écrit des PARADES. Nous avons conservé le texte des quatre parades écrites pour Lenormant d'Étioles : *les Députés de la Halle et du Gros-Caillou; Colin et Colette; les Bottes de sept lieues; Jean Bête à la Foire* (auxquelles il faut ajouter le futur *Barbier de Séville* : voir p. 15, à la date de 1772); et celui de deux autres pièces de même destination : *Laurette*, pastorale qui annonce *Eugénie; Œil pour œil*, proverbe. Toutes ces œuvres, fort licencieuses, ont dû être composées entre 1757 et 1763.

2. **L'homme sensible, épris de vertu, s'est exprimé en trois drames bourgeois** conçus selon les théories de Diderot : *Eugénie* (1767); *les Deux Amis* (1770); *la Mère coupable* (1792), suite au *Barbier* et au *Mariage*.

3. **La postérité a surtout retenu deux comédies fort gaies :** *le Barbier de Séville* (1775) et *le Mariage de Figaro* (1784). Ce n'est pourtant pas le genre que Beaumarchais a le plus volontiers cultivé.

4. **Toujours hanté par le désir d'un drame musical,** il finit par faire jouer un opéra : *Tarare* (1787). La musique est de Salieri.

5. **Dans la fréquente nécessité de défendre ses œuvres ou sa personne,** il a été un polémiste redoutable. Aussi les préfaces de ses pièces de théâtre offrent-elles un intérêt exceptionnel. Outre la *Lettre modérée*, dont on trouvera ici (p. 37) le texte intégral, il faut mentionner la préface du *Mariage* et l'*Essai sur le genre dramatique sérieux* qui précède la publication d'*Eugénie*. Mais surtout, jusqu'à la veille de sa mort, Beaumarchais a rédigé sur les sujets les plus divers d'innombrables « mémoires », parmi lesquels il faut attribuer une importance particulière aux quatre *Mémoires* contre Goezman (1773-1774), qui méritent à beaucoup d'égards la comparaison avec les *Provinciales* de Pascal et les écrits les plus mordants de Voltaire.

Les imitateurs et continuateurs du « Barbier de Séville »

Marquis de Langle, *Voyage de Figaro en Espagne* (1784), satire d'une Espagne hostile aux philosophes.

Giovanni Paesiello, *Il Barbiere di Siviglia*, opéra représenté à Saint-Pétersbourg en 1780, à Paris le 12 juillet 1789.

Rossini, *Il Barbiere di Siviglia*, opéra bouffe (Rome, 1816).

BIBLIOGRAPHIE

Théâtre complet (avec les variantes des manuscrits originaux), éd. G. d'Heylli et F. de Marescot (Académie des Bibliophiles), 1867-1871.

Théâtre. Lettres relatives à son théâtre, éd. Maurice Allem (Bibliothèque de la Pléiade), 1949.

Théâtre complet avec le texte des parades, éd. R. d'Hermies (les Classiques verts, Magnard), 1952.

Le Barbier de Séville, éd. E. J. Arnould, Oxford, Basil Blackwell, 1962

Le Barbier de Séville, éd. Enzo Giudici, Florence, Sansoni, 1964.

E. Lintilhac, *Beaumarchais et ses œuvres,* 1887.

Auguste Bailly, *Beaumarchais,* 1945.

Pierre Richard, *la Vie privée de Beaumarchais,* 1951.

Jacques Scherer, *la Dramaturgie de Beaumarchais,* 1954.

René Pomeau, *Beaumarchais, l'homme et l'œuvre,* 1956.

Philippe Van Tieghem, *Beaumarchais par lui-même,* 1960.

Enzo Giudici, *Beaumarchais nel suo e nel nostro tempo : le Barbier de Séville,* Rome, éd. dell'Ateneo, 1964.

E. J. Arnould, *la Genèse du « Barbier de Séville »,* 1965.

DISCOGRAPHIE

Dans la collection des SÉLECTIONS SONORES BORDAS :

Le Barbier de Séville, un disque 33 tours, 30 cm

Textes choisis et présentés par Pierre Barbier, réalisation Georges Gravier, musique de Francis Miroglio, avec :

Michel Roux	Le comte Almaviva
Catherine Rouvel	Rosine
Dominique Paturel	Figaro
Henri Crémieux	Bartholo
Pascal Mazzotti	Don Bazile
Jacques Ferrière	La Jeunesse
Noël Darzal..........................	L'Éveillé
Robert Marcy	Le récitant

LA COMÉDIE
DU « BARBIER DE SÉVILLE »

1. Les sources

L'histoire d'un barbon trompé par sa pupille, et toutes les péripéties bâties sur le thème de la « précaution inutile » ne constituent pas en soi un sujet de comédie très original. On n'aura donc aucun mal à supposer que Beaumarchais a dû très peu innover sur le fond, le canevas ayant été utilisé bien avant lui. En droite ligne, on remonte à *l'École des femmes* de Molière (1662), et au-delà, à la première des *Nouvelles tragi-comiques* de Scarron, intitulée précisément *la Précaution inutile* (1655). Ce titre, repris par Beaumarchais, nous prouve qu'il s'agit là d'une source véritable, qui nous dispensera de remonter aux origines italiennes et espagnoles, car Scarron non plus n'a pas tout inventé. Et il serait vain de se rendre là où Beaumarchais n'est pas allé. Dans la nouvelle de Scarron, le titre est d'ailleurs plus convaincant que l'histoire elle-même, puisqu'il s'agit d'une femme qui, en danger d'être surprise avec un galant par l'arrivée du mari, demande à ce dernier s'il est capable de dresser la liste de tous les objets en fer dans une maison. Il tient la gageure. Sur ce, elle prétend avoir un galant dans l'armoire. Le mari demande la clé..., objet qu'il a oublié sur la liste. Croyant à une ingénieuse plaisanterie, il verse les cent pistoles du pari et se retire fort content d'avoir une femme aussi spirituelle. Il y a là, on le voit, un certain sens de l'intrigue qui a pu séduire Beaumarchais, mais la comédie de Molière est beaucoup plus proche de notre *Barbier*. On observerait d'ailleurs d'autres emprunts certains à Molière, notamment le procédé du déguisement pour permettre à l'amant de rejoindre sa belle. Mais là encore, on pourrait remonter au-delà de Molière : ce sont les accessoires ordinaires de la comédie.

Parmi les œuvres plus récentes, que Beaumarchais a nécessairement connues, il faut mentionner *les Folies amoureuses* (1704) de Regnard, les comédies confiées par Fatouville aux Comédiens italiens à la fin du XVIIe siècle, et l'opéra-comique de Sedaine, *On ne s'avise jamais de tout*, emprunt implicitement avoué par Beaumarchais en une plaisante pirouette de sa *Lettre modérée* (p. 51, l. 574-581). Et l'auteur a raison d'esquiver le débat : le sujet n'est pas original, chacun s'en aperçoit, l'intérêt du *Barbier* se trouve nécessairement ailleurs.

2. Petite histoire du « Barbier »

— Si la vie de Beaumarchais est un roman, l'histoire de sa première comédie est à peine moins surprenante. Ce fut peut-être d'abord une **parade** [1] dont nous ne savons pas grand-chose, sinon qu'Almaviva y apparaissait travesti en diable et que la future Rosine s'appelait Isabelle, comme toutes ses pareilles des parades.

---

1. Ce détail a été récemment mis en doute : voir p. 151, § 4.

— De la parade primitive, Beaumarchais fit en 1772 un **opéra-comique,** dont E. Lintilhac a retrouvé trois fragments qui correspondent à des passages du quatrième acte de la comédie définitive. Ils permettent de deviner beaucoup d'entrain et de gaieté. L'œuvre fut cependant refusée par les Italiens, parce que « le premier chanteur avait été barbier et craignait les allusions déplaisantes » (J. Scherer).

— Alors Beaumarchais songea à la Comédie-Française. Il tira de l'opéra-comique une **comédie en quatre actes** qui fut approuvée par la censure et reçue à la Comédie le 3 juillet 1773. Le manuscrit y a été conservé. Il permet de constater que Beaumarchais s'est efforcé d'atteindre une haute tenue littéraire, éteignant un peu la verve de l'opéra-comique et diminuant le nombre des chansons (il en reste cependant encore deux fois plus que dans la version définitive). Le texte est d'ailleurs plus long que le nôtre, émaillé de plaisanteries d'un goût discutable. L'affaire du duc de Chaulnes et le procès Goezman reculèrent la représentation. Enfin la « première » fut annoncée pour le 12 février 1774. Mais, le 11, la censure intervint et, redoutant des allusions à l'affaire Goezman, interdit la pièce.

— La représentation n'eut lieu qu'un an plus tard, le 23 février 1775. Entre temps, Beaumarchais avait décidé de porter sa pièce à **cinq actes.** Pourquoi cette transformation ? Pour des raisons littéraires d'abord. Selon les règles, une « grande comédie » devait avoir cinq actes, et l'auteur voulait un succès à la mesure de l'attente. En second lieu, il semble que Beaumarchais ait songé à introduire les allusions que précisément on redoutait — à tort — un an plus tôt. La pièce se trouva ainsi surchargée de plaisanteries qui rappelaient la parade. Par exemple, Figaro disait : *J'ai perdu tous mes père et mère ; de l'an passé je suis orphelin du dernier,* — et ce n'est là qu'un échantillon de cette débauche verbale. Le public, nombreux et impatient, fut déçu. « La comédie, qui nous avait enchantés à la lecture, nous parut longue au théâtre, reconnaît un ami de l'auteur, Gudin de la Brenellerie. Une surabondance d'esprit amenait la satiété et fatiguait l'auditeur. »

— Avec un sang-froid remarquable, Beaumarchais aussitôt refit sa pièce, se mit « en quatre » (voir p. 49, l. 510), élagua tant qu'il put et, après trois jours de travail, il présentait le texte définitif. Le 26 février 1775, la pièce **en quatre actes** connut un grand succès.

3. La nouveauté du « Barbier »

Les deux drames précédents où, au dire d'un critique malveillant, « l'argent circule sans produire aucun intérêt », ne laissaient pas présager ce succès. L'œuvre parut neuve non seulement pour « un auteur sifflé », elle le parut aussi par rapport à tout ce que l'on jouait à l'époque.

Le théâtre français de la seconde moitié du siècle n'avait guère produit de comédies dignes d'intérêt. Certes, il serait injuste de prétendre que, depuis Corneille, Scarron et Molière, la comédie d'intrigue eût complètement disparu. Ce serait oublier Marivaux : déguisements, malentendus, méprises simples ou doubles et toutes les péripéties qui peuvent en découler, — tel était, non pas l'orne-ment, mais le fondement sur quoi reposait sa comédie, la plus neuve qu'on eût vue depuis longtemps.

Et pourtant la nouveauté du *Barbier* parut évidente, même à ceux à qui elle déplut. Les critiques les plus défavorables portèrent sur la représentation du 23 février (cinq actes). Bachaumont peut parler de prolixité, d'un « tissu mal ourdi de tours usés », de « trivialités, de turlupinades, de calembours, de jeux de mots bas et même obscènes ». L'hostilité de Mme du Deffand, qui assista au *Barbier* en quatre actes, est déjà d'une tout autre nature. Après avoir signalé que la version en cinq actes fut sifflée, elle poursuit : « Pour hier, elle (la version en quatre actes) eut *un succès extravagant ;* elle fut portée aux nues et applaudie à tout rompre, et rien ne peut être plus ridicule [...] *Le goût est ici entière-ment perdu* » (Lettre à Horace Walpole, 27 février 1775). Heureux blâme ! Mme du Deffand, qui aimait le Beaumarchais des *Mémoires*, jugea *le Barbier* comme Voltaire jugeait Shakespeare : au nom des règles, de l'art classique, du « bon goût ». On verra par ailleurs le point de vue du journal de Bouillon, et la réponse que lui fit Beaumarchais.

Un de ceux qui furent le plus sensibles aux effets de la « mise en quatre » fut La Harpe (1739-1803). La pièce en cinq actes « a paru un peu farce, les longueurs ont ennuyé, les mauvaises plaisan-teries ont dégoûté, les mauvaises mœurs ont révolté. Cependant, *le Barbier de Séville* est le mieux conçu et le mieux fait des ouvrages dramatiques de Beaumarchais ». Mais il y a là un jugement tardif : le *Lycée ou Cours de littérature ancienne et moderne*, ne fut publié qu'en 1805. Encore sous le charme de la représentation, Grimm trouva la pièce « pleine de gaîté et de verve », et il ajouta ceci, qui contient tout le reste : « Nous remercions M. de Beaumarchais de nous avoir fait rire au *Barbier de Séville*. »

Quant à Beaumarchais lui-même, dont on étudiera dans la *Lettre modérée* (p. 37) la réaction immédiate, il eut neuf ans plus tard l'occasion de revenir sur le *Barbier*, dans une longue lettre au baron de Breteuil. Il y évoque l'expérience des deux drames, puis : « Me livrant ensuite, écrit-il, à mon vrai caractère, j'ai tenté, dans *le Barbier de Séville*, de ramener au théâtre l'ancienne et franche gaîté, en l'alliant avec le ton léger, fin et délicat de notre plaisanterie actuelle. Mais comme cela même était une espèce de nouveauté, la pièce fut vivement poursuivie. A les entendre, il semblait que j'eusse ébranlé l'État (...). Après les clameurs sont venus les éloges, et l'on me disait partout : *Faites-nous donc beaucoup de pièces de ce genre. Il n'y a plus que vous qui sachiez rire.* »

La franche et saine gaieté, c'est bien là ce qu'on avait perdu, et que Beaumarchais venait de retrouver.

SCHÉMA DE LA COMÉDIE

(44 scènes contre 21 dans *le Misanthrope*)

ACTE I : SOUS LA JALOUSIE

SCÈNE 1	Le comte Almaviva est venu de Madrid à Séville pour
2	rejoindre une jeune fille noble dont il est amoureux. Au
	petit jour, sous la jalousie, il rencontre son ancien valet
	Figaro, maintenant barbier, qui lui apprend, outre ses
	propres aventures, la claustration dont est victime la jeune
	Rosine et les moyens de tromper la vigilance du docteur
3	Bartholo, le tuteur. Rosine, qui a remarqué le manège du
4	galant, laisse habilement tomber une lettre. Tandis que le
5	tuteur part à la recherche d'un certain Bazile, le comte
6	chante une romance où il se présente comme le bachelier
	Lindor.

ACTE II : LE BILLET DE LOGEMENT

SCÈNE 1	Rosine écrit une lettre à Lindor, quand Figaro vient lui
2	annoncer sa stratégie. Mais Bartholo est rendu très soup-
3-4	çonneux, tant à cause de cette chanson ramassée par un
5-7	passant que de l'ahurissant traitement infligé aux valets,
8	L'Éveillé et La Jeunesse. Cependant Bazile, maître de chant
	de Rosine, vient annoncer qu'Almaviva est à Séville et
	recommande l'emploi de *la calomnie*. Figaro, qui a entendu
9-10	la conversation, apprend à Rosine la résolution du tuteur
	de l'épouser le lendemain. Bartholo vient de convain-
11	cre Rosine d'avoir écrit une lettre clandestinement, quand le
12	Comte fait son entrée sous le déguisement d'un cavalier
13	pris de vin. Il essaie vainement de se faire loger et, reconnu
14	de Rosine, parvient à lui remettre une lettre, que Bartholo
15	surprend. Sommée de la livrer après le départ de l'importun,
16	Rosine parvient à en substituer une autre. Celle du Comte
	recommandait d'entretenir une querelle avec le tuteur.

ACTE III : LA LEÇON DE MUSIQUE

SCÈNE 1	Rosine a exécuté le conseil, au désespoir de Bartholo, quand
2	un jeune Alonzo se présente de la part de Bazile, qu'il
3-4	prétend malade. D'abord réticente, Rosine reconnaît Lindor
	et accepte une leçon de chant qui se transforme en duo
	d'amour. Arrive Figaro pour accomplir son office de barbier.

5   Il renverse la vaisselle afin d'attirer Bartholo dehors, et
        met la main sur la clé de la jalousie. Lindor annonce à
        Rosine sa venue pour la nuit, mais n'a pas le temps de révéler
6-10   qu'il a dû livrer sa lettre à Bartholo pour gagner sa confiance.
11   Survient Bazile : une conjuration générale (et une bourse) le
12   persuadent qu'il lui faut *aller se coucher*. Mais Bartholo
13-14 surprend les amants et laisse éclater sa colère.

ACTE IV : LA SIGNATURE DU CONTRAT

SCÈNE   1   Naturellement, Bartholo s'aperçoit qu'Alonzo est inconnu
            de Bazile. Il veut hâter les choses et Bazile promet de reve-
       2   nir avec le notaire, à quatre heures du matin. Tandis que
       3   Rosine attend Lindor avec anxiété, Bartholo reconquiert
            sa confiance en lui montrant la lettre de Lindor : se croyant
            victime d'un séducteur, elle avoue tout, et Bartholo va
       4   chercher main forte. Mais aussitôt elle se reprend de cet
       5   aveu. Arrivent le Comte et Figaro : Rosine reconquise
       6   tombe dans les bras d'Almaviva. Le notaire entre avec
       7   Bazile, suivis de peu par Bartholo et l'alcade. Le contrat
       8   sera signé, mais non au bénéfice de Bartholo, dont toutes
            les précautions auront été inutiles.

Schéma condensé par Beaumarchais

(*Lettre modérée*, l. 262-264)

*Un vieillard amoureux prétend épouser demain sa pupille;
un jeune amant plus adroit le prévient, et ce jour même
en fait sa femme, à la barbe et dans la maison du tuteur.*

AVEC PERMISSION.

LES COMEDIENS FRANCOIS ET ITALIENS

Donneront aujourd'hui Vendredi 11 Octobre 1776.

LE BARBIER DE SEVILLE,
OU LA PRECAUTION INUTILE.

Comédie en quatre Actes & en Profe de Mr. *Beaumarchais,*

SUIVIE

DU TABLEAU PARLANT,

Opéra en deux Actes, de Mr. *Anseaume* & *Gétry,*

On prendra 3ℓ 6ſ aux Théâtre, Loges, Parquet & Amphithéâtre, 1ℓ 16ſ au Parterre & 4ℓ 6ſ aux Galleries.

On commencera à cinq heures précifes.

Affiche
gravée sur bois
annonçant
une reprise
du
Barbier de Séville
par les
Comédiens français
à la
Comédie italienne

LETTRE MODÉRÉE

sur la chute et la critique
du « Barbier de Séville »

*L'auteur, vêtu modestement et courbé,
présentant sa pièce au lecteur.*

MONSIEUR,

J'ai l'honneur de vous offrir un nouvel opuscule[1] de ma façon. Je
souhaite vous rencontrer dans un de ces moments heureux où, dégagé
de soins, content de votre santé, de vos affaires, de votre maîtresse, de
votre dîner, de votre estomac, vous puissiez vous plaire un moment à
la lecture de mon *Barbier de Séville* ; car il faut tout cela pour être
homme amusable et lecteur indulgent.

Mais si quelque accident a dérangé votre santé, si votre état est
compromis, si votre belle a forfait à ses serments, si votre dîner fut
mauvais ou votre digestion laborieuse, ah ! laissez mon *Barbier* ;
ce n'est pas là l'instant ; examinez l'état de vos dépenses, étudiez le[10]
factum[2] de votre adversaire, relisez ce traître billet surpris à Rose[3],
ou parcourez les chefs-d'œuvre de Tissot[4] sur la tempérance, et faites
des réflexions politiques, économiques, diététiques, philosophiques ou
morales.

Ou si votre état est tel qu'il vous faille absolument l'oublier, enfon-
cez-vous dans une bergère[5], ouvrez le journal établi dans Bouillon[6]
avec encyclopédie, approbation et privilège, et dormez vite une heure
ou deux.

Quel charme aurait une production légère au milieu des plus noires
vapeurs, et que vous importe, en effet, si Figaro le barbier s'est moqué[20]
de Bartholo le médecin en aidant un rival à lui souffler sa maîtresse ?
On rit peu de la gaîté d'autrui, quand on a de l'humeur pour son propre compte.

Que vous fait encore si ce barbier espagnol, en arrivant dans Paris,
essuya quelques traverses[7], et si la prohibition de ses exercices a
donné trop d'importance aux rêveries de mon bonnet ? On ne s'inté-

---

1. Du latin *opusculum*, petit ouvrage ; œuvre de circonstance, par opposition aux
« grandes » œuvres, comme la comédie du *Barbier*. — 2. Un *factum* est un rapport, fourni
par l'une des parties, sur une affaire en litige. Beaumarchais songe à ses *Mémoires* contre
Goezman (voir p. 17). — 3. Nom attribué à l'infidèle maîtresse du lecteur. — 4. Simon-
André Tissot (1728-1797), médecin suisse, auteur de deux ouvrages à succès : *De la
santé des gens de lettres* (1768), *Essai sur les maladies des gens du monde* (1770). — 5. Fauteuil large, profond et moelleux, très apprécié au XVIIIᵉ siècle. — 6. Ville des Ardennes,
aujourd'hui belge. Passée dans la famille des Turenne en 1594, elle fut restituée aux
évêques de Liège en 1641 et redevint française de 1678 à 1815. *Le Journal encyclopédique par une société de gens de lettres*, revue « périphérique » et l'une des plus importantes de l'époque, parut à Liège de 1756 à 1759 puis, à partir de 1760, à Bouillon
avec « privilège » du pouvoir royal. — 7. Rencontra des difficultés.

37

resse guère aux affaires des autres que lorsqu'on est sans inquiétude sur les siennes.

Mais enfin tout va-t-il bien pour vous ? Avez-vous à souhait double estomac, bon cuisinier, maîtresse honnête et repos imperturbable ? [30] Ah ! parlons, parlons ; donnez audience à mon *Barbier*.

Je sens trop, Monsieur, que ce n'est plus le temps où, tenant mon manuscrit en réserve, et semblable à la coquette qui refuse souvent ce qu'elle brûle toujours d'accorder, j'en faisais quelque avare lecture [1] à des gens préférés, qui croyaient devoir payer ma complaisance par un éloge pompeux de mon ouvrage.

O jours heureux ! Le lieu, le temps, l'auditoire à ma dévotion et la magie d'une lecture adroite assurant mon succès, je glissais sur le morceau faible en appuyant sur les bons endroits ; puis, recueillant les suffrages du coin de l'œil avec une orgueilleuse modestie, je jouis- [40] sais d'un triomphe d'autant plus doux que le jeu d'un fripon d'acteur ne m'en dérobait pas les trois quarts pour son compte.

Que reste-t-il, hélas ! de toute cette gibecière [2] ? A l'instant qu'il faudrait des miracles pour vous subjuguer, quand la verge de Moïse [3] y suffirait à peine, je n'ai plus même la ressource du bâton de Jacob [4] ; plus d'escamotage, de tricherie, de coquetterie, d'inflexions de voix, d'illusion théâtrale, rien. C'est ma vertu toute nue que vous allez juger.

Ne trouvez donc pas étrange, Monsieur, si, mesurant mon style à ma situation, je ne fais pas comme ces écrivains qui se donnent le [50] ton de vous appeler négligemment *lecteur, ami lecteur, cher lecteur, bénin* ou *benoît lecteur*, ou de telle autre dénomination cavalière, je dirais même indécente, par laquelle ces imprudents essayent de se mettre au pair [5] avec leur juge, et qui ne fait bien souvent que leur en attirer l'animadversion [6]. J'ai toujours vu que les airs ne séduisaient personne, et que le ton modeste d'un auteur pouvait seul inspirer un peu d'indulgence à son fier lecteur.

Eh ! quel écrivain en eut jamais plus besoin que moi ? Je voudrais le cacher en vain. J'eus la faiblesse autrefois, Monsieur, de vous pré- senter, en différents temps, deux tristes drames [7] ; productions mons- [60] trueuses, comme on sait, car entre la tragédie et la comédie, on n'ignore plus qu'il n'existe rien ; c'est un point décidé, le maître [8] l'a dit, l'école en retentit ; et pour moi, j'en suis tellement convaincu que, si je voulais aujourd'hui mettre au théâtre une mère éplorée, une

---

1. Comme au siècle précédent (*Polyeucte* avait été lu à l'Hôtel de Rambouillet), les auteurs avaient coutume de soumettre leur pièce à un public choisi, avant d'affronter la scène, — Beaumarchais plus que tout autre. — 2. La gibecière que les escamoteurs atta- chaient à leur tablier, est l'instrument des « miracles » et des « tricheries ». Face au public, l'auteur se présente donc sans artifices, « tout nu ». — 3. La verge d'airain avec laquelle Moïse fit jaillir l'eau du rocher. — 4. *Genèse*, XXXII : « Je n'avais que mon bâton pour passer le Jourdain que voici... » Ce bâton est signe de pauvreté, tandis que la verge de Moïse était le signe d'une redoutable puissance. — 5. A égalité. — 6. L'hostilité. — 7. *Eugénie* (1767) et *les Deux Amis* (1770). — 8. *Le maître* ne vise pas un théoricien précis, Boileau par exemple, mais le représentant de *l'école* et du *bon genre* (l. 78), c'est-à-dire le dogmatisme classique.

épouse trahie, une sœur éperdue, un fils déshérité [1], pour les présenter décemment au public, je commencerais par leur supposer un beau royaume où ils auraient régné de leur mieux, vers l'un des archipels ou dans tel autre coin du monde; certain, après cela, que l'invraisemblance du roman [2], l'énormité des faits, l'enflure des caractères, le gigantesque des idées et la bouffissure du langage, loin de m'être imputés à reproche, assureraient encore mon succès.

Présenter des hommes d'une condition moyenne, accablés et dans le malheur, fi donc! On ne doit jamais les montrer que bafoués. Les citoyens ridicules et les rois malheureux, voilà tout le théâtre existant et possible; et je me le tiens pour dit, c'est fait, je ne veux plus quereller avec personne.

J'ai donc eu la faiblesse autrefois, Monsieur, de faire des drames qui n'étaient pas *du bon genre*, et je m'en repens beaucoup.

Pressé depuis par les événements, j'ai hasardé de malheureux Mémoires [3], que mes ennemis n'ont pas trouvé *du bon style ;* et j'en ai le remords cruel.

Aujourd'hui, je fais glisser sous vos yeux une comédie fort gaie, que certains maîtres de goût n'estiment pas *du bon ton* [4], et je ne m'en console point.

Peut-être un jour oserai-je affliger votre oreille d'un opéra [5], dont les jeunes gens d'autrefois diront que la musique n'est pas *du bon français*; et j'en suis tout honteux d'avance.

Ainsi, de fautes en pardons et d'erreurs en excuses, je passerai ma vie à mériter votre indulgence par la bonne foi naïve avec laquelle je reconnaîtrai les unes en vous présentant les autres.

Quant au *Barbier de Séville*, ce n'est pas pour corrompre votre jugement que je prends ici le ton respectueux : mais on m'a fort assuré que, lorsqu'un auteur était sorti, quoique échiné, vainqueur au théâtre, il ne lui manquait plus que d'être agréé par vous [6], Monsieur, et lacéré dans quelques journaux, pour avoir obtenu tous les lauriers littéraires. Ma gloire est donc certaine si vous daignez m'accorder le laurier de votre agrément, persuadé que plusieurs de messieurs les journalistes ne me refuseront pas celui de leur dénigrement.

Déjà l'un d'eux, établi dans Bouillon avec approbation et privilège, m'a fait l'honneur encyclopédique d'assurer à ses abonnés que ma pièce était sans plan, sans unité, sans caractères, vide d'intrigue et dénuée de comique.

Un autre [7], plus naïf encore, à la vérité sans approbation, sans privilège et même sans encyclopédie, après un candide exposé de mon drame, ajoute au laurier de sa critique cet éloge flatteur de ma personne : « La réputation du sieur de Beaumarchais est bien tombée, et les honnêtes gens sont enfin convaincus que lorsqu'on lui aura arraché les

---

1. Sujets familiers au drame bourgeois, chez Diderot, Sedaine et Beaumarchais lui-même. — 2. Le sujet de la pièce. — 3. Contre Goezman. — 4. Celui de la Comédie-Française, jugé incompatible avec les libertés du *Barbier*. — 5. Ce sera *Tarare*, en 1787. Mais *le Barbier* avait eu précédemment cette forme (voir p. 32.) — 6. Sous forme de livre, Beaumarchais s'adressant au lecteur. — 7. Non identifié, sinon imaginaire.

plumes du paon, il ne restera plus qu'un vilain corbeau noir, avec son effronterie et sa voracité. »

Puisqu'en effet j'ai eu l'effronterie de faire la comédie du *Barbier* [110] *de Séville*, pour remplir l'horoscope [1] entier, je pousserai la voracité jusqu'à vous prier humblement, Monsieur, de me juger vous-même, et sans égard aux critiques passés, présents et futurs; car vous savez que, par état, les gens de feuille [2] sont souvent ennemis des gens de lettres; j'aurai même la voracité de vous prévenir qu'étant saisi de mon affaire, il faut que vous soyez mon juge absolument [3], soit que vous le vouliez ou non, car vous êtes mon lecteur.

Et vous sentez bien, Monsieur, que si, pour éviter ce tracas ou me prouver que je raisonne mal, vous refusiez constamment de me lire, vous feriez vous-même une pétition de principes [4] au-dessous de vos [120] lumières : n'étant pas mon lecteur, vous ne seriez pas celui à qui s'adresse ma requête.

Que si, par dépit de la dépendance où je parais vous mettre, vous vous avisiez de jeter le livre en cet instant de votre lecture, c'est, Monsieur, comme si, au milieu de tout autre jugement, vous étiez enlevé du tribunal par la mort, ou tel accident qui vous rayât du nombre des magistrats. Vous ne pouvez éviter de me juger qu'en devenant nul, négatif, anéanti, qu'en cessant d'exister en qualité de mon lecteur.

Eh! quel tort vous fais-je en vous élevant au-dessus de moi ? Après le bonheur de commander les hommes, le plus grand bonheur, Mon- [130] sieur, n'est-il pas de les juger ?

Voilà donc qui est arrangé. Je ne reconnais plus d'autre juge que vous; sans excepter messieurs les spectateurs, qui, ne jugeant qu'en premier ressort, voient souvent leur sentence infirmée à votre tribunal.

L'affaire avait d'abord été plaidée devant eux au théâtre et, ces messieurs ayant beaucoup ri, j'ai pu penser que j'avais gagné ma cause à l'audience. Point du tout; le journaliste établi dans Bouillon prétend que c'est de moi qu'on a ri. Mais ce n'est là, Monsieur, comme on dit en style de palais, qu'une mauvaise chicane de procureur : mon but ayant été d'amuser les spectateurs, qu'ils aient ri de ma pièce ou de [140] moi, s'ils ont ri de bon cœur, le but est également rempli : ce que j'appelle avoir gagné ma cause à l'audience [5].

Le même journaliste assure encore, ou du moins laisse entendre que j'ai voulu gagner quelques-uns de ces messieurs en leur faisant des lectures particulières, en achetant d'avance leur suffrage par cette prédilection [6]. Mais ce n'est encore là, Monsieur, qu'une difficulté de publiciste allemand [7]. Il est manifeste que mon intention n'a jamais été que de les instruire; c'étaient des espèces de consultations que je faisais sur le fond de l'affaire. Que si les consultants, après avoir

---

1. L'avenir de la pièce, établi selon le mouvement des astres. — 2. Les journalistes. — 3. Noter la place de l'adverbe. — 4. Raisonnement fallacieux qui consiste à supposer vrai ce qui est en question. — 5. Entendons devant le public, sinon devant les juges (comme ce fut le cas de l'auteur lors de l'affaire Goezman). — 6. A la lettre, faveur *préalable*. — 7. Parce qu'il cherchait une « querelle d'Allemand », c'est-à-dire dérisoire, ou parce qu'il était *établi dans Bouillon* (l. 137).

donné leur avis, se sont mêlés parmi les juges, vous voyez bien, [150]
Monsieur, que je n'y pouvais rien de ma part, et que c'était à eux de
se récuser par délicatesse, s'ils se sentaient de la partialité pour mon
barbier andalou.

Eh! plût au Ciel qu'ils en eussent un peu conservé pour ce jeune
étranger! Nous aurions eu moins de peine à soutenir notre malheur
éphémère [1]. Tels sont les hommes : avez-vous du succès, ils vous
accueillent, vous portent, vous caressent, ils s'honorent de vous;
mais gardez de broncher dans la carrière : au moindre échec, ô mes
amis! souvenez-vous qu'il n'est plus d'amis.

Et c'est précisément ce qui nous arriva le lendemain de la plus [160]
triste soirée . Vous eussiez vu les faibles amis du *Barbier* se disperser,
se cacher le visage ou s'enfuir; les femmes, toujours si braves quand elles
protègent, enfoncées dans les coqueluchons [2] jusqu'aux panaches [3] et
baissant des yeux confus; les hommes courant se visiter, se faire
amende honorable [4] du bien qu'ils avaient dit de ma pièce, et rejetant
sur ma maudite façon de lire les choses tout le faux plaisir qu'ils y
avaient goûté. C'était une désertion totale, une vraie désolation [5].

Les uns lorgnaient à gauche, en me sentant passer à droite, et ne
faisaient plus semblant de me voir : ah! Dieux! D'autres, plus coura-
geux, mais s'assurant bien si personne ne les regardait, m'attiraient [170]
dans un coin pour me dire : « Eh! comment avez-vous produit en nous
» cette illusion? Car il faut en convenir, mon ami, votre pièce est la
» plus grande platitude du monde.
» — Hélas! Messieurs, j'ai lu ma platitude, en vérité, tout platement
» comme je l'avais faite; mais au nom de la bonté que vous avez de me
» parler encore après ma chute et pour l'honneur de votre second juge-
» ment, ne souffrez pas qu'on redonne la pièce au théâtre; si, par mal-
» heur, on venait à la jouer comme je l'ai lue, on vous ferait peut-être
» une nouvelle tromperie, et vous vous en prendriez à moi de ne plus
» savoir quel jour vous eûtes raison ou tort; ce qu'à Dieu ne plaise! » [180]

On ne m'en crut point, on laissa rejouer la pièce, et pour le coup je
fus prophète en mon pays. Ce pauvre Figaro, *fessé* par la cabale [6] en
faux-bourdon [7] et presque enterré le vendredi, ne fit point comme Candide [8]; il prit courage, et mon héros se releva le dimanche [9], avec une
vigueur que l'austérité d'un carême [10] entier et la fatigue de dix-sept
séances publiques [11] n'ont pas encore altérée. Mais qui sait combien cela

---

1. Allusion aux péripéties des premières représentations (voir p. 32). — 2. Petits capu-
chons (diminutif de *coqueluche*). — 3. Assemblages de plumes dont s'ornaient les coif-
fures. — 4. Dans l'ancienne législation, punition infamante comportant des excuses
publiques. — 5. Au sens propre : le malheureux auteur est *abandonné* de tous, comme
il est précisé au paragraphe suivant. — 6. La *Cabale* désigne une doctrine secrète du
judaïsme, d'où l'on passe à l'idée de secte, de coterie, puis de conspiration littéraire
pour faire « tomber » une pièce. Figaro se plaindra de la cabale (I, 2). — 7. Terme de
musique : basse continue et uniforme. Mais le mot est ici plus évocateur que technique.
— 8. Dans le roman de Voltaire (1759), le héros est fouetté, mais les choses ne s'arran-
gent pas ensuite. — 9. La première eut lieu le vendredi 23 février 1775. Le dimanche,
la comédie fut jouée en quatre actes. — 10. Durant le carême, les représentations étaient
suspendues. — 11. Nous sommes donc le 17 août 1775.

durera ? Je ne voudrais pas jurer qu'il en fût seulement question dans cinq ou six siècles, tant notre nation est inconstante et légère [1] !

Les ouvrages de théâtre, Monsieur, sont comme les enfants des femmes : conçus avec volupté, menés à terme avec fatigue, enfantés [190] avec douleur et vivant rarement assez pour payer les parents de leurs soins, ils coûtent plus de chagrins qu'ils ne donnent de plaisirs. Suivez-les dans leur carrière : à peine ils voient le jour que, sous prétexte d'enflure, on leur applique les censeurs ; plusieurs en sont restés en chartre [2]. Au lieu de jouer doucement avec eux, le cruel parterre les rudoie et les fait tomber. Souvent, en les berçant, le comédien les estropie. Les perdez-vous un instant de vue, on les retrouve, hélas ! traînant partout, mais dépenaillés [3], défigurés, rongés d'extraits et couverts de critiques. Échappés à tant de maux, s'ils brillent un moment dans le monde, le plus grand de tous les atteint, le mortel oubli les tue ; ils [200] meurent, et, replongés au néant, les voilà perdus à jamais dans l'immensité des livres.

Je demandais à quelqu'un pourquoi ces combats, cette guerre animée entre le parterre et l'auteur, à la première représentation des ouvrages, même de ceux qui devaient plaire un autre jour. « Ignorez-vous, me dit-il, que Sophocle et le vieux Denys sont morts de joie d'avoir remporté le prix des vers au théâtre ? Nous aimons trop nos auteurs pour souffrir qu'un excès de joie nous prive d'eux en les étouffant ; aussi, pour les conserver, avons-nous grand soin que leur triomphe ne soit jamais si pur, qu'ils puissent en expirer de plaisir. » [210]

Quoi qu'il en soit des motifs de cette rigueur, l'enfant de mes loisirs, ce jeune, cet innocent *Barbier*, tant dédaigné le premier jour, loin d'abuser le surlendemain de son triomphe ou de montrer de l'humeur à ses critiques, ne s'en est que plus empressé de les désarmer par l'enjouement de son caractère.

Exemple rare et frappant, Monsieur, dans un siècle d'ergotisme [4] où l'on calcule tout jusqu'au rire ; où la plus légère diversité d'opinions fait germer des haines éternelles ; où tous les jeux tournent en guerre ; où l'injure qui repousse l'injure est à son tour payée par l'injure, jusqu'à ce qu'une autre effaçant cette dernière en enfante une nouvelle, [220] auteur de plusieurs autres, et propage ainsi l'aigreur à l'infini, depuis le rire jusqu'à la satiété, jusqu'au dégoût, à l'indignation même du lecteur le plus caustique.

Quant à moi, Monsieur, s'il est vrai, comme on l'a dit, que tous les hommes soient frères (et c'est une belle idée), je voudrais qu'on pût engager nos frères les gens de lettres à laisser, en discutant, le ton rogue [5] et tranchant à nos frères les libellistes [6], qui s'en acquittent si bien ! ainsi que les injures à nos frères les plaideurs... qui ne s'en acquittent pas mal non plus. Je voudrais surtout qu'on pût engager nos frères les journalistes à renoncer à ce ton pédagogue et magistral avec lequel ils [230]

1. La pièce a tenu au moins deux siècles. — 2. En prison. — 3. Déchirés, en lambeaux. — 4. Un siècle qui ergote : mot profond de Beaumarchais contre son siècle raisonneur. — 5. Dur et arrogant. — 6. Auteurs de *libelles* ou écrits diffamatoires.

gourmandent les fils d'Apollon [1] et font rire la sottise aux dépens de l'esprit.

Ouvrez un journal : ne semble-t-il pas voir un dur répétiteur, la férule ou la verge levée sur des écoliers négligents, les traiter en esclaves au plus léger défaut dans le devoir ? Eh ! mes frères, il s'agit bien de devoir ici ! la littérature en est le délassement et la douce récréation.

A mon égard au moins, n'espérez pas asservir dans ses jeux mon esprit à la règle : il est incorrigible, et, la classe du devoir une fois fermée, il devient si léger et badin que je ne puis que jouer avec lui. Comme un liège emplumé qui bondit sur la raquette, il s'élève, il [240] retombe, égaye mes yeux, repart en l'air, y fait la roue et revient encore. Si quelque joueur adroit veut entrer en partie et ballotter à nous deux le léger volant de mes pensées, de tout mon cœur ; s'il riposte avec grâce et légèreté, le jeu m'amuse et la partie s'engage. Alors on pourrait voir les coups portés, parés, reçus, rendus, accélérés, pressés, relevés même avec une prestesse, une agilité propre à réjouir autant les spectateurs qu'elle animerait les acteurs.

Telle, au moins, Monsieur, devrait être la critique ; et c'est ainsi que j'ai toujours conçu la dispute entre les gens polis qui cultivent les lettres. [250]

Voyons, je vous prie, si le journaliste de Bouillon a conservé dans sa critique ce caractère aimable et surtout de candeur pour lequel on vient de faire des vœux.

« La pièce est une farce », dit-il.

Passons sur les qualités. Le méchant nom qu'un cuisinier étranger donne aux ragoûts français ne change rien à leur saveur : c'est en passant par ses mains qu'ils se dénaturent. Analysons la farce de Bouillon.

« La pièce, a-t-il dit, n'a pas de plan. »

Est-ce parce qu'il est trop simple qu'il échappe à la sagacité de ce [260] critique adolescent ?

Un vieillard amoureux prétend épouser demain sa pupille ; un jeune amant plus adroit le prévient, et ce jour même en fait sa femme, à la barbe et dans la maison du tuteur. Voilà le fond, dont on eût pu faire, avec un égal succès, une tragédie, une comédie, un drame, un opéra, *et cætera*. L'*Avare* de Molière est-il autre chose ? le grand *Mithridate* est-il autre chose ? Le genre d'une pièce, comme celui de toute action, dépend moins du fond des choses que des caractères qui les mettent en œuvre.

Quant à moi, ne voulant faire, sur ce plan, qu'une pièce amusante et [270] sans fatigue, une pièce d'*imbroille* [2], il m'a suffi que le machiniste [3], au lieu d'être un noir scélérat, fût un drôle de garçon, un homme insouciant qui rit également du succès et de la chute de ses entreprises, pour que l'ouvrage, loin de tourner en drame sérieux, devînt une comédie fort gaie ; et de cela seul que le tuteur est un peu moins sot que tous

---

1. Les poètes et, plus généralement, les écrivains. — 2. Forme francisée de l'italien *imbroglio*. — 3. Celui qui tient les ficelles de l'intrigue, autrement dit Figaro.

ceux qu'on trompe au théâtre, il a résulté beaucoup de mouvement dans la pièce, et surtout la nécessité d'y donner plus de ressort aux intrigants.

Au lieu de rester dans ma simplicité comique, si j'avais voulu compliquer, étendre et tourmenter mon plan à la manière tragique ou [280] *dramique* [1], imagine-t-on que j'aurais manqué de moyens dans une aventure dont je n'ai mis en scène que la partie la moins merveilleuse ?

En effet, personne aujourd'hui n'ignore qu'à l'époque historique où la pièce finit gaîment dans mes mains, la querelle commença sérieusement à s'échauffer, comme qui dirait derrière la toile, entre le docteur et Figaro, sur les cent écus. Des injures, on en vint aux coups. Le docteur, étrillé par Figaro, fit tomber en se débattant le *rescille* [2] ou filet qui coiffait le barbier, et l'on vit, non sans surprise, une forme de spatule [3] imprimée à chaud sur sa tête rasée. Suivez-moi, Monsieur, je vous prie. [290]

A cet aspect, moulu de coups qu'il est, le médecin s'écrie avec transport : « Mon fils ! ô Ciel, mon fils ! mon cher fils !... » Mais avant que Figaro l'entende, il a redoublé de horions [4] sur son cher père. En effet, ce l'était.

Ce Figaro, qui pour toute famille avait jadis connu sa mère, est fils naturel de Bartholo. Le médecin, dans sa jeunesse, eut cet enfant d'une personne en condition, que les suites de son imprudence firent passer du service au plus affreux abandon.

Mais avant de le quitter, le désolé Bartholo, Frater [5] alors, a fait rougir sa spatule; il en a timbré son fils à l'occiput, pour le reconnaître [300] un jour, si jamais le sort les rassemble. La mère et l'enfant avaient passé six années dans une honorable mendicité, lorsqu'un chef de bohémiens, descendu de Luc Gauric [6], traversant l'Andalousie avec sa troupe, et consulté par la mère sur le destin de son fils, déroba l'enfant furtivement, et laissa par écrit cet horoscope [7] à sa place :

> *Après avoir versé le sang dont il est né,*
> *Ton fils assommera son père infortuné ;*
> *Puis, tournant sur lui-même et le fer et le crime,*
> *Il se frappe, et devient heureux et légitime.*

En changeant d'état sans le vouloir, l'infortuné jeune homme a [310] changé de nom sans le vouloir; il s'est élevé sous celui de Figaro; il a vécu. Sa mère est cette Marceline [8], devenue vieille et gouvernante chez le docteur, que l'affreux horoscope de son fils a consolé de sa perte. Mais aujourd'hui, tout s'accomplit.

---

1. Néologisme : selon le style du *drame* bourgeois. L'acception nouvelle est soulignée par l'emploi de l'italique. — 2. *Résille*, ou filet, est ordinairement féminin en français. Beaumarchais a conservé le genre et la graphie espagnole. — 3. Petite pelle aplatie, utilisée en pharmacie. — 4. Coups. — 5. *Frater*, mot d'origine ecclésiastique (frère, c'est-à-dire moine), désigne aussi un aide-chirurgien, un débutant : c'est le cas de Bartholo. — 6. Luc Gauric (1476-1558), astrologue célèbre, estimé du pape Jules II et de Catherine de Médicis. — 7. Voir p. 40, n. 1. — 8. Ainsi que le révélera le *Mariage de Figaro* (III, 16).

En saignant Marceline au pied, comme on le voit dans ma pièce, ou plutôt comme on ne l'y voit pas [1], Figaro remplit le premiers vers :

> *Après avoir versé le sang dont il est né.*

Quand il étrille innocemment le docteur, après la toile tombée, il accomplit le second vers :

> *Ton fils assommera son père infortuné.*   320

A l'instant, la plus touchante reconnaissance a lieu entre le médecin, la vieille et Figaro : *C'est vous ! c'est lui ! c'est toi ! c'est moi !* Quel coup de théâtre [2] ! Mais le fils, au désespoir de son innocente vivacité, fond en larmes et se donne un coup de rasoir, selon le sens du troisième vers :

> *Puis, tournant sur lui-même et le fer et le crime,*
> *Il se frappe, et...*

Quel tableau ! En n'expliquant point si, du rasoir, il se coupe la gorge ou seulement le poil du visage, on voit que j'avais le choix de finir ma pièce au plus grand pathétique. Enfin, le docteur épouse la 330 vieille ; et Figaro, suivant la dernière leçon,

> *... devient heureux et légitime.*

Quel dénouement ! Il ne m'en eût coûté qu'un sixième acte. Et quel sixième acte ! Jamais tragédie au Théâtre français... Il suffit. Reprenons la pièce en l'état où elle a été jouée et critiquée. Lorsqu'on me reproche avec aigreur ce que j'ai fait, ce n'est pas l'instant de louer ce que j'aurais pu faire.

« La pièce est invraisemblable dans sa conduite », a dit encore le journaliste établi dans Bouillon avec approbation et privilège [3].

Invraisemblable ! Examinons cela par plaisir.   340

Son Excellence M. le comte Almaviva, dont j'ai depuis longtemps l'honneur d'être ami particulier, est un jeune seigneur, ou pour mieux dire était, car l'âge et les grands emplois en ont fait depuis un homme fort grave, ainsi que je le suis devenu moi-même. Son Excellence était donc un jeune seigneur espagnol, vif, ardent, comme tous les amants de sa nation, que l'on croit froide et qui n'est que paresseuse.

Il s'était mis secrètement à la poursuite d'une belle personne qu'il avait entrevue à Madrid et que son tuteur a bientôt ramenée au lieu de sa naissance. Un matin qu'il se promenait sous ses fenêtres à Séville, où 350 depuis huit jours il cherchait à s'en faire remarquer, le hasard conduisit au même endroit Figaro le barbier. — Ah ! le hasard ! dira mon critique ; et si le hasard n'eût pas conduit ce jour-là le barbier dans cet endroit, que devenait la pièce ? — Elle eût commencé, mon frère, à

---

1. Car cela se passe dans la coulisse (II, 4, l. 524), et Marceline ne paraît pas sur la scène du *Barbier*. — 2. Cette reconnaissance aura lieu effectivement dans *le Mariage* (III, 16). — 3. La formule officielle et banale acquiert, par sa répétition (voir aussi les l. 381, 467, 500), un effet plaisant. Dans le *Barbier*, nous aurons le *leitmotiv* de « la précaution inutile ».

quelque autre époque. — Impossible puisque le tuteur, selon vous-même, épousait le lendemain. — Alors il n'y aurait pas eu de pièce ou, s'il y en avait eu, mon frère, elle aurait été différente. Une chose est-elle invraisemblable, parce qu'elle était possible autrement ?

Réellement, vous avez un peu d'humeur. Quand le cardinal de Retz [1] nous dit froidement : « Un jour j'avais besoin d'un homme ; à la vérité, je ne voulais qu'un fantôme ; j'aurais désiré qu'il fût petit-fils de Henri [360] le Grand [2] ; qu'il eût de longs cheveux blonds ; qu'il fût beau, bien fait, bien séditieux [3] ; qu'il eût le langage et l'amour des halles [4] : et voilà que le hasard me fait rencontrer à Paris M. de Beaufort, échappé de la prison du roi ; c'était justement l'homme qu'il me fallait [5] », va-t-on dire au coadjuteur [6] : « Ah ! le hasard ! Mais si vous n'eussiez pas rencontré M. de Beaufort ? Mais ceci, mais cela... ? »

Le hasard donc conduisit en ce même endroit Figaro le barbier, beau diseur, mauvais poète, hardi musicien, grand fringueneur [7] de guitare et jadis valet de chambre du comte ; établi dans Séville, y faisant avec succès des barbes, des romances et des mariages ; y maniant [370] également le fer du phlébotome [8] et le piston [9] du pharmacien ; la terreur des maris, la coqueluche des femmes, et *justement* l'homme qu'il nous fallait. Et comme, en toute recherche, ce qu'on nomme passion n'est autre chose qu'un désir irrité par la contradiction, le jeune amant, qui n'eût peut-être eu qu'un goût de fantaisie pour cette beauté, s'il l'eût rencontrée dans le monde, en devient amoureux parce qu'elle est enfermée, au point de faire l'impossible pour l'épouser.

Mais vous donner ici l'extrait entier de la pièce, Monsieur, serait douter de la sagacité, de l'adresse avec laquelle vous saisirez le dessein de l'auteur, et suivrez le fil de l'intrigue, en la lisant. Moins prévenu [380] que le journal de Bouillon, qui se trompe avec approbation et privilège sur toute la conduite de cette pièce, vous verrez que *tous les soins de l'amant* ne *sont* pas *destinés à remettre simplement une lettre*, qui n'est là qu'un léger accessoire à l'intrigue, mais bien à s'établir dans un fort défendu par la vigilance et le soupçon, surtout à tromper un homme qui, sans cesse éventant la manœuvre, oblige l'ennemi de se retourner assez lestement pour n'être pas désarçonné d'emblée.

Et lorsque vous verrez que tout le mérite du dénouement consiste en ce que le tuteur a fermé sa porte en donnant son passe-partout à Bazile, pour que lui seul et le notaire puissent entrer et conclure son [390] mariage, vous ne laisserez pas d'être étonné qu'un critique aussi équitable se joue de la confiance de son lecteur, ou se trompe au point d'écrire, et dans Bouillon encore : *Le comte s'est donné la peine de monter*

---

1. Célèbre auteur (1613-1679) des *Mémoires*. — 2. Henri IV. — 3. En révolte contre l'autorité légitime, comme ce fut le cas de Retz lors de la Fronde. — 4. C'est-à-dire du peuple. Beaufort, petit-fils de Henri IV (1616-1669), avait été surnommé *le roi des Halles*. Il était le chef de la Fronde. — 5. La citation n'est pas littérale, mais le fait est bien dans les *Mémoires* de Retz (Pléiade, p. 159). — 6. Retz, auxiliaire de son oncle, l'archevêque de Paris. — 7. Mot créé par Beaumarchais d'après *fringuer* (sautiller, en parlant d'un cheval). — 8. Bistouri (littéralement : coupe-veine) pour pratiquer les saignées. — 9. L'outil de M. Purgon, chez Molière.

au balcon par une échelle avec Figaro, quoique la porte ne soit pas fermée.

Enfin, lorsque vous verrez le malheureux tuteur, abusé par toutes les précautions qu'il prend pour ne le point être [1], à la fin forcé de signer au [2] contrat du Comte et d'approuver ce qu'il n'a pu prévenir, vous laisserez au critique à décider si ce tuteur était un *imbécile* de ne pas deviner une intrigue dont on lui cachait tout, lorsque lui, critique à qui l'on ne cachait rien, ne l'a pas devinée plus que le tuteur. [400]

En effet, s'il l'eût bien conçue, aurait-il manqué de louer tous les beaux endroits de l'ouvrage ?

Qu'il n'ait point remarqué la manière dont le premier acte annonce et déploie avec gaîté tous les caractères de la pièce, on peut lui pardonner.

Qu'il n'ait pas aperçu quelque peu de comédie dans la grande scène du second acte [3] où, malgré la défiance et la fureur du jaloux, la pupille parvient à lui donner le change sur une lettre remise en sa présence, et à lui faire demander pardon à genoux du soupçon qu'il a montré, je le conçois encore aisément. [410]

Qu'il n'ait pas dit un seul mot de la scène de stupéfaction de Bazile au troisième acte [4], qui a paru si neuve au théâtre et a tant réjoui les spectateurs, je n'en suis point surpris du tout.

Passe encore qu'il n'ait pas entrevu l'embarras où l'auteur s'est jeté volontairement au dernier acte, en faisant avouer par sa pupille à son tuteur que le Comte avait dérobé la clef de la jalousie; et comment l'auteur s'en démêle en deux mots, et sort en se jouant de la nouvelle inquiétude qu'il a imprimée aux spectateurs. C'est peu de chose en vérité.

Je veux bien qu'il ne lui soit pas venu à l'esprit que la pièce, une des [420] plus gaies qui soient au théâtre, est écrite sans la moindre équivoque, sans une pensée, sans un seul mot dont la pudeur, même des petites loges [5], ait à s'alarmer ; ce qui pourtant est bien quelque chose, Monsieur, dans un siècle où l'hypocrisie de la décence est poussée presque aussi loin que le relâchement des mœurs. Très volontiers. Tout cela sans doute pouvait n'être pas digne de l'attention d'un critique aussi majeur [6].

Mais comment n'a-t-il pas admiré ce que tous les honnêtes gens n'ont pu voir sans répandre des larmes de tendresse et de plaisir ? Je veux dire : la piété filiale de ce bon Figaro, qui ne saurait oublier [430] sa mère !

Tu connais donc ce tuteur ? lui dit le Comte au premier acte [7]. *Comme ma mère*, répondit Figaro. Un avare aurait dit : *Comme mes poches.* Un petit-maître [8] eût répondu : *Comme moi-même.* Un ambitieux : *Comme le chemin de Versailles.* Et le journaliste de Bouillon : *Comme*

---

1. Ne point être malheureux. Apprécier le trait de style qui force le lecteur à revenir sur un mot peu accentué de la première proposition. — 2. Le verbe *signer* serait aujourd'hui transitif. — 3. II, 15. — 4. III, 11. — 5. Loges grillagées, d'où l'on pouvait voir sans être vu. — 6. Important. *Le Journal de Bouillon* était fort lu et apprécié, d'où le souci de répondre à ses critiques. — 7. I, 4, l. 244. — 8. Homme d'une élégance prétentieuse, l'ancêtre du dandy du XIXe siècle.

mon libraire : les comparaisons de chacun se tirant toujours de l'objet intéressant. *Comme ma mère,* a dit le fils tendre et respectueux.

Dans un autre endroit encore [1] : *Ah! vous êtes charmant!* lui dit le tuteur. Et ce bon, cet honnête garçon, qui pouvait gaîment assimiler cet éloge à tous ceux qu'il a reçus de ses maîtresses, en revient toujours [440] à sa bonne mère, et répond à ce mot : *Vous êtes charmant! — Il est vrai, Monsieur, que ma mère me l'a dit autrefois.* Et le journal de Bouillon ne relève point de pareils traits! Il faut avoir le cerveau bien desséché pour ne pas les voir, ou le cœur bien dur pour ne pas les sentir!

Sans compter mille autres finesses de l'art répandues à pleines mains dans cet ouvrage. Par exemple, on sait que les comédiens ont multiplié chez eux les emplois à l'infini : emplois de grande, moyenne et petite amoureuse; emplois de grands, moyens et petits valets; emplois de niais, d'important, de croquant [2], de paysan, de tabellion [3], de bailli [4]; mais on sait qu'ils n'ont pas encore appointé [5] celui du [450] bâillant. Qu'a fait l'auteur pour former un comédien peu exercé au talent d'ouvrir largement la bouche au théâtre ? Il s'est donné le soin de lui rassembler dans une seule phrase, toutes les syllabes bâillantes du français : *Rien... qu'en... l'en...ten...dant... parler* [6], syllabes en effet qui feraient bâiller un mort, et parviendraient à desserrer les dents mêmes de l'envie!

En cet endroit admirable [7] où, pressé par les reproches du tuteur qui lui crie : *Que direz-vous à ce malheureux qui bâille et dort tout éveillé? et à l'autre qui, depuis trois heures, éternue à se faire sauter le crâne et jaillir la cervelle, que leur direz-vous?* le naïf barbier répond : [460] *Eh parbleu ! je dirai à celui qui éternue : Dieu vous bénisse ! [8] et : Va te coucher à celui qui bâille.* Réponse en effet si juste, si chrétienne et si admirable, qu'un de ces fiers critiques qui ont leurs entrées au paradis, n'a pu s'empêcher de s'écrier : « Diable! l'auteur a dû rester au moins huit jours à trouver cette réplique. »

Et le journal de Bouillon, au lieu de louer ces beautés sans nombre, use encre et papier, approbation et privilège [9], à mettre un pareil ouvrage au-dessous même de la critique! On me couperait le cou, Monsieur, que je ne saurais m'en taire.

N'a-t-il pas été jusqu'à dire, le cruel! que, *pour ne pas voir expirer ce* [470] *Barbier sur le théâtre, il a fallu le mutiler, le changer, le refondre, l'éla-guer, le réduire en quatre actes* [10] *et le purger d'un grand nombre de pasqui-nades, de calembours, de jeux de mots* [11], en un mot de bas comique?

A le voir ainsi frapper comme un sourd, on juge assez qu'il n'a pas

---

1. III, 5. — 2. Nom donné aux paysans révoltés sous Henri IV et Louis XIII. D'où : terme de mépris, *paysan* constituant la version plus noble. — 3. Notaire. — 4. Représentant du roi dans les circonscriptions. Le mot est là pour amener le jeu de mots. — 5. Désigné comme titulaire : ce sens s'est gardé dans l'anglais *to appoint.* — 6. Voir le texte exact, II, 6, l. 576. — 7. III, 5, l. 1329-1336. — 8. C'était la formule consacrée, comme nous disons aujourd'hui : A vos souhaits! — 9. Retour du *leitmotiv,* avec varia-tions. — 10. Voir p. 32. — 11. *Pasquin* était le nom donné par le peuple de Rome, au XIVᵉ siècle, à une statue informe où l'on prit l'habitude d'attacher des placards sati-riques. Une *pasquinade* est donc une raillerie bouffonne. Dans *le Rire,* Bergson distingue le *calembour* (qui joue sur le *son* des mots) du *jeu de mots* (qui porte sur le *sens*).

entendu le premier mot de l'ouvrage qu'il décompose. Mais j'ai l'honneur d'assurer ce journaliste, ainsi que le jeune homme qui lui taille ses plumes et ses morceaux, que, loin d'avoir purgé la pièce d'aucun des *calembours, jeux de mots,* etc. qui lui eussent nui le premier jour, l'auteur a fait rentrer dans les actes restés au théâtre tout ce qu'il en a pu reprendre à l'acte au portefeuille [1] : tel un charpentier [480] économe cherche, dans ses copeaux épars sur le chantier, tout ce qui peut servir à cheviller et boucher les moindres trous de son ouvrage.

Passerons-nous sous silence le reproche aigu qu'il fait à la jeune personne d'avoir *tous les défauts d'une fille mal élevée* ? Il est vrai que pour échapper aux conséquences d'une telle imputation, il tente à la rejeter sur autrui, comme s'il n'en était pas l'auteur, en employant cette expression brutale : *On trouve à la jeune personne,* etc. On trouve !...

Que voulait-il donc qu'elle fît ? Qu'au lieu de se prêter aux vues d'un jeune amant très aimable et qui se trouve un homme de qualité, notre charmante enfant épousât le vieux podagre [2] médecin ? Le noble [490] établissement qu'il lui destinait là ! Et parce qu'on n'est pas de l'avis de Monsieur, on a *tous les défauts d'une fille mal élevée !*

En vérité, si le journal de Bouillon se fait des amis en France par la justesse et la candeur de ses critiques, il faut avouer qu'il en aura beaucoup moins au-delà des Pyrénées, et qu'il est surtout bien dur pour les dames espagnoles.

Eh ! qui sait si son Excellence Madame la Comtesse Almaviva, l'exemple des femmes de son état et vivant comme un ange avec son mari, quoiqu'elle ne l'aime plus, ne se ressentira pas un jour [3] des libertés qu'on se donne à Bouillon sur elle, avec approbation et privi- [500] lège ?

L'imprudent journaliste a-t-il au moins réfléchi que Son Excellence ayant, par le rang de son mari, le plus grand crédit dans les bureaux, eût pu lui faire obtenir quelque pension sur la gazette d'Espagne ou la gazette elle-même, et que, dans la carrière qu'il embrasse, il faut plus de ménagements pour les femmes de qualité ? Qu'est-ce que cela me fait, à moi ? L'on sent bien que c'est pour lui seul que j'en parle.

Il est temps de laisser cet adversaire, quoiqu'il soit à la tête des gens qui prétendent que, *n'ayant pu me soutenir en cinq actes, je me suis mis en quatre* [4] *pour ramener le public.* Et quand cela serait ? Dans [510] un moment d'oppression, ne vaut-il pas mieux sacrifier un cinquième de son bien que de le voir tout entier au pillage ?

Mais ne tombez pas, cher lecteur... (Monsieur, veux-je dire), ne tombez pas, je vous prie, dans une erreur populaire qui ferait grand tort à votre jugement.

Ma pièce, qui paraît n'être aujourd'hui qu'en quatre actes, est réellement et de fait en cinq, qui sont le premier, le deuxième, le troisième, le quatrième et le cinquième, à l'ordinaire.

---

1. L'acte non utilisé. Nous dirions aujourd'hui : resté dans le tiroir. — 2. Atteint de la goutte. Le mot est associé plaisamment à *médecin.* — 3. Beaumarchais songe donc déjà au *Mariage de Figaro* et à *la Mère coupable.* — 4. Plaisanterie de journaliste que Beaumarchais reprend à son compte, car c'est de la « critique gaie ».

Il est vrai que, le jour du combat, voyant les ennemis acharnés, le parterre ondulant, agité, grondant au loin comme les flots de la mer, [520] et trop certain que ces mugissements sourds, précurseurs des tempêtes, ont amené plus d'un naufrage [1], je vins à réfléchir que beaucoup de pièces en cinq actes (comme la mienne), toutes très bien faites d'ailleurs (comme la mienne), n'auraient pas été au diable en entier (comme la mienne), si l'auteur eût pris un parti vigoureux (comme le mien).

« Le dieu des cabales est irrité », dis-je aux comédiens avec force :

Enfants ! un sacrifice est ici nécessaire.

Alors, faisant la part au diable et déchirant mon manuscrit : « Dieu des siffleurs, moucheurs, cracheurs, pousseurs et perturbateurs, m'écriai-je, il te faut du sang ? Bois mon quatrième acte et que ta [530] fureur s'apaise ! »

A l'instant vous eussiez vu ce bruit infernal qui faisait pâlir et broncher [2] les acteurs, s'affaiblir, s'éloigner, s'anéantir, l'applaudissement lui succéder, et des bas-fonds du parterre un *bravo* général s'élever, en circulant, jusqu'aux hauts bancs du paradis [3]

De cet exposé, Monsieur, il suit que ma pièce est restée en cinq actes, qui sont le premier, le deuxième, le troisième au théâtre, le quatrième au diable et le cinquième avec les trois premiers. Tel auteur même vous soutiendra que ce quatrième acte, qu'on n'y voit point, n'en est pas moins celui qui fait le plus de bien à la pièce, en ce [540] qu'on ne l'y voit point.

Laissons jaser le monde ; il me suffit d'avoir prouvé mon dire ; il me suffit, en faisant mes cinq actes, d'avoir montré mon respect pour Aristote, Horace [4], Aubignac [5] et les Modernes, et d'avoir mis ainsi l'honneur de la règle à couvert.

Par le second arrangement, le diable a son affaire ; mon char n'en roule pas moins bien sans la cinquième roue, le public est content, je le suis aussi. Pourquoi le journal de Bouillon ne l'est-il pas ? — Ah ! pourquoi ? C'est qu'il est bien difficile de plaire à des gens qui, par métier, doivent ne jamais trouver les choses gaies assez sérieuses, ni [550] les graves assez enjouées.

Je me flatte, Monsieur, que cela s'appelle raisonner par principes [6] et que vous n'êtes pas mécontent de mon petit syllogisme [7].

Reste à répondre aux observations dont quelques personnes ont honoré le moins important des drames hasardés depuis un siècle au théâtre.

---

1. Noter la métaphore poétique, et suivie. — 2. Commettre des erreurs, troublés qu'ils étaient par les interruptions. — 3. Partie supérieure du théâtre, formée par la dernière galerie. — 4. Des préceptes de la *Poétique* d'Aristote et de l'*Art poétique* d'Horace, on avait tiré notamment la règle des trois unités. Aucune règle cependant n'exigeait de la comédie cinq actes, l'usage lui en attribuant seulement un nombre impair, un, trois ou cinq. — 5. L'abbé d'Aubignac (1604-1676) était l'auteur d'une *Pratique du théâtre* (1657) dont on faisait grand cas. Par *modernes*, il faut entendre les autres théoriciens modernes de l'art classique, Boileau par exemple. — 6. *Raisonner* selon les *principes*. — 7. Le *syllogisme* est un raisonnement à trois temps qui comporte une majeure, une mineure et une conclusion. Il en est beaucoup de spécieux. Celui de Beaumarchais n'est pas même d'une grande rigueur formelle.

Je mets à part les lettres écrites aux comédiens, à moi-même, sans signature et vulgairement appelées anonymes; on juge, à l'âpreté du style, que leurs auteurs, peu versés dans la critique, n'ont pas assez senti qu'une mauvaise pièce n'est point une mauvaise action, et que 560 celle injure, convenable à un méchant homme, est toujours déplacée à un méchant écrivain. Passons aux autres.

Des connaisseurs [1] ont remarqué que j'étais tombé dans l'inconvénient de faire critiquer des usages français par un plaisant de Séville à Séville, tandis que la vraisemblance exigeait qu'il s'étayât sur les mœurs espagnoles. Ils ont raison; j'y avais même tellement pensé que, pour rendre la vraisemblance encore plus parfaite, j'avais d'abord résolu d'écrire et de faire jouer la pièce en langage espagnol; mais un homme de goût m'a fait observer qu'elle en perdrait peut-être un peu de sa gaîté pour le public de Paris, raison qui m'a déterminé à l'écrire 570 en français; en sorte que j'ai fait, comme on voit, une multitude de sacrifices à la gaîté, mais sans pouvoir parvenir à dérider le journal de Bouillon.

Un autre amateur [2], saisissant l'instant qu'il y avait beaucoup de monde au foyer, m'a reproché, du ton le plus sérieux, que ma pièce ressemblait à *On ne s'avise jamais de tout* [3] .— « Ressembler, Monsieur ! Je soutiens que ma pièce est *On ne s'avise jamais de tout*, lui-même. — Et comment cela ? — C'est qu'on ne s'était pas encore avisé de ma pièce ». — L'amateur resta court, et l'on en rit d'autant plus que celui-là qui me reprochait *On ne s'avise jamais de tout* est un 580 homme qui ne s'est jamais avisé de rien.

Quelques jours après (ceci est plus sérieux), chez une dame incommodée, un monsieur grave, en habit noir, coiffure bouffante et canne à corbin [4], lequel touchait légèrement le poignet de la dame, proposa civilement plusieurs doutes sur la vérité des traits que j'avais lancés contre les médecins [5]. « Monsieur, lui dis-je, êtes-vous ami de quelqu'un d'eux ? Je serais désolé qu'un badinage... — On ne peut pas moins; je vois que vous ne me connaissez pas, je ne prends jamais le parti d'aucun, je parle ici pour le corps en général. » Cela me fit beaucoup chercher quel homme ce pouvait être. « En fait de plaisanterie, ajoutai- 590 je, vous savez, Monsieur, qu'on ne demande jamais si l'histoire est vraie, mais si elle est bonne. — Eh! croyez-vous moins perdre à cet examen qu'au premier ? — A merveille, docteur, dit la dame. Le monstre qu'il est! n'a-t-il pas osé parler mal aussi de nous ? Faisons cause commune. »

A ce mot de *docteur*, je commençai à soupçonner qu'elle parlait à son médecin. « Il est vrai, Madame et Monsieur, repris-je avec modestie [6], que je me suis permis ces légers torts, d'autant plus aisément qu'ils tirent moins à conséquence. »

---

1. Ceux qui se piquent d'avoir du goût. — 2. Synonyme de *connaisseur* (l. 563). — 3. Titre d'un opéra-comique en un acte, de Sedaine, une des « sources » du *Barbier de Séville* : voir p. 31. — 4. Dont le pommeau a la forme d'un bec de *corbeau*. — 5. Mais par le comte Almaviva déguisé en soldat ivre (II, 13), ce qui en diminue beaucoup la portée. — 6. L'auteur est, ne l'oublions pas (voir p. 37), *vêtu modestement et courbé*.

Eh ! qui pourrait nuire à deux corps puissants dont l'empire embrasse [600] l'univers et se partage le monde ? Malgré les envieux, les belles y règneront toujours par le plaisir, et les médecins par la douleur ; et la brillante santé nous ramène à l'amour, comme la maladie nous rend à la médecine.

Cependant, je ne sais si, dans la balance des avantages, la Faculté ne l'emporte pas un peu sur la beauté. Souvent on voit les belles nous renvoyer aux médecins ; mais plus souvent encore les médecins nous gardent et ne nous renvoient plus aux belles.

En plaisantant donc, il faudrait peut-être avoir égard à la différence des ressentiments et songer que, si les belles se vengent en se sépa- [610] rant de nous, ce n'est qu'un mal négatif ; au lieu que les médecins se vengent en s'en emparant, ce qui devient très positif.

Que, quand ces derniers nous tiennent, ils font de nous tout ce qu'ils veulent ; au lieu que les belles, toutes belles qu'elles sont, n'en font jamais que ce qu'elles peuvent.

Que le commerce des belles nous les rend bientôt moins nécessaires ; au lieu que l'usage des médecins finit par nous les rendre indispensables.

Enfin, que l'un de ces empires ne semble établi que pour assurer la durée de l'autre puisque, plus la verte jeunesse est livrée à l'amour, [620] plus la pâle vieillesse appartient sûrement à la médecine.

Au reste, ayant fait contre moi cause commune, il était juste, Madame et Monsieur, que je vous offrisse en commun mes justifications. Soyez donc persuadés que, faisant profession d'adorer les belles et de redouter les médecins, c'est toujours en badinant que je dis du mal de la beauté ; comme ce n'est jamais sans trembler que je plaisante un peu la Faculté [1].

Ma déclaration n'est point suspecte à votre égard, Mesdames, et mes plus acharnés ennemis sont forcés d'avouer que, dans un instant d'humeur où mon dépit contre une belle allait s'épancher trop librement sur toutes les autres, on m'a vu m'arrêter tout court au vingt- [630] cinquième couplet, et, par le plus prompt repentir, faire ainsi, dans le vingt-sixième, amende honorable aux belles irritées :

> *Sexe charmant, si je décèle*
> *Votre cœur en proie au désir,*
> *Souvent à l'amour infidèle,*
> *Mais toujours fidèle au plaisir ;*
> *D'un badinage* [2], *ô mes Déesses !*
> *Ne cherchez point à vous venger :*
> *Tel glose* [3], *hélas ! sur vos faiblesses*
> *Qui brûle de les partager.* [640]

Quant à vous, Monsieur le Docteur, on sait assez que Molière... « Au désespoir, dit-il en se levant, de ne pouvoir profiter plus longtemps de vos lumières : mais l'humanité qui gémit ne doit pas souffrir

---

1. La Faculté de médecine. — 2. Le mot, qui revient plusieurs fois, caractérise bien le passage. — 3. Fait des commentaires acerbes.

de mes plaisirs [1]. » Il me laissa, ma foi, la bouche ouverte avec ma phrase
en l'air. « Je ne sais pas, dit la belle malade en riant, si je vous par-
» donne; mais je vois bien que notre docteur ne vous pardonne pas. —
» Le nôtre, Madame ? Il ne sera jamais le mien. — Eh ! pourquoi ? —
» Je ne sais ; je craindrais qu'il ne fût au-dessous de son état, puisqu'il
» n'est jamais au-dessus des plaisanteries qu'on en peut faire. »

Ce docteur n'est pas de mes gens. L'homme assez consommé dans [650]
son art pour en avouer de bonne foi l'incertitude, assez spirituel pour
rire avec moi de ceux qui le disent infaillible : tel est mon médecin.
En me rendant ses soins qu'ils appellent des visites, en me donnant ses
conseils qu'ils nomment des ordonnances, il remplit dignement et sans
faste la plus noble fonction d'une âme éclairée et sensible. Avec plus
d'esprit, il calcule plus de rapports, et c'est tout ce qu'on peut dans un
art aussi utile qu'incertain. Il me raisonne, il me console, il me guide
et la nature fait le reste. Aussi, loin de s'offenser de la plaisanterie,
est-il le premier à l'opposer au pédantisme [2]. A l'infatué qui lui dit
gravement : « De quatre-vingt fluxions de poitrine que j'ai traitées cet [660]
automne, un seul malade a péri dans mes mains », mon docteur répond
en souriant : « Pour moi, j'ai prêté mes secours à plus de cent cet
hiver; hélas ! je n'en ai pu sauver qu'un seul. » Tel est mon aimable
médecin. « — Je le connais. — Vous permettez bien que je ne l'échange
» pas contre le vôtre. Un pédant n'aura pas plus ma confiance en
» maladie qu'une bégueule n'obtiendrait mon hommage en santé.
» Mais je ne suis qu'un sot. Au lieu de vous rappeler mon amende
» honorable au beau sexe, je devais lui chanter le couplet de la bégueule;
» il est tout fait pour lui.

> *Pour égayer ma poésie,* [670]
> *Au hasard j'assemble des traits ;*
> *J'en fais, peintre de fantaisie,*
> *Des tableaux, jamais des portraits.*
> *La femme d'esprit, qui s'en moque,*
> *Sourit finement à l'auteur ;*
> *Pour l'imprudente qui s'en choque,*
> *Sa colère est son délateur.*

» — A propos de chanson, dit la dame, vous êtes bien honnête
» d'avoir été donner votre pièce aux Français [3] ! Moi qui n'ai de petite
» loge qu'aux Italiens [4] ! Pourquoi n'en avoir pas fait un opéra-comique ? [680]
» Ce fut, dit-on, votre première idée [5]. La pièce est d'un genre à com-
» porter de la musique.

» — Je ne sais si elle est propre à la supporter, ou si je m'étais
» trompé d'abord en le supposant; mais, sans entrer dans les raisons
» qui m'ont fait changer d'avis, celle-ci, Madame, répond à tout. »

---

1. Que de politesse pour prendre congé ! L'intention en comporte moins que la forme.
— 2. Bergson assigne de même au rire la fonction sociale d'assouplir la « raideur ».
— 3. A la Comédie-Française. — 4. Voir p. 3. — 5. La version sous forme d'opéra-
comique avait été refusée en 1772 par les Italiens : voir p. 32. Le vœu de Beaumarchais sera
exaucé grâce à Paesiello et surtout Rossini (1816).

Notre musique dramatique ressemble trop encore à notre musique chansonnière pour en attendre un véritable intérêt ou de la gaîté franche. Il faudra commencer à l'employer sérieusement au théâtre quand on sentira bien qu'on ne doit y chanter que pour parler; quand nos musiciens se rapprocheront de la nature, et surtout cesseront de [690] s'imposer l'absurde loi de toujours revenir à la première partie d'un air après qu'ils en ont dit la seconde. Est-ce qu'il y a des reprises et des rondeaux dans un drame ? Ce cruel radotage est la mort de l'intérêt et dénote un vide insupportable dans les idées.

Moi qui ai toujours chéri la musique sans inconstance et même sans infidélité, souvent, aux pièces qui m'attachent le plus, je me surprends à pousser de l'épaule, à dire tout bas avec humeur : Eh! va donc, musique! pourquoi toujours répéter ? N'es-tu pas assez lente ? Au lieu de narrer vivement, tu rabâches! Au lieu de peindre la passion, tu t'accroches aux mots! Le poète se tue à serrer l'événement, et toi [700] tu le délayes! Que lui sert de rendre son style énergique et pressé, si tu l'ensevelis sous d'inutiles fredons[1] ? Avec ta stérile abondance, reste, reste aux chansons pour toute nourriture, jusqu'à ce que tu connaisses le langage sublime et tumultueux des passions.

En effet, si la déclamation est déjà un abus de la narration au théâtre, le chant, qui est un abus de la déclamation, n'est donc, comme on voit, que l'abus de l'abus. Ajoutez-y la répétition des phrases, et voyez ce que devient l'intérêt. Pendant que le vice ici va toujours en croissant, l'intérêt marche à sens contraire; l'action s'alanguit; quelque chose me manque; je deviens distrait; l'ennui me gagne; et si je cherche alors [710] à deviner ce que je voudrais, il m'arrive souvent de trouver que je voudrais la fin du spectacle.

Il est un autre art d'imitation, en général beaucoup moins avancé que la musique, mais qui semble en ce point lui servir de leçon. Pour la variété seulement, la danse élevée est déjà le modèle du chant.

Voyez le superbe Vestris[2] ou le fier d'Auberval[3] engager un pas de caractère. Il ne danse pas encore; mais, d'aussi loin qu'il paraît, son port libre et dégagé fait déjà lever la tête aux spectateurs. Il inspire autant de fierté qu'il promet de plaisirs. Il est parti... Pendant que le musicien redit vingt fois ses phrases et monotone[4] ses mouvements, [720] le danseur varie les siens à l'infini.

Le voyez-vous s'avancer légèrement à petits bonds, reculer à grands pas et faire oublier le comble de l'art par la plus ingénieuse négligence ? Tantôt sur un pied, gardant le plus savant équilibre, et suspendu sans mouvement pendant plusieurs mesures, il étonne, il surprend par l'immobilité de son aplomb... Et soudain, comme s'il regrettait le temps de repos, il part comme un trait, vole au fond du théâtre, et

---

1. Mode de chant qui consiste à faire plusieurs notes sur une même syllabe. — 2. Danseur florentin de grand talent (1729-1808). Il débuta à l'Opéra en 1748 et fut le premier à danser sans masque et à faire de la danse un grand art. — 3. Jean Bercher, dit d'Auberval (1742-1806), débuta à l'Opéra en 1761 et devint maître de ballet en 1773. Il devait créer un *Page inconstant* tiré du *Mariage de Figaro*. — 4. Du verbe *monotoner*, répéter avec monotonie.

revient, en pirouettant, avec une rapidité que l'œil peut suivre à peine.

L'air a beau recommencer, rigaudonner [1], se répéter, se radoter, il ne se répète point, lui! tout en déployant les mâles beautés d'un corps souple et puissant, il peint les mouvements violents dont son âme est agitée; il vous lance un regard passionné que ses bras mollement ouverts rendent plus expressif; et, comme s'il se lassait bientôt de vous plaire, il se relève avec dédain, se dérobe à l'œil qui le suit, et la passion la plus fougueuse semble alors naître et sortir de la plus douce ivresse. Impétueux, turbulent, il exprime une colère si bouillante et si vraie qu'il m'arrache à mon siège et me fait froncer le sourcil. Mais, reprenant soudain le geste et l'accent d'une volupté paisible, il erre nonchalamment avec une grâce, une mollesse et des mouvements si délicats, qu'il enlève autant de suffrages qu'il y a de regards attachés sur sa danse enchanteresse.

Compositeurs, chantez comme il danse, et nous aurons, au lieu d'opéras, des mélodrames! Mais j'entends mon éternel censeur (je ne sais plus s'il est d'ailleurs ou de Bouillon), qui me dit : « Que prétend-on par ce tableau? Je vois un talent supérieur, et non la danse en général. C'est dans sa marche ordinaire qu'il faut saisir un art pour le comparer, et non dans ses efforts les plus sublimes. N'avons-nous pas... »

Je l'arrête à mon tour. Eh! quoi! si je veux peindre un coursier et me former une juste idée de ce noble animal, irai-je le chercher hongre [2] et vieux, gémissant au timon du fiacre, ou trottinant sous le plâtrier qui siffle? Je le prends au haras, fier étalon, vigoureux, découplé, l'œil ardent, frappant la terre et soufflant le feu par les naseaux, bondissant de désirs et d'impatience, ou fendant l'air, qu'il électrise, et dont le brusque hennissement réjouit l'homme et fait tressaillir toutes les cavales de la contrée. Tel est mon danseur.

Et quand je crayonne un art, c'est parmi les plus grands sujets qui l'exercent que j'entends choisir mes modèles; tous les efforts du génie... Mais je m'éloigne trop de mon sujet; revenons au *Barbier de Séville*... ou plutôt, Monsieur, n'y revenons pas. C'est assez pour une bagatelle. Insensiblement je tomberais dans le défaut reproché trop justement à nos Français, de toujours faire de petites chansons sur les grandes affaires [3], et de grandes dissertations sur les petites.

Je suis, avec le plus profond respect,
    Monsieur,
        Votre humble et très obéissant serviteur [4],
            L'Auteur.

---

1. A l'origine danse à deux temps, le *rigaudon* était un air propre à une danse vive. — 2. Châtré (l'usage de châtrer les chevaux venant de *Hongrie*), par opposition au *fier étalon* évoqué plus bas. — 3. « Tout fini-it par des chansons », dira Brid'oison à la fin du *Mariage.* — 4. C'était la formule usuelle. Elle reprend cependant la modestie de l'introduction.

■■■

① Constatant que la *Lettre modérée* est déjà dans le ton de la pièce, M. René Pomeau écrit : « Dans ce mémoire de dix-huit pages, qui n'est pas modérément gai, Beaumarchais retrouve peut-être sans le savoir une tradition de la comédie latine, celle du prologue. » En comparant ce texte de Beaumarchais à d'autres préfaces célèbres, efforcez-vous de préciser en quoi celle-ci pourrait mériter davantage le nom de prologue.

② Pourquoi, à votre avis, l'auteur a-t-il rédigé sa préface sous forme de lettre?

③ Analysez les différents sujets abordés par Beaumarchais. Comment l'auteur passe-t-il de l'un à l'autre? Y en a-t-il sur lesquels il insiste davantage?

④ Dans quelle mesure le lecteur moderne peut-il percevoir, dans cette lettre, un reflet de l'actualité? Notez à ce propos l'allusion à des lectures dans les salons (l. 34 et la note; l. 145); les circonstances de la représentation (pp. 41 et 42); le ton et les procédés de la presse littéraire. Beaumarchais vous paraît-il respecter la vérité historique? Quelle couleur ajoute-t-il aux événements?

● **Le plaidoyer** — L'auteur des *Mémoires* contre Goezman retrouve spontanément le ton enjoué qui conquiert la sympathie du public; sa défense n'en est pas moins rigoureuse et méthodique. L'auteur répond point par point aux attaques du *Journal de Bouillon*, défendant tour à tour le plan de sa comédie (l. 259); la vraisemblance (l. 338); la « conduite » fondée sur les caractères (l. 341-366); le recours au prétendu « bas comique » (l. 432-482); la moralité de Rosine (l. 483); la suppression du cinquième acte (l. 508).

⑤ Vous remarquerez que cette argumentation occupe la partie centrale du texte, le début et la fin de la lettre étant plus exclusivement livrés au « badinage », ce qui ne signifie pas que l'argumentation elle-même en soit exempte. Voyez-vous les raisons de cette composition?

● **L'art de la polémique** — Les traits lancés par le journaliste de Bouillon ne sont pas tous négligeables. Dans sa réplique, Beaumarchais doit tenir compte de leur inégale valeur, tout en cherchant à mettre le public de son côté soit par le sérieux de ses arguments, soit par des plaisanteries. Il en résulte, en gros, trois attitudes:

— Beaumarchais répond à des objections réputées sérieuses par des arguments sérieux (quant au fond, sinon toujours dans leur forme) : ainsi la comparaison entre le rôle de Figaro dans la comédie et le personnage des *Mémoires* de Retz (l. 358-366), entre l'événement historique et l'événement dramatique, pose de façon remarquable le problème de la vraisemblance et du hasard, et cette démonstration par l'absurde est en réalité très sensée.

— L'auteur répond plaisamment à des arguments qu'il lui serait facile de réfuter avec sérieux, parce que la plaisanterie lui paraît plus efficace : ainsi dans le commentaire sur *Comme ma mère* (l. 432-444), savoureux en raison même de son ambiguïté, le public de l'époque — celui des drames bourgeois — étant porté à la sensibilité. Quant aux *bâillements*, il suffit d'évoquer la « réponse [...] si juste, si chrétienne et si admirable... » (l. 462) : l'argument de l'adversaire ne mérite pas davantage, et la victoire est obtenue aux moindres frais. Au reproche (pourtant mieux fondé) du manque de couleur espagnole, Beaumarchais oppose plaisamment (l. 568) les raisons qui l'ont amené à écrire sa pièce en français.

— Devant des attaques plus gênantes, il est des cas où Beaumarchais préfère esquiver, et il sait user de toutes sortes de dérobades. Ainsi lorsqu'il soutient que sa pièce est toujours en cinq actes (l. 502-541), qu'il répond à l'accusation de plagiat (l. 574-581) : on observe ici toutes les nuances, du badinage marotique à la pirouette du diplomate qui ne veut ou ne peut pas répondre.

① Beaumarchais a bien d'autres moyens de mettre les rieurs de son côté. Analysez à ce propos comment, en passant du *bon genre* au *bon style*, puis au *bon ton* et au *bon français* (l. 77-87) il va du plausible au plaisant et du plaisant à l'absurde. Étudiez, dans le même esprit, les « variations » sur *approbation et privilège* (l. 16, 99, 103, 137, 381, 467, 500), qui sont manifestement d'un grand effet comique.

● **La gaieté** — Montrez qu'elle est due à une grande diversité de tons et de styles :
— mélange de fausse modestie et de secrète assurance de soi (au début, ou dans les l. 181-188 ou 203-210); de familiarité enjouée et d'ironie méprisante (par exemple dans les l. 1 à 48);
— images complaisamment suivies : la justice (l. 135-153); la tempête (l. 519-522);
— répétitions provocantes (l. 174);
— « morceaux de bravoure » (l. 189-202) d'une éloquence achevée, que l'on comparera avec profit à des passages semblables de la comédie;
— parodie du style tragique (voir le v. 527 et tout le passage), et surtout extraordinaire auto-parodie que constitue la version tragique (donc burlesque) du *Barbier* (l. 279-337);
— badinage pur (l. 582-677), annoncé par *ceci est plus sérieux*.

● **Théories littéraires** — Si Beaumarchais se fait une règle d'être gai, s'il croit à la vertu sociale du rire (l. 658), c'est pour opposer au pédantisme du journaliste de Bouillon sa conception d'une critique gaie (l. 237-250).

② Retrouvez, d'après les lignes 58 à 90, la théorie du drame bourgeois, telle qu'elle a été formulée par Beaumarchais (après Diderot). Notez son insistance à condamner la traditionnelle séparation des genres (l. 72-76) et sa recherche d'une nouvelle formule, mixte ou intermédiaire.

③ Rapprochez de cette conception ses idées sur l'art musical (l. 678-746). Beaumarchais n'est-il pas à la recherche d'un genre qui associerait paroles et chant, poésie et musique? N'a-t-il pas la hantise de l'opéra (l. 85)? Ce souci n'est-il pas confirmé par l'histoire du *Barbier* (voir p. 32)? Des traces n'en subsistent-elles pas dans la comédie?

LES PERSONNAGES

(Les habits des acteurs doivent être dans l'ancien costume espagnol.)

LE COMTE ALMAVIVA, grand d'Espagne, amant inconnu de Rosine, paraît, au premier acte, en veste et culotte de satin; il est enveloppé d'un grand manteau brun, ou cape espagnole; chapeau noir rabattu, avec un ruban de couleur autour de la forme [1]. Au deuxième acte, habit uniforme [2] de cavalier, avec des moustaches et des bottines. Au troisième, habillé en bachelier [3]; cheveux ronds, grande fraise [4] au cou, veste, culotte, bas et manteau d'abbé. Au quatrième acte, il est vêtu superbement à l'espagnole avec un riche manteau; par-dessus tout, le large manteau brun dont il se tient enveloppé.

BARTHOLO, médecin, tuteur de Rosine : habit noir, court, boutonné; grande perruque; fraise et manchettes relevées; une ceinture noire; et, quand il veut sortir de chez lui, un long manteau écarlate.

ROSINE, jeune personne d'extraction noble, et pupille [5] de Bartholo : habillée à l'espagnole.

FIGARO, barbier de Séville : en habit de majo [6] espagnol. La tête couverte d'un rescille [7] ou filet; chapeau blanc, ruban de couleur autour de la forme, un fichu de soie attaché fort lâche à son cou, gilet et haut-de-chausse de satin, avec des boutons et boutonnières frangés d'argent; une grande ceinture de soie, les jarretières nouées avec des glands qui pendent sur chaque jambe; veste de couleur tranchante, à grands revers de la couleur du gilet; bas blancs et souliers gris.

DON BAZILE, organiste, maître à chanter de Rosine : chapeau noir rabattu, soutanelle [8] et long manteau, sans fraise ni manchettes.

---

1. La calotte. — 2. Nous dirions simplement aujourd'hui : uniforme. — 3. Le bachelier était, au MoyenAge, un aspirant au titre de chevalier; ou bien (sens conservé jusqu'au XVIIIᵉ s.) un étudiant qui soutenait une thèse en droit canon; ou bien encore, très généralement, un jeune homme (le mot anglais *bachelor* signifie : célibataire). C'est le second sens qu'il faut retenir ici, le comte se faisant passer (III, 2, p. 104) pour l'élève de Bazile et portant *manteau d'abbé*. — 4. Collet plissé à plusieurs doubles, ainsi nommé par analogie avec la fraise de veau. Elle n'était plus, en France, d'un usage courant. — 5. D'un mot latin qui signifie : enfant mineur. Orphelin de père et de mère ou de l'un d'eux, et mis sous la garde d'un tuteur. — 6. Le *majo* est l'équivalent espagnol de notre petit-maître : voir la *Lettre modérée*, p. 47, n. 8. — 7. Voir la *Lettre modérée* p. 44, n. 2. — 8. Petite soutane qui ne descendait que jusqu'aux genoux.

LA JEUNESSE, vieux domestique [1] de Bartholo.

L'ÉVEILLÉ, autre valet de Bartholo, garçon niais et endormi. Tous deux habillés en Galiciens [2] : tous les cheveux dans la queue [3]; gilet couleur de chamois; large ceinture de peau, avec une boucle; culotte bleue et veste de même, dont les manches, ouvertes aux épaules pour le passage des bras, sont pendantes par derrière.

UN NOTAIRE.

UN ALCADE [4], homme de justice : tient une longue baguette blanche à la main.

PLUSIEURS ALGUAZILS [5] et VALETS avec des flambeaux.

La scène est à Séville, dans la rue et sous les fenêtres de Rosine, au premier acte ; et, le reste de la pièce, dans la maison du Docteur Bartholo.

---

1. *La Jeunesse* est *vieux*, *L'Éveillé* est *endormi* : Beaumarchais tient à souligner ces plaisantes antiphrases dès la présentation des personnages; le cliquetis des mots et des syllabes commence. — 2. La Galice est une province du nord-ouest de l'Espagne. A Madrid et à Séville, ses habitants ne devaient point passer pour « éveillés »; à la l. 91 ils seront mis sur le même plan que les *Auvergnats*. — 3. Donc serrés et tirés en arrière. — 4. De l'arabe *al-qâdî* (le cadi) : magistrat correspondant à notre juge de paix. — 5. De l'arabe *al-wâzir* (le conseiller) : agent de police espagnol.

LES ACTEURS

Le rôle d'ALMAVIVA est tenu en 1775 par l'acteur BELLECOUR ou *Belle-court* ou *Belcour* (pseudonyme de Jean-Claude Colson). Il a quarante-neuf ans.

C'est DESESSARTS qui interprète BARTHOLO. Il a trente-sept ans. Il est donc, contrairement à Bellecour, plus jeune que son personnage.

Mlle DOLIGNY est une ROSINE de vingt-huit ans. Dans *les Souvenirs et les Regrets du vieil amateur dramatique*, publiés en 1829, Arnault écrit de son rôle : « C'est un de ceux qui se prêtent le plus au développement du talent d'une véritable actrice. Il exige de la finesse, de la malice même; mais il les veut alliés à beaucoup de décence. Mlle Doligny possédait ces qualités diverses. Celle qui dominait en elle, c'est toutefois une exquise sensibilité. De plus, elle avait l'avantage d'en exprimer tous les mouve-ments avec la voix la plus touchante. »

PRÉVILLE faisait un FIGARO très apprécié de Beaumarchais et le même Arnault dit le plus grand bien de la façon dont il s'acquittait de son rôle : « Il semblait l'improviser, tant il s'était pénétré de l'esprit de ce personnage, ou plutôt de l'esprit de Beaumarchais, le plus spirituel, le plus original des comiques français après Molière. » Pourtant Préville a plus de cinquante-trois ans, et il fallut plusieurs fois le remplacer à cause des attaques de goutte dont il était victime (voir l. 1318 et p. 121 ④).

AUGÉ, qui interprète DON BAZILE, a quarante et un ans. Selon Arnault, « Auger fut excellent encore auprès de Préville dans *le Barbier de Séville* où il joua, dès l'origine, le rôle de Bazile. Personne n'a donné à ce singu-lier intrigant un plus singulier caractère ».

DUGAZON eut un grand succès dans les éternuements de LA JEUNESSE. Le « vieux domestique » avait, en 1775, à peine plus de vingt-huit ans !

BELMONT (quarante-sept ans) jouait le rôle de L'ÉVEILLÉ.

Ceux du NOTAIRE et de l'ALCADE étaient tenus par les acteurs BOURET et DUSSAULX.

LE BARBIER DE SÉVILLE

OU

LA PRÉCAUTION INUTILE[1]

COMÉDIE EN QUATRE ACTES
REPRÉSENTÉE ET TOMBÉE[2] SUR LE THÉÂTRE
DE LA COMÉDIE-FRANÇAISE AUX TUILERIES
LE 23 DE FÉVRIER 1775

> *... Et j'étais père, et je ne pus mourir!*
> *Zaïre*, acte II.

ACTE PREMIER

Le théâtre représente une rue de Séville, où toutes les croisées sont grillées.

SCÈNE PREMIÈRE. — LE COMTE, *seul, en grand manteau brun et chapeau rabattu. Il tire sa montre en se promenant.*

Le jour est moins avancé que je ne croyais. L'heure à laquelle elle a coutume de se montrer derrière sa jalousie[3] est encore éloignée. N'importe; il vaut mieux arriver trop tôt que de manquer l'instant de la voir. Si quelque aimable[4] de la cour pouvait me deviner à cent lieues de Madrid[5], arrêté tous les matins, sous les fenêtres d'une femme à qui je n'ai jamais parlé, il me prendrait pour un Espagnol du temps d'Isabelle[6]... Pourquoi non? Chacun court après le bonheur. Il est pour moi dans le cœur de Rosine... Mais quoi! suivre une femme à Séville, quand Madrid et la cour offrent de toutes parts des plaisirs si faciles?... Et c'est cela même que je fuis. Je suis las des conquêtes que l'intérêt, la convenance ou la vanité nous présentent sans cesse. Il est si doux d'être aimé pour soi-même! Et si je pouvais m'assurer sous ce déguisement... Au diable l'importun!

1. La plupart des éditions modernes suivent celle du *Théâtre complet de Beaumarchais*, par G. d'Heylli et F. de Marescot (1879), c'est-à-dire, en ce qui concerne *le Barbier de Séville*, le texte de la troisième édition. Nous nous y rallions, en nous réservant de signaler les variantes qui présentent quelque intérêt. — 2. Beaumarchais, remarque Sainte-Beuve, « excellait à ces malices, qui ajoutent au piquant et qui fouettent le succès ». Notons toutefois que, le 23 février, la comédie comportait *cinq* actes, et que le 26, elle en avait quatre, mais n'était plus *tombée*. Ce détail figure sur les trois éditions de 1775, ainsi que l'énigmatique épigraphe empruntée à Voltaire. — 3. Treillis de bois ou de métal à travers lequel on peut voir sans être vu. — 4. *Aimable* est d'ordinaire adjectif, mais devient nom dans l'expression *faire l'aimable* : chercher à séduire. — 5. C'est à peu près la distance de Madrid à Séville. — 6. Isabelle la Catholique (1451-1504) fit l'unité de l'Espagne par son mariage avec Ferdinand d'Aragon, et la conquête de Grenade. Ce dernier épisode a constitué l'ultime croisade. Almaviva veut donc dire : du temps de la chevalerie.

Scène II. — FIGARO ; LE COMTE, *caché.*

FIGARO, *une guitare sur le dos, attachée en bandoulière avec un large ruban ;*
il chantonne gaîment, un papier et un crayon à la main.

> Bannissons le chagrin,
> Il nous consume :   20
> Sans le feu du bon vin
> Qui nous rallume,
>
> Réduit à languir,
> L'homme, sans plaisir,
> Vivrait comme un sot,
> Et mourrait bientôt.

Jusque-là ceci ne va pas mal, hein, hein [1] ?

> Et mourrait bientôt...
> Le vin et la paresse
> Se disputent mon cœur.   30

Eh non ! ils ne se le disputent pas, ils y règnent paisiblement ensemble.

> Se partagent... mon cœur.

Dit-on : se partagent ?... Eh ! mon Dieu, nos faiseurs d'opéras-comiques [2] n'y regardent pas de si près. Aujourd'hui, ce qui ne vaut pas
la peine d'être dit, on le chante. *(Il chante.)*

> Le vin et la paresse
> Se partagent mon cœur.

Je voudrais finir par quelque chose de beau, de brillant, de scintillant,
qui eût l'air d'une pensée. *(Il met un genou en terre, et écrit en chan-*
tant.)   40

> Se partagent mon cœur.
> Si l'une a ma tendresse...
> L'autre fait mon bonheur.

Fi donc ! c'est plat. Ce n'est pas ça... Il me faut une opposition, une
antithèse :

> Si l'une... est ma maîtresse,
> L'autre...

Eh ! parbleu, j'y suis :

> L'autre est mon serviteur.

---

1. Variante (1ʳᵉ édition) : « Jusque-là, *ça va bien, mais il faut finir, écorcher la queue et*
voilà le rude. » — 2. Comme Beaumarchais lui-même : nous avons ici précisément des
traces de l'opéra antérieur. Voir la *Lettre modérée*, p. 39, l. 85.

Fort bien, Figaro !... *(Il écrit en chantant.)*   50

> Le vin et la paresse
> Se partagent mon cœur.
> Si l'une est ma maîtresse,
> L'autre est mon serviteur.
> L'autre est mon serviteur.
> L'autre est mon serviteur.

Hem, hem, quand il y aura des accompagnements là-dessous, nous
  verrons encore, messieurs de la cabale [1], si je ne sais ce que je dis... *(Il
  aperçoit le Comte.)* J'ai vu cet abbé-là quelque part. *(Il se relève.)*

LE COMTE, *à part.* — Cet homme ne m'est pas inconnu.   60

FIGARO. — Eh non, ce n'est pas un abbé ! Cet air altier et noble...

LE COMTE. — Cette tournure grotesque...

FIGARO. — Je ne me trompe point : c'est le comte Almaviva.

LE COMTE. — Je crois que c'est ce coquin de Figaro.

FIGARO. — C'est lui-même, Monseigneur.

LE COMTE. — Maraud ! si tu dis un mot...

FIGARO. — Oui, je vous reconnais ; voilà les bontés familières dont vous
  m'avez toujours honoré.

LE COMTE. — Je ne te reconnaissais pas, moi. Te voilà si gros et si
  gras...   70

FIGARO. — Que voulez-vous, Monseigneur, c'est la misère.

LE COMTE. — Pauvre petit ! Mais que fais-tu à Séville ? Je t'avais
  autrefois recommandé dans les bureaux pour un emploi.

FIGARO. — Je l'ai obtenu, Monseigneur ; et ma reconnaissance...

---

1. Voir la *Lettre modérée*, l. 182. Mais il faudrait rappeler aussi la chute du drame
d'*Eugénie* (1767) et des *Deux Amis* (1770).

- **L'action** — Tant que Figaro n'a pas découvert le Comte, la scène est
  un monologue. Mais, pour le public, le Comte ne cesse de regarder la
  jalousie.

  ④ M. Scherer a-t-il donc raison quand il affirme que ce n'est plus une
  scène d'exposition ?

- **Le thème** — C'est une scène d'opéra-comique *jouée* à l'intérieur d'une
  comédie (voir la *Lettre*, p. 45). Vous le montrerez.

- **Les intentions** — Cherchez d'autres déclamations commentées, notamment chez Molière : *Les Précieuses ridicules*, 9 ; sonnet d'Oronte dans
  le Misanthrope ; *les Femmes savantes*, III, 2.

  ② Pour être moins évidente que chez Molière, l'intention parodique
  est-elle moins réelle ?

- **La rencontre** — ⑧ Montrez que c'est le mouvement de la scène (si
  convaincant) qui rend cet épisode vraisemblable. Pour justifier ce
  « hasard », lire le plaisant commentaire de la *Lettre* : l. 347-377.

LE COMTE. — Appelle-moi Lindor. Ne vois-tu pas, à mon déguisement, que je veux être inconnu ?

FIGARO. — Je me retire.

LE COMTE. — Au contraire. J'attends ici quelque chose, et deux hommes qui jasent sont moins suspects qu'un seul qui se promène. Ayons l'air de jaser. Eh bien, cet emploi ?   80

FIGARO. — Le ministre, ayant égard à la recommandation de Votre Excellence, me fit nommer sur-le-champ garçon apothicaire.

LE COMTE. — Dans les hôpitaux de l'armée ?

FIGARO. — Non; dans les haras d'Andalousie.

LE COMTE, *riant.* — Beau début !

FIGARO. — Le poste n'était pas mauvais, parce qu'ayant le district[1] des pansements et des drogues, je vendais souvent aux hommes de bonnes médecines de cheval...

LE COMTE. — Qui tuaient les sujets du roi !

FIGARO. — Ah ! ah ! il n'y a point de remède universel — ... mais qui   90
n'ont pas laissé de guérir quelquefois des Galiciens, des Catalans, des Auvergnats.

LE COMTE. — Pourquoi donc l'as-tu quitté ?

FIGARO. — Quitté ? C'est bien lui-même[2] ; on m'a desservi auprès des puissances[3] :

> L'envie aux doigts crochus, au teint pâle et livide[4]...

LE COMTE. — Oh grâce ! grâce, ami ! Est-ce que tu fais aussi des vers ? Je t'ai vu là griffonnant sur ton genou, et chantant dès le matin.

FIGARO. — Voilà précisément la cause de mon malheur, Excellence. Quand on a rapporté au ministre que je faisais, je puis dire assez   100
joliment, des bouquets à Chloris[5], que j'envoyais des énigmes aux journaux[6], qu'il courait des madrigaux[7] de ma façon; en un mot, quand il a su que j'étais imprimé tout vif, il a pris la chose au tragique et m'a fait ôter mon emploi, sous prétexte que l'amour des lettres est incompatible avec l'esprit des affaires.

LE COMTE. — Puissamment raisonné ! Et tu ne lui fis pas représenter[8]...

FIGARO. — Je me crus trop heureux d'en être oublié, persuadé qu'un grand nous fait assez de bien quand il ne nous fait pas de mal.

LE COMTE. — Tu ne dis pas tout. Je me souviens qu'à mon service tu étais un assez mauvais sujet.   110

---

1. Nous dirions le *rayon* ou le *secteur* (en anglais *department*). — 2. Sous-entendu : qui m'a quitté. — 3. Des autorités. — 4. Parodie du style épique, probablement de *la Henriade* de Voltaire (IX, 45) :

> La sombre Jalousie au teint pâle et livide
> Suit d'un pied chancelant le Soupçon qui la guide.

— 5. Petites pièces de vers galants qu'on adressait à une dame dans les occasions (anniversaire, invitation) où il est d'usage d'offrir des fleurs. *Chloris* évoque la poésie bucolique. — 6. *Le Mercure de France* publiait toutes sortes de devinettes dont la solution était reportée au numéro suivant. « Pour moi, j'aime terriblement les *énigmes* » *(les Précieuses ridicules*, sc. 9*)*. — 7. Petites pièces de vers exprimant une pensée fine, tendre ou galante, genre aussi pratiqué à l'époque que les « bouquets à Chloris ». — 8. Objecter.

FIGARO. — Eh! mon Dieu, Monseigneur, c'est qu'on veut que le pauvre soit sans défaut.

LE COMTE. — Paresseux, dérangé...

FIGARO. — Aux vertus [1] qu'on exige dans un domestique, Votre Excellence connaît-elle beaucoup de maîtres qui fussent dignes d'être valets [2] ?

---

1. Tour elliptique : *au prix des* vertus... — 2. Première version, manifestement moins bonne : « ... domestique, *il y aurait des* maîtres qui *ne seraient pas* dignes d'être valets. »

■■

● **L'action** — Au monologue, Beaumarchais a substitué le dialogue, très habilement. Tout en écoutant Figaro, le Comte n'oublie pas sa propre affaire : *Appelle-moi Lindor* (l. 75) et, mieux encore, la conversation sert ses desseins : *deux hommes qui jasent...* (l. 78). Il n'en surveille pas moins la jalousie.

● **Les personnages** — Du COMTE, nous voyons se confirmer le côté romanesque : *Appelle-moi Lindor*. Et ce n'est que son premier déguisement. Figaro nous l'a dépeint (l. 61) : *air altier et noble...* et nommé (l. 63) : *Almaviva*.
Mais il s'agit surtout de FIGARO :
— physiquement d'abord (l. 62) : *tournure grotesque* (encore que ce trait soit amené pour la beauté de l'antithèse); *gros et gras* (69) comme Raminagrobis (*Fables*, VII, 16).
— Comme Sedaine (et Beaumarchais lui-même), il a fait toutes sortes de métiers :
① Faites-en le compte. Une conviction chez lui : seule l'intrigue est efficace, nullement le talent.
— En un mot, un Beaumarchais qui n'aurait pas réussi; voir l'étymologie de *Figaro*, p. 77. à la rubrique *Consilio manuque*.

● **La critique sociale** — On a vu volontiers, dans Figaro, le type du plébéien réclamant sa place au soleil. Il est vrai qu'il vit dans un monde où les dons naturels, à défaut de la naissance, sont bien mal utilisés. On a insisté sur les répliques audacieuses (l. 107 et surtout 114), annonciatrices du célèbre monologue du *Mariage*. Cependant :
— Il y avait déjà de grandes impertinences chez les valets et les servantes de Molière. La différence, c'est qu'Almaviva s'en amuse et les accepte (cela sent la fin du siècle).
— D'autre part, Figaro *n'est plus* au service du Comte. Il s'apprête à l'aider, par reconnaissance ou par intérêt : attitude peu révolutionnaire.
— Il proteste quand on l'appelle *maraud* ou *mauvais sujet*, mais il y va toujours du *Monseigneur* ou de l'*Excellence*.
— Enfin, comme le remarque M. Pomeau, il s'entend fort bien avec Almaviva : tous deux se comprennent à demi mot.
② N'y a-t-il pas là une révolte plutôt verbale que réelle? Qu'en pensez-vous?
③ **Le style** — Étudiez le mouvement très vif du dialogue, les ellipses (l. 74, 106), l'humour (l. 90), la parodie (l. 96), la gaieté.

■■

LE COMTE, *riant.* — Pas mal ! Et tu t'es retiré en cette ville ?

FIGARO — Non, pas tout de suite.

LE COMTE, *l'arrêtant.* — Un moment... J'ai cru que c'était elle... Dis toujours, je t'entends de reste [1].

FIGARO. — De retour à Madrid, je voulus essayer de nouveau mes talents littéraires ; et le théâtre me parut un champ d'honneur...

LE COMTE. — Ah ! miséricorde [2] !

FIGARO *(pendant sa réplique, le Comte regarde avec attention du côté de la jalousie).* — En vérité, je ne sais comment je n'eus pas le plus grand succès, car j'avais rempli le parterre des plus excellents travailleurs ; des mains... comme des battoirs ; j'avais interdit les gants, les cannes, tout ce qui ne produit que des applaudissements sourds ; et d'honneur, avant la pièce, le café [3] m'avait paru dans les meilleures dispositions pour moi. Mais les efforts de la cabale...

LE COMTE. — Ah ! la cabale ! Monsieur l'auteur tombé.

FIGARO. — Tout comme un autre ; pourquoi pas ? Ils m'ont sifflé ; mais si jamais je puis les rassembler...

LE COMTE. — L'ennui te vengera bien d'eux ?

FIGARO. — Ah ! comme je leur en [4] garde, morbleu !

LE COMTE. — Tu jures ! Sais-tu qu'on n'a que vingt-quatre heures, au Palais, pour maudire ses juges [5] ?

FIGARO. — On a vingt-quatre ans au théâtre ; la vie est trop courte pour user un pareil ressentiment.

LE COMTE. — Ta joyeuse colère me réjouit. Mais tu ne me dis pas ce qui t'a fait quitter Madrid.

FIGARO. — C'est mon bon ange, Excellence, puisque je suis assez heureux pour retrouver mon ancien maître. Voyant à Madrid que la république des lettres était celle des loups, toujours armés les uns contre les autres, et que, livrés au mépris où ce risible acharnement les conduit, tous les insectes, les moustiques, les cousins, les critiques, les maringouins [6], les envieux, les feuillistes [7], les libraires, les censeurs [8], et tout ce qui s'attache à la peau des malheureux gens de lettres, achevait de déchiqueter et sucer le peu de substance qui leur restait ; fatigué d'écrire, ennuyé de moi, dégoûté des autres, abîmé de dettes et léger d'argent ; à la fin convaincu que l'utile revenu du rasoir est préférable aux vains honneurs de la plume, j'ai quitté Madrid ; et, mon bagage en sautoir, parcourant philosophiquement les deux Castilles, la Manche, l'Estramadure, la Sierra-

---

1. Plus qu'il n'est nécessaire. — 2. Dans la première édition suivaient quatre répliques, dont celle-ci, de Figaro : *Oui, moi, j'ai fait deux opéras-comiques.* — 3. C'était la nouveauté du siècle (voir les *Lettres persanes* de Montesquieu). Les *cabales* (sur le mot, voir p. 41, n. 6) se formaient au café Procope, en face de l'ancien Théâtre-Français. — 4. Faut-il sous-entendre : du ressentiment ? On dit encore aujourd'hui, absolument : *en* vouloir à quelqu'un. — 5. Souvenir du procès Goezman. — 6. Le maringouin est un moustique des pays chauds. Allusion plaisante à Marin, censeur et *feuilliste.* — 7. Celui qui écrit dans les *feuilles*, ou journaux. — 8. Avec lesquels Beaumarchais avait toujours des difficultés : voir p. 32.

Morena, l'Andalousie [1]; accueilli dans une ville, emprisonné dans l'autre, et partout supérieur aux événements; loué par ceux-ci, blâmé par ceux-là [2], aidant au bon temps, supportant le mauvais; me moquant des sots, bravant les méchants; riant de ma misère, et faisant la barbe à tout le monde [3]; vous me voyez enfin établi dans Séville, et prêt à servir de nouveau Votre Excellence en [160] tout ce qu'il lui plaira de m'ordonner.

LE COMTE. — Qui t'a donné une philosophie aussi gaie?

FIGARO. — L'habitude du malheur. Je me presse de rire de tout, de peur d'être obligé d'en pleurer. Que regardez-vous donc toujours de ce côté?

LE COMTE. — Sauvons-nous.

FIGARO. — Pourquoi?

LE COMTE. — Viens donc, malheureux! tu me perds. *(Ils se cachent.)*

---

1. Ce rappel des provinces espagnoles était nécessaire. Nous avions oublié que nous étions en Espagne : voir à ce propos la *Lettre*, p. 51, l. 563-573, et la façon dont Beaumarchais élude la question. — 2. *Loué par ceux-ci, blâmé par ceux-là*, si utile pourtant au mouvement de la phrase, ne figurait pas dans la première édition. — 3. Il faut tout de même rappeler la profession de Figaro. Mais a-t-il le temps de l'exercer? Au reste, l'expression signifie, au figuré : *me moquant* de tout le monde.

■■

- **La polémique** — D'après notre introduction, relevez les traits qui semblent directement inspirés par l'affaire Goezman d'une part, les rapports de l'auteur avec les journalistes et les censeurs d'autre part (un mot aussi général que *blâmé* avait paru aux censeurs une allusion au « blâme » infligé à Beaumarchais). Rapprochez les *moustiques* évoqués ici (l. 146) et les propos du journaliste de Bouillon dont il est question dans la *Lettre modérée*.

- **La verve** — Comment justifiez-vous le contraste entre l'humour laconique du Comte (exemple, l. 134) et la faconde indignée de Figaro?

  ① M. Pomeau appelle la tirade sur *la république des lettres* (l. 143-161) « un morceau de bravoure qui s'insère naturellement à la place qu'il occupe ». Discutez ce propos. A quel autre « morceau de bravoure » du *Barbier* s'oppose-t-il?

  ② Étudiez le rythme de la tirade : énumérations de mots; succession de mouvements qui rappellent certains récits de Rabelais.

  ③ Discutez ce jugement de Sainte-Beuve sur Beaumarchais : « Il a tout son esprit à tous les instants; il le dépense, il le prodigue, il y a des moments même où il en fait, c'est alors qu'il tombe dans les lazzis, les calembours; mais le plus souvent il n'a qu'à suivre son jet et à se laisser faire. Sa plaisanterie a une sorte de verve et de pétulance qui est du lyrisme à sa genre et de la poésie. »

- **La philosophie de Figaro** — Pourquoi se presse-t-il *de rire de tout, de peur d'être obligé d'en pleurer*? Voyez-vous là un bon mot ou la philosophie d'une société brillante, mais menacée? Cherchez, dans *les Caractères* de La Bruyère, une formule semblable.

■■

SCÈNE III. — BARTHOLO, ROSINE.
*(La jalousie du premier étage s'ouvre,
et Bartholo et Rosine se mettent à la fenêtre.)*

ROSINE. — Comme le grand air fait plaisir à respirer!... Cette jalousie
s'ouvre si rarement...   170

BARTHOLO. — Quel papier tenez-vous là?

ROSINE. — Ce sont des couplets de *la Précaution inutile*[1], que mon
maître à chanter m'a donnés hier.

BARTHOLO. — Qu'est-ce que *la Précaution inutile*?

ROSINE. — C'est une comédie nouvelle.

BARTHOLO. — Quelque drame encore! quelque sottise d'un nouveau
genre[2]!

ROSINE. — Je n'en sais rien.

BARTHOLO. — Euh, euh, les journaux et l'autorité nous en feront raison.
Siècle barbare!...   180

ROSINE. — Vous injuriez toujours notre pauvre siècle.

BARTHOLO. — Pardon de la liberté[3]! Qu'a-t-il produit pour qu'on le loue?
Sottises de toute espèce : la liberté de penser, l'attraction[4], l'électri-
cité[5], le tolérantisme[6], l'inoculation[7], le quinquina[8], l'*Encyclopédie*[9], et les drames[10]...

ROSINE *(le papier lui échappe et tombe dans la rue)*. — Ah! ma chanson!
Ma chanson est tombée en vous écoutant[11]; courez, courez donc,
Monsieur! Ma chanson, elle sera perdue!

BARTHOLO. — Que diable aussi, l'on tient ce qu'on tient. *(Il quitte le
balcon.)*   190

ROSINE *regarde en dedans et fait signe dans la rue*. — St, st *(le Comte
paraît)*; ramassez vite et sauvez-vous. *(Le Comte ne fait qu'un saut,
ramasse le papier et rentre.)*

BARTHOLO *sort de la maison et cherche*. — Où donc est-il? Je ne vois
rien.

ROSINE. — Sous le balcon, au pied du mur.

BARTHOLO. — Vous me donnez là une jolie commission! Il est donc
passé quelqu'un?

ROSINE. — Je n'ai vu personne.

---

1. C'est le sous-titre de la comédie, dont Bartholo est la victime désignée. — 2. Note
de Beaumarchais : « Bartholo n'aimait pas les drames. Peut-être avait-il fait quelque
tragédie dans sa jeunesse. » — 3. Ellipse : la liberté que je prends. — 4. L'attraction univer-
selle, découverte par Newton, vulgarisée par les *Lettres philosophiques* ou *anglaises* de Voltaire
(1734). — 5. A l'époque : objet d'expériences curieuses (et fort à la mode) mais dont on
ne prévoyait pas l'application industrielle. — 6. Forme outrée (c'est Bartholo qui parle)
de la tolérance. — 7. De la variole, ou vaccine. Cette pratique, née en Angleterre, était
l'objet de controverses passionnées. — 8. Importé d'Amérique espagnole au XVIIe s. —
9. Le célèbre dictionnaire, arme des philosophes. — 10. Les drames bourgeois, comme
plus haut (note 2); voir la *Lettre* (p. 38, l. 60-78). — 11. Ce tour serait aujourd'hui
incorrect : tandis que je vous écoutais.

BARTHOLO, *à lui-même.* — Et moi qui ai la bonté de chercher!... Bartho- 200
lo, vous n'êtes qu'un sot, mon ami : ceci doit vous apprendre à ne
jamais ouvrir de jalousies sur la rue. *(Il rentre.)*

ROSINE, *toujours au balcon.* — Mon excuse est dans mon malheur :
seule, enfermée, en butte à la persécution d'un homme odieux,
est-ce un crime de tenter à sortir d'esclavage?

BARTHOLO, *paraissant au balcon.* — Rentrez, Signora; c'est ma faute
si vous avez perdu votre chanson; mais ce malheur ne vous arrivera
plus, je vous jure.

(Il ferme la jalousie à la clef.)

- **L'action** — Il est difficile de la séparer de l'exposition, tant le mouvement est alerte. Il nous restait à connaître deux personnages importants
de la comédie. Mais, en même temps, nous avançons dans l'action :
l'épisode du papier échappé des mains de Rosine est un des éléments
essentiels dans la conduite de la pièce.
Notez l'habileté avec laquelle Beaumarchais use des règles classiques.
Cette façon d'organiser les trois premières scènes dans une rue et à la
fenêtre n'est pas un pis-aller, un artifice pour demeurer en règle : c'est
ici une exigence. Les trois scènes sont articulées autour de la « jalousie ».

- **Les personnages** — On ne nous apprend pas encore les rapports exacts
entre Bartholo et Rosine, et c'est tant mieux, mais une foule de traits
nous sont suggérés.
BARTHOLO nous apparaît dès l'abord (voir son costume p. 58) par son
attitude intellectuelle.

① Le public de ce siècle « philosophe » devait, plus qu'un autre, être
sensible aux idées de Bartholo. La liste des choses qu'il déteste n'est
pas seulement plaisante par leur diversité et leur accumulation. Elle
est significative : montrez que, dans tous les domaines (politique, scien-
tifique, intellectuel, littéraire), Bartholo est, à la lettre, un réactionnaire.
Vous remarquerez qu'il ne s'agit nullement d'un attachement senti-
mental au passé : Bartholo n'aime pas le passé, il déteste le présent.
Il n'a pas le goût des vieilles choses : sa haine est concertée autant que
dépourvue de poésie (l. 176-185).
— Son attitude envers Rosine : inquisitrice (l. 171); courtoise dans les
termes (*Signora*, l. 206) mais tyrannique (il ordonne et menace). On peut
le tromper, mais il ne reste pas dupe. En un mot, ni grossier ni stupide :
la différence est sérieuse avec le barbon de la tradition comique et des
parades.
ROSINE mène le combat de la ruse contre la méfiance, de la jeunesse
contre la vieillesse (voir p. 52, l. 620-621), de la modernité (l. 181)
contre les préjugés de Bartholo.
② L'Agnès de Molière aurait-elle dit (l. 187) : *Ma chanson est tombée?*
Efforcez-vous, avec les éléments fournis par cette scène, de préciser ce
qui différencie les deux jeunes filles. Rosine n'est pas la fille délurée des
parades : elle invoque son *excuse* (l. 203).

- **Le comique** — Réside-t-il seulement dans la situation? Que signifiait,
pour les contemporains, l'allusion aux *journaux* et à l'*autorité* (l. 179)?

SCENE. IV — LE COMTE, FIGARO.

(Ils entrent avec précaution.)

LE COMTE. — A présent qu'ils se sont retirés, examinons cette chanson dans laquelle un mystère est sûrement renfermé. C'est un billet! 210

FIGARO. — Il demandait ce que c'est que *la Précaution inutile !*

LE COMTE *lit vivement.* — *Votre empressement excite ma curiosité : sitôt que mon tuteur sera sorti, chantez indifféremment, sur l'air connu de ces couplets, quelque chose qui m'apprenne enfin le nom, l'état et les intentions de celui qui paraît s'attacher si obstinément à l'infortunée Rosine.*

FIGARO, *contrefaisant la voix de Rosine.* — Ma chanson, ma chanson est tombée; courez, courez donc; *(il rit)*, ah, ah, ah! Oh! ces femmes! voulez-vous donner de l'adresse à la plus ingénue ? enfermez-la. 220

LE COMTE. — Ma chère Rosine !

FIGARO. — Monseigneur, je ne suis plus en peine des motifs de votre mascarade [1]; vous faites ici l'amour en perspective [2].

LE COMTE. — Te voilà instruit; mais si tu jases...

FIGARO. — Moi, jaser ! Je n'emploierai point pour vous rassurer les grandes phrases d'honneur et de dévouement dont on abuse à la journée; je n'ai qu'un mot : mon intérêt vous répond de moi; pesez tout à cette balance, et [3]...

LE COMTE. — Fort bien. Apprends donc que le hasard m'a fait rencontrer au Prado [4], il y a six mois, une jeune personne d'une beauté !... 230 Tu viens de la voir. Je l'ai fait chercher en vain par tout Madrid. Ce n'est que depuis peu de jours que j'ai découvert qu'elle s'appelle Rosine, est d'un sang noble, orpheline, et mariée à un vieux médecin de cette ville, nommé Bartholo.

FIGARO. — Joli oiseau, ma foi! difficile à dénicher! Mais qui vous a dit qu'elle était femme du docteur ?

LE COMTE. — Tout le monde.

FIGARO. — C'est une histoire qu'il a forgée en arrivant de Madrid, pour donner le change aux galants et les écarter; elle n'est encore que sa pupille, mais bientôt [5]... 240

LE COMTE, *vivement.* — Jamais. Ah! quelle nouvelle! J'étais résolu de tout oser pour lui présenter mes regrets, et je la trouve libre! Il

---

1. Déguisement. — 2. *Faire l'amour* signifie au XVIIe siècle, et jusqu'à Stendhal : courtiser une femme. Mais on sent poindre, chez Beaumarchais (voir *Mariage*, II, 21), le sens vulgaire que l'expression a de nos jours. *En perspective*, c'est-à-dire en espérance. — 3. La première édition achevait la phrase : *et personne ne vous trompera.* Beaumarchais a fait l'économie d'une banalité. — 4. « Le Pré » : belle promenade de Madrid, jadis à l'extérieur de la ville, comme notre Saint-Germain des Prés. Dans ce quartier a été installé le célèbre musée. — 5. Encore une ellipse : il l'épousera. Le Comte va répondre comme si le verbe avait été prononcé.

n'y a pas un moment à perdre; il faut m'en faire aimer, et l'arracher à l'indigne engagement qu'on lui destine. Tu connais donc ce tuteur ?

FIGARO. — Comme ma mère [1].

LE COMTE. — Quel homme est-ce ?

FIGARO, *vivement*. — C'est un beau gros, court, jeune vieillard, gris pommelé, rusé, rasé, blasé, qui guette, et furette, et gronde, et geint tout à la fois [2].   250

LE COMTE, *impatienté*. — Eh ! je l'ai vu. Son caractère ?

FIGARO. — Brutal, avare, amoureux et jaloux à l'excès de sa pupille, qui le hait à la mort [3].

LE COMTE. — Ainsi, ses moyens de plaire sont...

FIGARO. — Nuls.

LE COMTE. — Tant mieux. Sa probité ?

FIGARO. — Tout juste autant qu'il en faut pour n'être point pendu.

LE COMTE. — Tant mieux. Punir un fripon en se rendant heureux...

FIGARO. — C'est faire à la fois le bien public et particulier : chef-d'œuvre de morale, en vérité, Monseigneur !   260

LE COMTE. — Tu dis que la crainte des galants lui fait fermer sa porte ?

FIGARO. — A tout le monde : s'il pouvait la calfeutrer...

LE COMTE. — Ah ! diable, tant pis. Aurais-tu de l'accès chez lui ?

FIGARO. — Si j'en ai ! *Primo*, la maison que j'occupe appartient au docteur, qui m'y loge *gratis*.

LE COMTE. — Ah ! ah !

FIGARO. — Oui. Et moi, en reconnaissance, je lui promets dix pistoles [4] d'or par an, *gratis* aussi.

LE COMTE, *impatienté*. — Tu es son locataire ?

FIGARO. — De plus, son barbier, son chirurgien, son apothicaire [5]; il   270 ne se donne pas dans sa maison un coup de rasoir, de lancette ou de piston, qui ne soit de la main de votre serviteur.

LE COMTE *l'embrasse*. — Ah ! Figaro, mon ami, tu seras mon ange, mon libérateur, mon dieu tutélaire [6].

FIGARO. — Peste ! comme l'utilité vous a bientôt rapproché les distances ! Parlez-moi des gens passionnés !

LE COMTE. — Heureux Figaro, tu vas voir ma Rosine ! tu vas la voir ! Conçois-tu ton bonheur ?

FIGARO. — C'est bien là un propos d'amant ! Est-ce que je l'adore, moi ? Puissiez-vous prendre ma place !   280

---

1. Voir, dans la *Lettre modérée* (l. 432-437), un spirituel commentaire de cette réplique. — 2. Dans la version en cinq actes, dont Lintilhac a retrouvé quelques fragments, le portrait de Bartholo, fort réaliste, se prolongeait par l'énumération toute rabelaisienne de ses infirmités. Il y avait aussi cette indication : *Libre une seconde fois par veuvage et tout frais émoulu de coquardise, encore en veut-il retâter, le galant*. — 3. Nous dirions : *à mort*. — 4. Monnaie d'or valant 11 livres (une livre = une journée d'ouvrier). — 5. Les barbiers d'autrefois tenaient effectivement ces rôles. On ne faisait guère de différence entre le rasoir et le scalpel. — 6. Protecteur.

LE COMTE. — Ah! si l'on pouvait écarter tous les surveillants!

FIGARO. — C'est à quoi je rêvais.

LE COMTE. — Pour douze heures seulement!

FIGARO. — En occupant les gens de leur propre intérêt, on les empêche de nuire à l'intérêt d'autrui.

LE COMTE. — Sans doute. Eh bien?

FIGARO, *rêvant.* — Je cherche dans ma tête si la pharmacie ne fournirait pas quelques petits moyens innocents...

LE COMTE. — Scélérat!

FIGARO. — Est-ce que je veux leur nuire? Ils ont tous besoin de mon [290] ministère. Il ne s'agit que de les traiter [1] ensemble.

LE COMTE. — Mais ce médecin peut prendre un soupçon.

FIGARO. — Il faut marcher si vite, que le soupçon n'ait pas le temps de naître. Il me vient une idée : le régiment de Royal-Infant arrive en cette ville.

LE COMTE. — Le colonel est de mes amis.

FIGARO. — Bon. Présentez-vous chez le docteur en habit de cavalier, avec un billet de logement; il faudra bien qu'il vous héberge; et moi, je me charge du reste.

LE COMTE. — Excellent! [300]

FIGARO. — Il ne serait même pas mal que vous eussiez l'air entre deux vins...

LE COMTE. — A quoi bon?

FIGARO. — Et le mener un peu lestement sous cette apparence déraisonnable.

LE COMTE. — A quoi bon?

FIGARO. — Pour qu'il ne prenne aucun ombrage, et vous croie plus pressé de dormir que d'intriguer chez lui.

LE COMTE. — Supérieurement vu! Mais que n'y vas-tu, toi?

FIGARO. — Ah! oui, moi! Nous serons bien heureux s'il ne vous [310] reconnaît pas, vous qu'il n'a jamais vu. Et comment vous introduire après?

LE COMTE. — Tu as raison.

FIGARO. — C'est que vous ne pourrez peut-être pas soutenir ce personnage difficile. Cavalier... pris de vin...

LE COMTE. — Tu te moques de moi. *(Prenant un ton ivre.)* N'est-ce point ici la maison du docteur Bartholo, mon ami?

FIGARO. — Pas mal, en vérité; vos jambes seulement un peu plus avinées. *(D'un ton plus ivre.)* N'est-ce pas ici la maison...? [320]

LE COMTE. — Fi donc! tu as l'ivresse du peuple.

FIGARO. — C'est la bonne; c'est celle du plaisir.

LE COMTE. — La porte s'ouvre.

FIGARO. — C'est notre homme : éloignons-nous jusqu'à ce qu'il soit parti.

---

1. De leur prescrire un *traitement*.

● **L'action** — Selon M. Jacques Scherer, cette scène est la seule, avec la première, à contenir l'exposition. Nous apprenons effectivement les éléments qui nous manquaient sur les origines de la passion du Comte, sur la situation de Bartholo par rapport à Rosine, sur Rosine elle-même, sur les rapports de Figaro avec le docteur.

① Montrez toutefois .que ces éléments d'exposition — désormais complets — alternent avec l'action, dans les deux scènes précédentes, et dans cette scène même (la lettre de Rosine, le projet de déguisement). Et tout cela est fondu dans le dialogue, l'habileté de l'auteur consistant à attirer l'attention, non sur ces éléments, mais sur les réflexions morales qu'ils inspirent (la fameuse « philosophie » de Figaro).

● **Les personnages** — Comme si la scène précédente se prolongeait, on voit se préciser les traits des deux silhouettes apparues à la jalousie. ② Dites ce que le portrait exécuté par Figaro ajoute au personnage de Bartholo *(joli oiseau,* l. 235, et l. 248-250). Comparez cette peinture expressive (à la fois physique et morale) à l'évocation de don Bazile par le même Figaro en I, 6 (l. 334-336), en faisant valoir qu'un des personnages a déjà paru en scène, l'autre pas.

③ Comment Rosine nous apparaît-elle à travers sa lettre? Comment s'explique l'intérêt manifesté à un inconnu et l'audace d'écrire : éveil du cœur ou des sens, curiosité, espoir de libération? La maxime de Figaro (l. 218) convient-elle exactement à son cas? Nous connaissons maintenant son histoire (l. 229-234), avec une précision importante (l. 253).

— Dans son zèle à servir le Comte, Figaro nous apparaît singulièrement positif (l. 225-228), puisque son intérêt répond de sa fidélité. Le Comte semble convaincu par cet argument. C'est ainsi qu'il devient le *dieu tutélaire* du Comte (l. 274). De fait, c'est Figaro qui se charge de tous les détails de l'entreprise, il devient dès cette scène le « machiniste ». Comme Figaro le fait remarquer au Comte (l. 275), les distances sociales sont par là *bientôt rapprochées.* Mais ne voit-on pas plutôt se constituer une sorte d'équilibre entre les deux personnages, Figaro servant les desseins du Comte, le Comte se soumettant avec docilité aux prescriptions de son ancien valet?

— En I, 1, le Comte pouvait passer pour un libertin en quête d'aventure : il était même difficile d'expliquer autrement sa présence sous la jalousie. On notait toutefois une certaine fraîcheur de cœur, qui avait survécu aux plaisirs (l. 14). Ici, cette évolution se poursuit : la lettre de Rosine l'émeut (l. 221). Il la croyait mariée (l. 234) et c'est tout à coup un changement de perspective (l. 241). Signe de jeunesse : il associe Figaro à son bonheur (l. 277 : *tu vas voir ma Rosine),* ce qui lui attire de plaisantes répliques (comparer avec IV, 5, l. 1724-28).

④ Étudiez divers aspects de la complicité qui s'établit entre le Comte et Figaro : faite de contraste, comme ci-dessus (l. 277-280), mais aussi d'accords à demi-mot (l. 228, 240). Même morale hédoniste (l. 258-260), avec une petite pointe de cynisme assez ambigu (analysez de près les *petits moyens innocents* et le *Scélérat!* du Comte : l. 288-291). Notez leur goût commun de la parodie : Figaro imitant Rosine, le Comte mimant le soldat ivre : c'est un aspect de leur gaieté.

● **Le style** ⑤ Relevez quelques traits originaux ou expressifs : les ellipses (l. 228, 240); l'économie de la banalité *(tu viens de la voir :* l. 231); la verve (l. 264-268) et le portrait rabelaisien de Bartholo (l. 248-250).

Scène V. — LE COMTE *et* FIGARO, *cachés;* BARTHOLO.

BARTHOLO *sort en parlant à la maison.* — Je reviens à l'instant; qu'on ne laisse entrer personne. Quelle sottise à moi d'être descendu! Dès [1] qu'elle m'en priait, je devais bien me douter... Et Bazile qui ne vient pas! Il devait tout arranger pour que mon mariage se fît secrètement demain : et point de nouvelles! Allons voir ce qui peut l'arrêter.

Scène VI. — LE COMTE, FIGARO.

LE COMTE. — Qu'ai-je entendu? Demain il épouse Rosine en secret!   330

FIGARO. — Monseigneur, la difficulté de réussir ne fait qu'ajouter à la nécessité d'entreprendre.

LE COMTE . — Quel est donc ce Bazile qui se mêle de son mariage?

FIGARO. — Un pauvre hère qui montre la musique à sa pupille, infatué de son art, friponneau [2], besogneux, à genoux devant un écu, et dont il sera facile de venir à bout, Monseigneur... *(Regardant à la jalousie.)* La v'la, la v'là.

LE COMTE. — Qui donc?

FIGARO. — Derrière sa jalousie, la voilà, la voilà. Ne regardez pas, ne regardez donc pas!   340

LE COMTE. — Pourquoi?

FIGARO. — Ne vous écrit-elle pas : *Chantez indifféremment?* c'est-à-dire : chantez comme si vous chantiez... seulement pour chanter. Oh! la v'là, la v'là.

LE COMTE. — Puisque j'ai commencé à l'intéresser sans être connu d'elle, ne quittons point le nom de Lindor que j'ai pris; mon triomphe en aura plus de charmes. *(Il déploie le papier que Rosine a jeté.)* Mais comment chanter sur cette musique? Je ne sais pas faire de vers, moi.

FIGARO. — Tout ce qui vous viendra, Monseigneur, est excellent : en   350 amour, le cœur n'est pas difficile sur les productions de l'esprit... Et prenez ma guitare.

LE COMTE. — Que veux-tu que j'en fasse? j'en joue si mal!

FIGARO. — Est-ce qu'un homme comme vous ignore quelque chose [3]? Avec le dos de la main : from, from, from... Chanter sans guitare à Séville! vous seriez bientôt reconnu, ma foi, bientôt dépisté. *(Figaro se colle au mur, sous le balcon.)*

LE COMTE *chante en se promenant et s'accompagnant sur sa guitare.* —

---

1. Du moment que, puisque (l'origine des conjonctions causales est presque toujours temporelle). — 2. Diminutif de *fripon :* fripon de bas étage, Bartholo étant le fripon supérieur. — 3. Comme le dit Molière (*les Précieuses ridicules*, sc. 9), « les gens de qualité savent tout sans avoir jamais rien appris ».

PREMIER COUPLET

> Vous l'ordonnez, je me ferai connaître ;
> Plus inconnu, j'osais vous adorer:
> En me nommant, que pourrais-je espérer ?
> N'importe, il faut obéir à son maître.

360

FIGARO, *bas.* — Fort bien, parbleu! Courage, Monseigneur!
LE COMTE . —

DEUXIÈME COUPLET

> Je suis Lindor, ma naissance est commune,
> Mes vœux sont ceux d'un simple bachelier [1];
> Que n'ai-je, hélas! d'un brillant chevalier
> A vous offrir le rang et la fortune!

FIGARO. — Et comment, diable! je ne ferais pas mieux, moi qui m'en pique.
LE COMTE. —

TROISIÈME COUPLET

> Tous les matins, ici, d'une voix tendre,
> Je chanterai mon amour sans espoir;
> Je bornerai mes plaisirs à vous voir;
> Et puissiez-vous en trouver à m'entendre!

370

FIGARO. — Oh! ma foi, pour celui-ci!... *(Il s'approche et baise le bas de l'habit de son maître.)*
LE COMTE. — Figaro?

_____

1. Étudiant : voir p. 58 n. 3.

▪▪

- **L'art du monologue** — Les propos de Bartholo viennent s'insérer avec un rare bonheur dans le dialogue Figaro-Almaviva. Notez leur importance pour l'action (le mariage secret, Bazile); combien ils sont dans la vérité du personnage : ordre aux valets, inquiétude bougonne. Et tout cela en quelques lignes. Rien ici du « morceau de bravoure ».
- **Les couplets** — Encore une trace de l'opéra-comique antérieur. Les couplets sont donnés pour une improvisation, comme dans I, 2, mais la passion est meilleure inspiratrice que ne l'était l'épicurisme pour Figaro. Figaro, précisément parce qu'il n'est pas amoureux, ne voit là qu'un concours de poésie.
  — Notez l'espagnolisme de convention (l'aubade, la *guitare*...), dont Figaro s'amuse... Juste ce qui convient à l'opéra-comique.
  ① Comment expliquer la fraîcheur de la scène, en dépit de la banalité du thème?
- **L'action** — Remarquez (l. 335) le souci de Beaumarchais : annoncer, à propos de Bazile, ce qui se passera effectivement.

▪▪

FIGARO. — Excellence ?

LE COMTE. — Crois-tu que l'on m'ait entendu ?

ROSINE, *en dedans, chante.* —

(AIR du *Maître en droit.*)

> Tout me dit que Lindor est charmant,
> Que je dois l'aimer constamment...

389

(On entend une croisée qui se ferme avec bruit.)

FIGARO. — Croyez-vous qu'on vous ait entendu, cette fois ?

LE COMTE. — Elle a fermé sa fenêtre; quelqu'un apparemment est entré chez elle.

FIGARO. — Ah ! la pauvre petite ! comme elle tremble en chantant ! Elle est prise [1], Monseigneur.

LE COMTE. — Elle se sert du moyen qu'elle-même a indiqué. *Tout me dit que Lindor est charmant.* Que de grâces ! que d'esprit !

FIGARO. — Que de ruse ! que d'amour !

390

LE COMTE. — Crois-tu qu'elle se donne à moi, Figaro ?

FIGARO. — Elle passera plutôt à travers cette jalousie que d'y manquer.

LE COMTE. — C'en est fait, je suis à ma Rosine... pour la vie.

FIGARO. — Vous oubliez, Monseigneur, qu'elle ne vous entend plus.

LE COMTE. — M. Figaro ! je n'ai qu'un mot à vous dire : elle sera ma femme; et si vous servez bien mes projets en lui cachant mon nom... Tu m'entends, tu me connais...

FIGARO. — Je me rends. Allons, Figaro, vole à la fortune, mon fils.

LE COMTE. — Retirons-nous, crainte de nous rendre suspects.

FIGARO, *vivement.* — Moi, j'entre ici, où, par la force de mon art, je vais, d'un seul coup de baguette, endormir la vigilance, éveiller l'amour, égarer la jalousie, fourvoyer l'intrigue, et renverser tous les obstacles. Vous, Monseigneur, chez moi l'habit de soldat, le billet de logement, et de l'or dans vos poches.

400

LE COMTE. — Pour qui, de l'or ?

FIGARO, *vivement.* — De l'or, mon Dieu, de l'or : c'est le nerf de l'intrigue.

LE COMTE. — Ne te fâche pas, Figaro, j'en prendrai beaucoup.

FIGARO, *s'en allant.* — Je vous rejoins dans peu.

LE COMTE. — Figaro !

410

FIGARO. — Qu'est-ce que c'est ?

LE COMTE. — Et ta guitare ?

FIGARO *revient.* — J'oublie ma guitare, moi ! je suis donc fou ! *(Il s'en va.)*

LE COMTE. — Et ta demeure, étourdi ?

---

1. Elle est éprise (nuance d'attendrissement) mais aussi : prise au filet. Le verbe équivaut à un cri de victoire.

FIGARO *revient*. — Ah! réellement, je suis frappé [1]! — Ma boutique à quatre pas d'ici, peinte en bleu, vitrage en plomb, trois palettes en l'air [2], l'œil dans la main [3], *Consilio manuque*, FIGARO.

(Il s'enfuit.)

---

1. Familier : j'ai l'esprit dérangé (les images de ce genre sont innombrables dans le langage familier). — 2. La *palette* est une petite écuelle d'étain pour recueillir le sang de la saignée. Les *trois palettes* constituent l'emblème du chirurgien-barbier. — 3. C'est à peu près la traduction de la devise latine *consilio manuque* (avec à-propos et dextérité). Il faut comprendre que l'enseigne comporte, outre ces palettes, une main peinte avec un œil au milieu, et l'inscription de la devise.

━━

● **L'action** — Relevez les éléments : sentiments de Rosine; projets du Comte; stratégie de Figaro (l. 400-404), affirmée avec quelle force! le *nerf de l'intrigue* (l. 406).

● **Les personnages** — Les sentiments exacts du COMTE à l'égard de Rosine restaient jusqu'ici très vagues pour le spectateur, et probablement pour le Comte lui-même. Figaro croit sans doute à un caprice, à une aventure (d'où l'ambiguïté de *elle est prise* : voir p. **76, n. 1**). Sa passion évolue vite : l'obstacle la fortifie (*la difficulté de réussir...* avait dit sentencieusement Figaro à la l. 331; dans la version primitive, le Comte confirmait ces dires). C'est désormais *pour la vie* (l. 393); *elle sera ma femme* (l. 395) : décision solennelle, pour laquelle Figaro est gratifié du titre de *Monsieur*.

① Êtes-vous de l'avis de M. Pomeau quand il affirme : « Puisqu'il n'est pas d'autre moyen d'obtenir la jeune fille, en un instant sa décision [celle d'Almaviva] est prise : il l'épousera. Et l'idée ne l'effleure même pas de tromper sa conquête par une fausse promesse ou un simulacre de cérémonie, comme le fit Clarendon » (il s'agit d'un personnage d'*Eugénie*)? Voir à ce propos la lettre-préface : l. 373-377.

② Avez-vous remarqué que l'enthousiasme de Figaro croît en même temps que celui de son maître, malgré le détachement qu'il affecte? Lui le grand stratège de l'intrigue, il est *frappé* (l. 416). L'intérêt seul justifie-t-il cette attitude?

● *Consilio manuque* (l. 418) : l'enseigne aux trois palettes se transforme en armoiries. Barbier ou intrigant, Figaro procède « avec à-propos et dextérité ». Qui refuserait ses services? Et quelle carte de visite il laisse en s'en allant : son nom sous les armoiries et sur sa boutique! Un nom qui en cache un autre car « l'acte se termine sur cette autre signature triomphante » : « fils Caron », affirme M. Scherer, qui rappelle ainsi l'étymologie probable du nom *Figaro*.

━━

Figaro, chantant. – *Bannissons le chagrin...* (I, 2, l. 19)

Jean Piat (Figaro) et Jacques Toja (le Comte Almaviva)
Comédie-Française 1955

ROSINE. – *Ah! M. Figaro, que je suis aise de vous voir!* (II, 2, l. 428)

Micheline Boudet et Jean Piat
Comédie-Française 1955

ACTE II

Le théâtre représente l'appartement de Rosine. La croisée dans le fond du théâtre est fermée par une jalousie grillée.

SCÈNE PREMIÈRE. — ROSINE *seule, un bougeoir à la main.*
Elle prend du papier sur la table et se met à écrire.

Marceline est malade; tous les gens [1] sont occupés; et personne ne me voit écrire. Je ne sais si ces murs ont des yeux et des oreilles, ou si mon argus [2] a un génie malfaisant qui l'instruit à point nommé; mais je ne puis dire un mot ni faire un pas, dont il ne devine sur-le-champ l'intention... Ah! Lindor! *(Elle cachette la lettre.)* Fermons toujours ma lettre, quoique j'ignore quand et comment je pourrai la lui faire tenir. Je l'ai vu à travers ma jalousie parler longtemps au barbier Figaro. C'est un bonhomme qui m'a montré quelquefois de la pitié : si je pouvais l'entretenir un moment! 420

SCÈNE II. — ROSINE, FIGARO.

ROSINE, *surprise.* — Ah! M. Figaro, que je suis aise de vous voir!

FIGARO. — Votre santé, Madame?

ROSINE. — Pas trop bonne, M. Figaro. L'ennui me tue. 430

FIGARO. — Je le crois; il n'engraisse que les sots.

ROSINE. — Avec qui parliez-vous donc là-bas si vivement? Je n'entendais pas, mais...

FIGARO. — Avec un jeune bachelier [3] de mes parents, de la plus grande espérance; plein d'esprit, de sentiments, de talents, et d'une figure fort revenante [4].

ROSINE. — Oh! tout à fait bien, je vous assure! Il se nomme?...

FIGARO. — Lindor. Il n'a rien : mais s'il n'eût pas quitté brusquement Madrid, il pouvait y trouver quelque bonne place.

ROSINE, *étourdiment.* — Il en trouvera, M. Figaro; il en trouvera. Un jeune homme tel que vous le dépeignez n'est pas fait pour rester inconnu. 440

FIGARO, *à part.* — Fort bien. *(Haut.)* Mais il a un grand défaut qui nuira toujours à son avancement.

ROSINE. — Un défaut, M. Figaro! Un défaut! en êtes-vous bien sûr?

FIGARO. — Il est amoureux.

ROSINE. — Il est amoureux! et vous appelez cela un défaut?

FIGARO. — A la vérité, ce n'en est un que relativement à sa mauvaise fortune.

---

1. Les serviteurs. — 2. Géant de la mythologie grecque, pourvu de cent yeux répartis sur tout le corps, et chargé par Junon de surveiller la nymphe Io. Mercure l'endormit au son de la flûte et lui coupa la tête. Le nom sert à désigner un surveillant vigilant et redoutable. — 3. Voir page 58, n. 3. — 4. Avenante, agréable.

ROSINE. — Ah! que le sort est injuste! Et nomme-t-il la personne qu'il 450
aime? Je suis d'une curiosité...

FIGARO. — Vous êtes la dernière, Madame, à qui je voudrais faire une
confidence de cette nature.

ROSINE, *vivement*. — Pourquoi, M. Figaro? Je suis discrète. Ce jeune
homme vous appartient, il m'intéresse infiniment... Dites donc.

FIGARO, *la regardant finement*. — Figurez-vous la plus jolie petite
mignonne, douce, tendre, accorte[1] et fraîche, agaçant l'appétit; pied
furtif, taille adroite, élancée, bras dodus, bouche rosée, et des
mains! des joues! des dents! des yeux!...

ROSINE. — Qui reste[2] en cette ville? 460

FIGARO. — En ce quartier.

ROSINE. — Dans cette rue peut-être?

FIGARO. — A deux pas de moi.

ROSINE. — Ah! que c'est charmant... pour monsieur votre parent. Et
cette personne est...?

FIGARO. — Je ne l'ai pas nommée?

ROSINE, *vivement*. — C'est la seule chose que vous ayez oubliée,
M. Figaro. Dites donc, dites donc vite; si l'on rentrait, je ne pour-
rais plus savoir...

FIGARO. — Vous le voulez absolument, Madame? Eh bien! cette 470
personne est... la pupille de votre tuteur.

ROSINE. — La pupille...?

FIGARO. — Du docteur Bartholo; oui, Madame.

ROSINE, *avec émotion*. — Ah! M. Figaro... je ne vous crois pas, je vous
assure.

FIGARO. — Et c'est ce qu'il brûle de venir vous persuader lui-même.

_____

1. De l'italien *accorto*, avisé : qui a de la vivacité et de la grâce. — 2. Demeure.

■■■

● **Le lieu** — Changement de perspective plus que de lieu. La scène était
dans la rue, elle est désormais dans l'appartement de Rosine. Comme
au premier acte, le regard vient buter sur la jalousie, mais le nouveau
décor et le précédent sont comme l'endroit et l'envers du même lieu.
Il y a une sorte d'unité, mais pas littérale. Au reste, il n'était plus nécessaire, au temps de Beaumarchais, de tricher avec les règles.

● **Rosine et Figaro** — « C'est un bonhomme qui m'a montré quelquefois
de la pitié » (l. 426). La jeune fille a donc souffert, l'oppression l'a mûrie.

① On remarquera que, dans la conversation, Rosine prend les devants.
Qu'attend-elle exactement de Figaro? Que penser de cette « bonhomie »
qu'elle lui attribue? Quelle est l'attitude sociale de Rosine en face du
barbier? (Elle est *d'un sang noble* : l. 233.)

② Pourquoi le laisse-t-elle parler jusqu'au bout? Elle a fort bien compris
l'énigme proposée par Figaro. Ne se montre-t-elle pas un peu coquette?

■■■

ROSINE. — Vous me faites trembler, M. Figaro.

FIGARO. — Fi donc, trembler! mauvais calcul, Madame. Quand on cède
à la peur du mal, on ressent déjà le mal de la peur. D'ailleurs, je
viens de vous débarrasser de tous vos surveillants jusqu'à demain. **480**

ROSINE. — S'il m'aime, il doit me le prouver en restant absolument
tranquille.

FIGARO. — Eh! Madame! amour et repos peuvent-ils habiter en
même cœur? La pauvre jeunesse est si malheureuse aujourd'hui,
qu'elle n'a que ce terrible choix : amour sans repos, ou repos sans
amour.

ROSINE, *baissant les yeux.* — Repos sans amour... paraît...

FIGARO. — Ah! bien languissant. Il semble, en effet, qu'amour sans
repos se présente de meilleure grâce : et pour moi, si j'étais femme...

ROSINE, *avec embarras.* — Il est certain qu'une jeune personne ne peut **490**
empêcher par un honnête homme de l'estimer [1].

FIGARO. — Aussi mon parent vous estime-t-il infiniment.

ROSINE. — Mais s'il allait faire quelque imprudence, M. Figaro, il
nous perdrait.

FIGARO, *à part.* — Il nous perdrait! *(Haut.)* Si vous le lui défendiez
expressément par une petite lettre... Une lettre a bien du pouvoir.

ROSINE *lui donne la lettre qu'elle vient d'écrire.* — Je n'ai pas le temps
de recommencer celle-ci; mais en la lui donnant, dites-lui... dites-
lui bien... *(Elle écoute.)*

FIGARO. — Personne, Madame. **500**

ROSINE. — Que c'est par pure amitié [2] tout ce que je fais.

FIGARO. — Cela parle de soi. Tudieu! l'amour a bien une autre allure!

ROSINE. — Que par pure amitié, entendez-vous [3]? Je crains seulement
que, rebuté par les difficultés...

FIGARO. — Oui, quelque feu follet. Souvenez-vous, Madame, que
le vent qui éteint une lumière allume un brasier, et que nous
sommes ce brasier-là. D'en parler seulement, il exhale un tel feu
qu'il m'a presque enfiévré [4] de sa passion, moi qui n'y ai que voir!

ROSINE. — Dieux! j'entends mon tuteur. S'il vous trouvait ici...
Passez par le cabinet du clavecin, et descendez le plus doucement **510**
que vous pourrez.

FIGARO. — Soyez tranquille. *(A part, montrant la lettre.)* Voici qui
vaut mieux que toutes mes observations.

(Il entre dans le cabinet.)

---

1. *Estimer, amitié* (l. 501) : contrairement à l'Agnès de Molière, Rosine connaît le sens des
mots. Il y a là des litotes inspirées par la pudeur, la décence, la coquetterie peut-être :
nuances que Figaro a parfaitement saisies. — 2. Voir la n. 1. — 3. Après *entendez-vous?*
la version primitive comportait : *Allez, mon cher Figaro, et prenez bien garde en sortant*, et
la scène finissait là. — 4. Note de Beaumarchais : « Le mot *enfiévré*, qui n'est pas
français, a excité la plus vive indignation parmi les puritains littéraires; je ne conseille
à aucun galant homme de s'en servir; mais M. Figaro!... ». On disait *enfibrer*, au XVIᵉ s.,
(du latin *febris*, fièvre).

Scène III. — ROSINE, *seule.*

Je meurs d'inquiétude jusqu'à ce qu'il soit dehors... Que je l'aime,
ce bon Figaro! c'est un bien honnête homme, un bon parent!
Ah! voilà mon tyran; reprenons mon ouvrage.
(Elle souffle la bougie, s'assied et prend une broderie au tambour[1].)

Scène IV. — BARTHOLO, ROSINE.

BARTHOLO, *en colère.* — Ah! malédiction! l'enragé, le scélérat corsaire
de Figaro! Là, peut-on sortir un moment de chez soi sans être sûr
en rentrant?... 520

ROSINE. — Qui vous met donc si fort en colère, Monsieur?

BARTHOLO. — Ce damné barbier qui vient d'écloper toute ma maison
en un tour de main : il donne un narcotique[2] à L'Éveillé, un sternutatoire[3] à La Jeunesse; il saigne au pied Marceline; il n'y a pas

---

1. Cadre circulaire qui tend l'étoffe à broder. — 2. Médicament produisant un effet
de torpeur. — 3. Poudre qui fait éternuer (lat. *sternutare*).

■■

● **Le mouvement** — Nous retrouvons ici, sous une forme particulièrement
réussie, l'alternance chère à Beaumarchais : un assez long dialogue
encadré par deux courts monologues qui expriment le sentiment intime
de Rosine. D'un monologue à l'autre, les sentiments de Rosine ont
évolué. Mais une réalité demeure : la présence du tyran.

● **L'action** — Rosine écrit une lettre à l'intention de Lindor. Figaro survient opportunément (comme à l'ordinaire, mais est-ce tellement invraisemblable?) et servira de messager. Cette lettre aura des conséquences
immédiates (sc. 4) et lointaines (acte IV). Mais ce n'est pas tout : dans
son délicat badinage, Figaro glisse une nouvelle importante, qui ne
prend pas le spectateur au dépourvu, car elle était annoncée (l. 480),
et qui se manifestera bientôt. Il n'a pas perdu son temps pendant l'entracte.

① Rosine : quelle idée se fait-elle de l'amour? Distingue-t-elle bien
(voir la l. 490) l'amour de l'estime?
— L'amour est pour elle une promesse de délivrance. Mais peut-elle
imaginer ce qu'est la passion? C'est Figaro qui le lui enseigne : le *feu
follet* et le *brasier* (passage d'ailleurs ajouté après coup, et intéressant).
Elle a peur de décourager Lindor : noble et innocent scrupule!

② Figaro est un homme à maximes : vous les relèverez.

③ Figaro n'est pas indifférent aux charmes de Rosine (l. 456-459). Comment le lui fait-il sentir?

■■

jusqu'à ma mule... Sur les yeux d'une pauvre bête aveugle, un
cataplasme! Parce qu'il me doit cent écus, il se presse de faire des
mémoires[1]. Ah! qu'il les apporte... Et personne à l'antichambre! on
arrive à cet appartement comme à la place d'armes.

ROSINE. — Et qui peut y pénétrer que[2] vous, Monsieur?

BARTHOLO. — J'aime mieux craindre sans sujet que de m'exposer sans   530
précaution[3]. Tout est plein de gens entreprenants, d'audacieux...
N'a-t-on pas, ce matin encore, ramassé lestement votre chanson
pendant que j'allais la chercher[4]? Oh! je...

ROSINE. — C'est bien mettre à plaisir de l'importance à tout! Le vent
peut avoir éloigné ce papier, le premier venu; que sais-je?

BARTHOLO. — Le vent, le premier venu!... Il n'y a point de vent,
Madame, point de premier venu dans le monde; et c'est toujours
quelqu'un posté là exprès qui ramasse les papiers qu'une femme a
l'air de laisser tomber par mégarde.

ROSINE. — A l'air, Monsieur?   540

BARTHOLO. — Oui, Madame, a l'air.

ROSINE, *à part.* — Oh! le méchant vieillard!

BARTHOLO. — Mais tout cela n'arrivera plus; car je vais faire sceller
cette grille.

ROSINE. — Faites mieux; murez les fenêtres tout d'un coup; d'une
prison à un cachot[5], la différence est si peu de chose!

BARTHOLO. — Pour celles qui donnent sur la rue, ce ne serait peut-être
pas si mal... Ce barbier n'est pas entré chez vous, au moins?

ROSINE. — Vous donne-t-il aussi de l'inquiétude?   550

BARTHOLO. — Tout comme un autre.

ROSINE. — Que vos répliques sont honnêtes[6]!

BARTHOLO. — Ah! fiez-vous à tout le monde, et vous aurez bientôt à la
maison une bonne femme pour vous tromper, de bons amis pour
vous la souffler, et de bons valets pour les y aider.

ROSINE. — Quoi! vous n'accordez pas même qu'on ait des principes
contre la séduction de M. Figaro?

BARTHOLO. — Qui diable entend quelque chose à la bizarrerie des
femmes, et combien j'en ai vu de ces vertus à principes[7]!...

ROSINE, *en colère.* — Mais, Monsieur, s'il suffit d'être homme pour nous
plaire, pourquoi donc me déplaisez-vous si fort?   560

BARTHOLO, *stupéfait.* — Pourquoi?... pourquoi?... Vous ne répondez
pas à ma question sur ce barbier.

ROSINE, *outrée.* — Eh bien oui, cet homme est entré chez moi; je l'ai
vu, je lui ai parlé. Je ne vous cache même pas que je l'ai trouvé fort
aimable : et puissiez-vous en mourir de dépit!

(Elle sort.)

---

1. Notes de fournitures à payer. — 2. Si ce n'est... — 3. Encore le *leitmotiv!* —
4. Acte I, sc. 3. — 5. Cellule, le plus souvent souterraine. — 6. Dignes d'un *honnête
homme* (au sens classique), c'est-à-dire polies, courtoises particulièrement avec les femmes.
Rosine parle par antiphrase. — 7. Dans un fragment de la version en cinq actes, retrouvé
par Lintilhac, et qui semble venu tout droit de la parade primitive, Bartholo donnait
des exemples fort réalistes sur le comportement de ces *vertus à principes.*

Scène V. — BARTHOLO, *seul.*

Oh! les juifs[1], les chiens de valets! La Jeunesse! L'Éveillé! L'Éveillé maudit!

Scène VI. — BARTHOLO, L'ÉVEILLÉ.

L'ÉVEILLÉ *arrive en bâillant, tout endormi.* — Aah, aah, ah, ah...

BARTHOLO. — Où étais-tu, peste d'étourdi, quand ce barbier est entré ici ? 570

L'ÉVEILLÉ.— Monsieur j'étais... ah, aah, ah...

BARTHOLO. — A machiner quelque espièglerie[2], sans doute? Et tu ne l'as pas vu?

L'ÉVEILLÉ. — Sûrement je l'ai vu, puisqu'il m'a trouvé tout malade, à ce qu'il dit; et faut bien que ça soit vrai, car j'ai commencé à me douloir[3] dans tous les membres, rien qu'en l'en-entendant parl... Ah, ah, aah...

---

1. C'est peut-être un juron familier à Bartholo, ou bien il faut l'expliquer par le fait qu'il croit les valets achetés par Figaro (voir la fin de la scène 7). — 2. *Espiègle* vient du personnage d'*Eulenspiegel* et signifie : aimant à faire des malices, surtout en parlant des enfants. — 3. A souffrir.

▪▪▪

● **La révolte de Rosine** — Rosine passe du gracieux badinage à une attitude figée. Exaspérée par le comportement de son tuteur, elle va cependant sortir de cette indifférence voulue. Notez les étapes :
— tant qu'elle le peut, elle joue la comédie de l'innocence;
— elle est intriguée par une insinuation de Bartholo (*a l'air*, l. 538), et bientôt dépitée d'être découverte (*le méchant vieillard!* l. 542);
— de l'aparté elle passe à la révolte ouverte : une Rosine se découvre que Bartholo ne connaissait pas encore.

① De la réplique (l. 556) sur *la séduction de M. Figaro*, M. Pomeau tire la conclusion que Figaro était laid et déjà vieux. Ne peut-on trouver d'autres raisons (sociales, morales, tactiques) pour justifier cette réplique?
② D'où vient que la révolte de Rosine éclate à la l. 542 ?

● **La clairvoyance de Bartholo** — Nous connaissions sa méfiance; elle se confirme, et pas seulement à propos de Rosine (l. 526). Ce qui apparaît surtout ici c'est la clairvoyance de Bartholo.
Au début, poli dans la forme, il se laisse aller à une violence de langage qu'il retient difficilement, dès qu'il sent de la résistance. Puis l'insolence imprévue lui fait perdre pied, et Rosine a le dernier mot.
③ Comparez le barbon Bartholo au Géronte des *Fourberies de Scapin*.

● **Le mouvement** — Il est dicté par l'évolution des personnages : Rosine va de la défensive à l'offensive, et Bartholo inversement.

▪▪▪

BARTHOLO *le contrefait*. — Rien qu'en l'en-entendant!... Où est ce vaurien de La Jeunesse? Droguer ce petit garçon sans mon ordonnance [1]! Il y a quelque friponnerie là-dessous. 580

SCÈNE VII. — LES ACTEURS PRÉCÉDENTS, LA JEUNESSE.

*(La Jeunesse arrive en vieillard avec une canne en béquille ;
il éternue plusieurs fois.)*

L'ÉVEILLÉ, *toujours bâillant*. — La Jeunesse?

BARTHOLO. — Tu éternueras dimanche.

LA JEUNESSE. — Voilà plus de cinquante... cinquante [2] fois... dans un moment! *(Il éternue.)* Je suis brisé.

BARTHOLO. — Comment! je vous demande à tous les deux s'il est entré quelqu'un chez Rosine, et vous ne me dites pas que ce barbier...

L'ÉVEILLÉ, *continuant de bâiller*. — Est-ce que c'est quelqu'un donc, M. Figaro? Aah! ah...

BARTHOLO [3]. — Je parie que le rusé s'entend avec lui.

L'ÉVEILLÉ, *pleurant comme un sot*. — Moi... Je m'entends!... 590

LA JEUNESSE, *éternuant*. — Eh mais, Monsieur, y a-t-il... y a-t-il de la justice?...

BARTHOLO. — De la justice! C'est bon entre vous autres misérables, la justice! Je suis votre maître, moi, pour avoir toujours raison.

LA JEUNESSE, *éternuant*. — Mais, pardi, quand une chose est vraie...

BARTHOLO. — Quand une chose est vraie! Si je ne veux pas qu'elle soit vraie, je prétends bien qu'elle ne soit pas vraie. Il n'y aurait qu'à permettre à tous ces faquins [4]-là d'avoir raison, vous verriez bientôt ce que deviendrait l'autorité.

LA JEUNESSE, *éternuant*. — J'aime autant recevoir mon congé. Un 600 service terrible, et toujours un train d'enfer!

L'ÉVEILLÉ, *pleurant*. — Un pauvre homme de bien est traité comme un misérable.

BARTHOLO. — Sors donc, pauvre homme de bien! *(Il les contrefait.)* Et t'chi et t'cha; l'un m'éternue au nez, l'autre m'y bâille.

LA JEUNESSE. — Ah, Monsieur, je vous jure que, sans mademoiselle, il n'y aurait... il n'y aurait pas moyen de rester dans la maison [5]. *(Il sort en éternuant.)*

---

1. Bartholo est médecin. — 2. Prononcer *cinq... cinq...* comme un éternuement. — 3. Dans une rédaction antérieure, Bartholo ici frappait l'Éveillé en disant : *Tiens, avec ton Figaro*. Et l'Éveillé « faisait un saut de frayeur ». — 4. *Faquin*, mot d'origine italienne, signifiait *portefaix* : terme de mépris. — 5. Rédaction antérieure : Rosine assistait à la scène : « ROSINE. — Allez vous coucher, mes enfants, vous en avez besoin! BARTHOLO. — Sans doute, Signora, protégez-les contre moi! Ils ne sont pas assez insolents! » Et la réplique finale manquait dans la première édition.

BARTHOLO. — Dans quel état ce Figaro les a mis tous ! Je vois ce que c'est : le maraud voudrait me payer mes cent écus sans bourse délier...   610

SCÈNE VIII. — BARTHOLO, DON BAZILE; FIGARO,
caché dans le cabinet, paraît de temps en temps, et les écoute.

BARTHOLO *continue*. — Ah ! don Bazile, vous veniez donner à Rosine sa leçon de musique ?

BAZILE.— C'est ce qui presse le moins.

BARTHOLO. — J'ai passé chez vous sans vous trouver.

BAZILE. — J'étais sorti pour vos affaires. Apprenez une nouvelle assez fâcheuse.

BARTHOLO. — Pour vous ?

BAZILE. — Non, pour vous. Le comte Almaviva est en cette ville.

BARTHOLO. — Parlez bas. Celui qui faisait chercher Rosine dans tout Madrid ?   620

BAZILE. — Il loge à la grande place, et sort tous les jours déguisé.

BARTHOLO. — Il n'en faut point douter, cela me regarde. Et que faire ?

■■

- ● **L'action** — Cette scène 7 était annoncée (voir I, 6 et II, 4), mais ici la méfiance conduit Bartholo à côté du vrai. Il se trompe en effet sur le but des « petits moyens innocents », croyant qu'il ne s'agit que d'enfler les mémoires. C'est un détail de l' « imbroille ».

- ● **Le comique** — Les valets ont reçu comme sobriquets, par antiphrase, le jeune peu dégourdi : l'Éveillé, et le vieux : La Jeunesse. Le narcotique et le sternutatoire ne font donc qu'accentuer un grotesque en quelque sorte naturel.
Notez la progression comique : Bartholo seul (sc. 5), puis l'Éveillé (sc. 6), puis La Jeunesse (sc. 7).

  ① On a déjà rapproché le comique de ces scènes du comique des farces de Molière et de Regnard. Cependant, Beaumarchais ne l'entendait pas ainsi. Dans une lettre du 30 septembre 1776, il proteste contre la place excessive accordée aux éternuements par l'acteur Dugazon. Excité par les rires du public, l'acteur redoublait ses effets, de sorte que l'on n'entendait plus Bartholo, au grand scandale de Beaumarchais. Comment, à votre avis, doit-on jouer cette scène?
  Il faut remarquer des formes plus subtiles de comique : l'Éveillé (l. 574-577) est malade par persuasion : c'est déjà le comique du *Knock* de Jules Romains.

- ● Quand Bartholo accuse L'Éveillé « d'espièglerie », n'y a-t-il pas là un trait d'humour, conscient ou non? Et Bartholo « contrefait » son valet : il a donc le sens du comique, même en s'indignant.

■■

BAZILE. — Si c'était un particulier [1], on viendrait à bout de l'écarter.

BARTHOLO. — Oui, en s'embusquant le soir, armé, cuirassé...

BAZILE. — *Bone Deus!* se compromettre! Susciter une méchante affaire, à la bonne heure; et pendant la fermentation, calomnier à dire d'experts [2]; *concedo* [3].

BARTHOLO. — Singulier moyen de se défaire d'un homme!

BAZILE. — La calomnie, Monsieur! Vous ne savez guère ce que vous 630
dédaignez; j'ai vu les plus honnêtes gens près d'en être accablés.
Croyez qu'il n'y a pas de plate méchanceté, pas d'horreurs, pas de
conte absurde, qu'on ne fasse adopter aux oisifs d'une grande
ville en s'y prenant bien: et nous avons ici des gens d'une adresse!...
D'abord un bruit léger, rasant le sol comme hirondelle avant
l'orage, *piamissimo* murmure et file, et sème en courant le trait
empoisonné. Telle bouche le recueille, et *piano, piano*, vous le glisse
en l'oreille adroitement. Le mal est fait; il germe, il rampe, il
chemine, et *rinforzando* [4] de bouche en bouche il va le diable [5];
puis tout à coup, ne sais comment, vous voyez calomnie se dresser, 640
siffler, s'enfler, grandir à vue d'œil. Elle s'élance, étend son vol,
tourbillonne, enveloppe, arrache, entraîne, éclate et tonne, et
devient, grâce au Ciel, un cri général, un *crescendo* public, un
chorus [6] universel de haine et de proscription [7]. Qui diable y résis-
terait?

BARTHOLO. — Mais quel radotage me faites-vous donc là, Bazile? Et
quel rapport ce *piano-crescendo* peut-il avoir à ma situation?

BAZILE. — Comment, quel rapport? Ce qu'on fait partout pour écarter
son ennemi, il faut le faire ici pour empêcher le vôtre d'approcher.

BARTHOLO. — D'approcher? Je prétends bien épouser Rosine avant 650
qu'elle apprenne seulement que le Comte existe.

BAZILE. — En ce cas, vous n'avez pas un instant à perdre.

BARTHOLO. — Et à qui tient-il, Bazile? Je vous ai chargé de tous les
détails de cette affaire.

BAZILE. — Oui, mais vous avez lésiné sur les frais; et dans l'harmonie
du bon ordre, un mariage inégal [8], un jugement inique [9], un passe-
droit [10] évident, sont des dissonances qu'on doit toujours préparer et
sauver par l'accord parfait [11] de l'or.

---

1. Un homme du commun (mais Almaviva est un « Grand »). — 2. De telle sorte qu'on ne puisse mettre en doute la calomnie, les propos paraissant venir de personnes compétentes et sûres. — 3. « Je l'accorde » : (terme de scolastique que Molière emploie, pour les mêmes raisons, dans *le Malade imaginaire*). — 4. Littéralement : « en renforçant ». Le *rinforzando* consiste à accentuer la sonorité d'une note ou d'un petit groupe de notes, tandis que le *crescendo* (l. 643) porte sur un plus long passage. — 5. Nous disons aujourd'hui : *aller un train d'enfer*. — 6. Repris en chœur, à l'unisson. — 7. La proscription est une condamnation arbitraire, hors des formes judiciaires, par simple inscription sur une liste. Bazile veut dire que les victimes de la calomnie se trouvent sans recours, sans possibilité de se justifier. — 8. Par l'âge, et aussi par la condition (Rosine est *d'un sang noble* : l. 233). — 9. Quel jugement? Faut-il supposer quelque décision concernant la personne ou les biens de Rosine? C'est très imprécis... Mais Beaumarchais avait personnellement éprouvé, dans l'affaire Goezman, ce qu'on peut préparer *par l'accord parfait de l'or*. — 10. Apparemment parce que Bartholo, en épousant Rosine, prendrait la place d'un homme plus qualifié pour le mariage. — 11. *Dissonances, accord parfait :* c'est toujours le musicien qui parle, même en ces matières juridiques.

BARTHOLO, *lui donnant de l'argent.* — Il faut en passer par où vous voulez; mais finissons. 660

BAZILE. — Cela s'appelle parler. Demain, tout sera terminé : c'est à vous d'empêcher que personne, aujourd'hui, ne puisse instruire la pupille.

BARTHOLO. — Fiez-vous-en à moi. Viendrez-vous ce soir, Bazile ?

■■■

● **L'action.** — L'arrivée de Bazile était annoncée (I, 5 : *Et Bazile qui ne vient pas*). ① Citez d'autres exemples de « préparations » à l'entrée des personnages : quelles conclusions en tirez-vous quant à l'art de Beaumarchais ?
Cette arrivée n'en produit pas moins un grand effet : comparez-la à l'entrée de Tartuffe. Le costume de Bazile (voir sa description p. 58) n'y est-il pas pour beaucoup ? (Pour son caractère, voir *le Personnage de Bazile*, p. 91.)

② En quoi l'arrivée du personnage est-elle utile à l'action ? Quelle nouvelle vient-il annoncer ? Et quel effet produit-elle sur Bartholo ? sur le spectateur ? N'est-elle pas quelque peu en rapport avec le thème de la « précaution inutile » ?

● **« L'air de la Calomnie ».** — Cette célèbre tirade ne figure pas dans le manuscrit de la Comédie-Française. L'auteur l'a ajoutée, la veille de la première, au texte en cinq actes, en février 1775. Lors de la réduction en quatre actes, il l'a maintenue, assez artificiellement. C'est en effet le type du morceau de bravoure, mal soudé au dialogue — ce dont Beaumarchais est le premier à s'amuser, quand il fait demander à Bartholo les raisons de ce *radotage* (l. 646).
Cependant, les traits qui contribuent à en faire un morceau de bravoure sont ceux-là mêmes qui appellent la vraisemblance : Bazile, qui s'exprimait à l'instant en jargon scolastique, parle ici un langage de musicien (*pianissimo*, etc...) et mêle à son propos des archaïsmes des romances (*ne sais comment*, sans pronom : l. 640 ; *vous voyez calomnie*, sans article). Chez Molière, Tartuffe amoureux d'Elmire recourait à un vocabulaire mystique.

③ Pourquoi Beaumarchais tenait-il tant à cette tirade ? Quel rapport présente-t-elle avec l'affaire Goezman ? Voyez page 17, à la date de 1773.

④ Quant au style, M. Scherer voit, dans cette tirade, le chef-d'œuvre de la « phrase accumulatrice ». Et il précise : « Le passage est fait d'un grand nombre de termes juxtaposés, dont chacun, dans son registre, renforce le précédent. C'est un chant, et un chant qui chante sa propre accélération. Rossini n'a pas dû avoir de peine à en tirer un air célèbre. » Discutez chaque terme de ce jugement.

⑤ Étudiez la rigueur du rythme, en remarquant que les sons mêmes ne sont pas laissés au hasard. Ne peut-on même dire que, dans cette partition, *piano*, *crescendo*, etc... doivent être pris à la lettre ?
C'est un morceau de bravoure, mais bref ; vif et alerte, à l'échelle de la pièce entière.

■■■

BAZILE. — N'y comptez pas. Votre mariage seul m'occupera toute la
   journée; n'y comptez pas.

BARTHOLO *l'accompagne*. — Serviteur.

BAZILE. — Restez, Docteur, restez donc.

BARTHOLO. — Non pas. Je veux fermer sur vous la porte de la rue.

SCÈNE IX. — FIGARO, *seul, sortant du cabinet.*

Oh! la bonne précaution[1]! Ferme, ferme la porte de la rue; et moi [670]
je vais la rouvrir au Comte en sortant. C'est un grand maraud que ce
Bazile! heureusement il est encore plus sot. Il faut un état, une
famille, un nom, un rang, de la consistance enfin, pour faire sen-
sation dans le monde en calomniant. Mais un Bazile! il médirait[2],
qu'on ne le croirait pas.

SCÈNE X. — ROSINE, *accourant ;* FIGARO.

ROSINE. — Quoi! vous êtes encore là! M. Figaro?

FIGARO. — Très heureusement pour vous, Mademoiselle. Votre
   tuteur et votre maître à chanter, se croyant seuls ici, viennent de
   parler à cœur ouvert...

ROSINE. — Et vous les avez écoutés, M. Figaro? Mais savez- [680]
   vous que c'est fort mal!

FIGARO. — D'écouter? C'est pourtant ce qu'il y a de mieux pour bien
   entendre. Apprenez que votre tuteur se dispose à vous épouser
   demain.

ROSINE. — Ah! grands dieux!

FIGARO. — Ne craignez rien; nous lui donnerons tant d'ouvrage,
   qu'il n'aura pas le temps de songer à celui-là.

ROSINE. — Le voici qui revient; sortez donc par le petit escalier. Vous
   me faites mourir de frayeur.

(Figaro s'enfuit.)

SCÈNE XI. — BARTHOLO, ROSINE.

ROSINE. — Vous étiez ici avec quelqu'un, Monsieur? [690]

BARTHOLO. — Don Bazile que j'ai reconduit, et pour cause. Vous eussiez
   mieux aimé que c'eût été M. Figaro?

ROSINE. — Cela m'est fort égal, je vous assure.

BARTHOLO. — Je voudrais bien savoir ce que ce barbier avait de si
   pressé à vous dire.

---

1. Figaro parodie Bartholo, et reprend plaisamment le *leitmotiv*. — 2. Tournure
expressive pour : *même s'il médisait, on ne...* Notez la nuance; par rapport à *calomnier*,
médire signifie : répandre sur autrui des propos malveillants, mais *exacts*.

ROSINE. — Faut-il parler sérieusement ? Il m'a rendu compte de l'état de Marceline [1], qui même n'est pas trop bien, à ce qu'il dit.

BARTHOLO. — Vous rendre compte ! Je vais parier qu'il était chargé de vous remettre quelque lettre.

ROSINE. — Et de qui, s'il vous plaît ?   700

BARTHOLO. — Oh ! de qui ! De quelqu'un que les femmes ne nomment jamais. Que sais-je, moi ? Peut-être la réponse au papier de la fenêtre.

---

1. La servante que Figaro avait saignée au pied (II, 4, l. 524), et qui n'apparaît pas sur la scène du *Barbier* : elle est tenue en réserve, pour *le Mariage*.

- **L'action** — *Oh ! la bonne précaution !* (l. 670)... Nous sommes en plein « imbroille » (voir la *Lettre modérée* (p. 43, l. 271). L'activité de Bazile, ses révélations font-elles courir aux amours du Comte un grave danger ? Le spectateur a quelque lieu de s'inquiéter, mais l'ennemi s'est engagé sur une fausse piste. Figaro veille, et le Comte est beaucoup plus près que Bartholo ne pense...

- **Le personnage de Bazile** — Il n'est pas douteux que Beaumarchais ait voulu faire, à travers Bazile, la satire du clergé : l'anticléricalisme est chez lui une attitude constante, attitude de « voltairien attardé », a-t-on même remarqué, car cette mode commençait à passer... Cependant, le personnage est assez fortement individualisé.

① Relevez les traits qui le caractérisent : son cynisme; sa vénalité; son goût de la pourriture (l. 627 : *la fermentation*).
Ce qu'il permet de supposer, au-delà de la pièce et au-delà même de sa personne : une organisation d'espionnage, grâce à laquelle les informations sont exploitées et vendues au meilleur prix; les complicités qu'une telle activité suppose : « pots de vins » et corruption de personnages influents.

— Bazile et Tartuffe : les points communs sont nombreux, les différences aussi; l'aspect « souterrain » de Bazile est plus accusé. Sans parler de l'affaire Goezman, Beaumarchais avait une expérience personnelle des intrigues de cour et de l'espionnage international, et il connaissait le pouvoir de l'or.

— Bazile et Bartholo. En recourant à Bazile, Bartholo révèle sa propre nature : il n'oppose aux propositions de Bazile aucune objection morale, et s'interroge seulement sur leur efficacité (l. 629). Il voit en lui un complice sûr, et d'ailleurs il y met le prix, non sans quelque naïveté, car il ne soupçonne pas que Bazile puisse se vendre à plus offrant.

— Bazile et Figaro. L'un et l'autre sont les nerfs de l'intrigue, également « machinistes ». Intrigants, ne le sont-ils pas l'un et l'autre, par goût... et par intérêt ? Bazile est l'âme damnée de Bartholo tout aussi bien que Figaro est le « dieu tutélaire » d'Almaviva...
② D'où vient cependant que l'un est sympathique et l'autre répugnant ?

ROSINE, *à part*. — Il n'en a pas manqué une seule. *(Haut.)* Vous mériteriez bien que cela fût.

BARTHOLO *regarde les mains de Rosine*. — Cela est. Vous avez écrit.

ROSINE, *avec embarras*. — Il serait assez plaisant que vous eussiez le projet de m'en faire convenir.

BARTHOLO, *lui prenant la main droite*. — Moi! point du tout; mais votre doigt encore taché d'encre! Hein? rusée signora! 710

ROSINE, *à part*. — Maudit homme!

BARTHOLO, *lui tenant toujours la main*. — Une femme se croit bien en sûreté, parce qu'elle est seule.

ROSINE. — Ah! sans doute... La belle preuve!... Finissez donc, Monsieur, vous me tordez le bras. Je me suis brûlée en chiffonnant[1] autour de cette bougie; et l'on m'a toujours dit qu'il fallait aussitôt tremper dans l'encre: c'est ce que j'ai fait.

BARTHOLO. — C'est ce que vous avez fait? Voyons donc si un second témoin confirmera la déposition du premier. C'est ce cahier de papier où je suis certain qu'il y avait six feuilles; car je les compte 720 tous les matins, aujourd'hui encore.

ROSINE, *à part*. — Oh! imbécile!

BARTHOLO, *comptant*. — Trois, quatre, cinq...

ROSINE. — La sixième...

BARTHOLO. — Je vois bien qu'elle n'y est pas, la sixième.

ROSINE, *baissant les yeux*. — La sixième? Je l'ai employée à faire un cornet pour des bonbons que j'ai envoyés à la petite Figaro.

BARTHOLO. — A la petite Figaro[2]? Et la plume qui était toute neuve comment est-elle devenue noire? Est-ce en écrivant l'adresse de la petite Figaro? 730

ROSINE, *à part*. — Cet homme a un instinct de jalousie!... *(Haut.)* Elle m'a servi à retracer une fleur effacée sur la veste que je vous brode au tambour[3].

BARTHOLO. — Que cela est édifiant! Pour qu'on vous crût, mon enfant, il faudrait ne pas rougir en déguisant coup sur coup la vérité; mais c'est ce que vous ne savez pas encore.

ROSINE. — Eh! qui ne rougirait pas, Monsieur, de voir tirer des conséquences aussi malignes des choses les plus innocemment faites?

BARTHOLO. — Certes, j'ai tort. Se brûler le doigt, le tremper dans l'encre, faire des cornets aux bonbons pour la petite Figaro, et 740 dessiner ma veste au tambour! quoi de plus innocent? Mais que de mensonges entassés pour cacher un seul fait!... *Je suis seule, on ne me voit point; je pourrai mentir à mon aise*. Mais le bout du doigt reste noir, la plume est tachée, le papier manque! On ne saurait

---

1. En effectuant de menus travaux de couture. On dit encore « parler chiffons ». —
2. Seule allusion à cette enfant, dont il ne sera jamais question dans *le Mariage*. L'allusion est surprenante à deux titres : Beaumarchais a d'ordinaire prépare et justifie chaque détail; on imagine plus volontiers l'aventurier Figaro célibataire et sans enfant. — 3. Voir p. 83, n. 1.

penser à tout [1]. Bien certainement, Signora, quand j'irai par la ville, un bon double tour me répondra de vous.

Scène XII. — LE COMTE, BARTHOLO, ROSINE.

LE COMTE, *en uniforme de cavalier, ayant l'air d'être entre deux vins et chantant :* Réveillons-la, etc.

BARTHOLO. — Mais que nous veut cet homme ? Un soldat ! Rentrez chez vous, Signora.   750

LE COMTE *chante :* Réveillons-la, *et s'avance vers Rosine.* — Qui de vous deux, Mesdames, se nomme le docteur Balordo ? *(A Rosine, bas.)* Je suis Lindor.

BARTHOLO. — Bartholo !

ROSINE, *à part.* — Il parle de Lindor.

LE COMTE . — Balordo, Barque à l'eau, je m'en moque comme de ça. Il s'agit seulement de savoir laquelle des deux... *(A Rosine, lui montrant un papier.)* Prenez cette lettre.

BARTHOLO. — Laquelle ! Vous voyez bien que c'est moi. Laquelle ! Rentrez donc, Rosine ; cet homme paraît avoir du vin.   760

ROSINE. — C'est pour cela, Monsieur ; vous êtes seul. Une femme en impose quelquefois.

BARTHOLO. — Rentrez, rentrez ; je ne suis pas timide.

---

1. Encore un « proverbe »... et une variation sur le thème de « la précaution inutile ». Musset reprendra le proverbe à son compte. Sedaine avait déjà créé un opéra-comique intitulé *On ne s'avise jamais de tout* (voir la *Lettre modérée*, l. 574-581).

■■■

● **Bartholo policier** — Surpris par la résistance de Rosine, Bartholo avait éprouvé un échec (II, 4). Il prend ici une revanche éclatante. Observez :
— la technique de l'interrogatoire ; la courtoisie formelle (Rosine a même droit au titre espagnol de *Signora :* l. 745) rend plus implacable le réseau de preuves dans lequel Rosine se laisse peu à peu enfermer ;
— le vocabulaire policier (*second témoin,* l. 718, *déposition,* l. 719) jure avec la douceur condescendante de : *mon enfant* (l. 734).
— le côté odieux des méthodes : quel trait du caractère se trouve par là confirmé ?

① Vous montrerez comment, derrière la brutalité cynique de Bartholo, on découvre l'homme aigri et sans illusion. Ses maximes sont tristes (l. 712). Il a perdu jusqu'au respect des autres et de lui-même qui l'amènerait à dissimuler *(je les compte tous les matins,* l. 720). Même ses défis sont désabusés *(ce que vous ne savez pas encore,* l. 736).

● **Rosine victime et juge** — Bien distinguer ses réactions intimes, traduites par les apartés (l. 704, 711, 722, 731), de son attitude en face de Bartholo. Elle n'est pas encore mûre pour la révolte ouverte : elle mène donc un combat de retardement (l. 707), gagne du temps (l. 724), sauve les apparences, mais rougit (l. 735).

② Cette scène est-elle comique ? Efforcez-vous d'en préciser le ton.

■■■

Scène XIII. — LE COMTE, BARTHOLO.

LE COMTE. — Oh! je vous ai reconnu d'abord à votre signalement.

BARTHOLO, *au Comte, qui serre la lettre.* — Qu'est-ce que c'est donc que vous cachez là dans votre poche?

LE COMTE. — Je le cache dans ma poche, pour que vous ne sachiez pas ce que c'est.

BARTHOLO. — Mon signalement! Ces gens-là croient toujours parler à des soldats.   770

LE COMTE. — Pensez-vous que ce soit une chose si difficile à faire que votre signalement?

(Air : *Ici sont venus en personne.*)

Le chef [1] branlant, la tête chauve,
Les yeux vérons [2], le regard fauve,
L'air farouche d'un Algonquin [3];
La taille lourde et déjetée,
L'épaule droite surmontée [4],
Le teint grenu d'un Maroquin,
Le nez fait comme un baldaquin [5],
La jambe pote [6] et circonflexe,   780
Le ton bourru, la voix perplexe,
Tous les appétits destructeurs;
Enfin la perle des docteurs.

BARTHOLO. — Qu'est-ce que cela veut dire? Êtes-vous ici pour m'insulter? Délogez à l'instant.

LE COMTE. — Déloger! Ah, fi! que c'est mal parler! Savez-vous lire, Docteur... Barbe à l'eau?

BARTHOLO. — Autre question saugrenue.

LE COMTE. — Oh! que cela ne vous fasse pas de peine; car, moi qui suis pour le moins aussi docteur que vous...   790

BARTHOLO. — Comment cela?

LE COMTE. — Est-ce que je ne suis pas le médecin des chevaux du régiment? Voilà pourquoi l'on m'a exprès logé chez un confrère [7].

---

1. La tête (du latin *caput*) : archaïsme qui s'est maintenu dans *couvre-chef*. Il évite ici la répétition de *tête*. — 2. Ou *vairons* (latin *varium* : varié) : de couleur changeante. Se disait des yeux dont l'iris est cerclé de blanc. — 3. Les Algonquins sont une peuplade du Canada. Le texte de la troisième édition ne comporte que ces trois vers. Beaumarchais, dans une note que rappelle Lintilhac, dit que « Bartholo coupe le signalement à l'endroit qu'il lui plaît ». — 4. Plus haute que l'autre. — 5. De l'italien *baldacchino* (étoffe de soie de Bagdad) : édifice surmontant un autel au XVIIIᵉ s. — 6. Gonflée (potelée). — 7. Dans les premières éditions suivaient quelques répliques dans lesquelles Bartholo est appelé *Porc-à-l'auge*, puis *Pot-à-l'eau*.

BARTHOLO. — Oser comparer un maréchal!...

LE COMTE. —

(Air : *Vive le vin.*)

(Sans chanter.) { Non, Docteur, je ne prétends pas
Que notre art obtienne le pas
Sur Hippocrate [1] et sa brigade [2].

(En chantant.) { Votre savoir, mon camarade,
Est d'un succès plus général [3].
Car s'il n'emporte point le mal,
Il emporte au moins le malade.   800

C'est-il poli ce que je vous dis là ?

BARTHOLO. — Il vous sied bien, manipuleur ignorant, de ravaler ainsi le premier, le plus grand et le plus utile des arts !

LE COMTE. — Utile tout à fait pour ceux qui l'exercent.

BARTHOLO. — Un art dont le soleil s'honore d'éclairer les succès !

---

1. Célèbre médecin grec du v⁵ s. av. J.-C., souvent invoqué comme le père de la médecine. — 2. Sa « troupe » : les médecins. — 3. Obtient un résultat plus important. Le Comte joue sur le verbe *emporter*, le malade ayant plus de « généralité » que la maladie, le contenant que le contenu.

● **Le comique** — On voit dans cette scène réapparaître les couplets (I, 2 et 6), sur un tout autre ton ici il est vrai. Mais telle est la variété que Beaumarchais attendait d'un procédé qu'il revendique dans sa lettre-préface. Ces couplets se chantaient sur des airs familiers au public de l'époque. ① Les vers 795-801 opposent une partie chantée à une partie déclamée : quel effet en résulte-t-il ?

— Cette scène est attendue : le déguisement du Comte est annoncé à la fin de I, 4 et le nom de *Lindor* (l. 753) a été révélé à Rosine en II, 2. L'entrée en scène d'Almaviva dans ce rôle emprunté n'en est pas moins une surprise, surtout après la tension de la scène précédente et le désespoir qu'elle avait dû causer à Rosine.

— Il y a là du gros comique, et pas très neuf : plaisanteries d'ivrogne, portrait-charge de Bartholo. Cependant, Beaumarchais rend cette scène tolérable parce que le déguisement du Comte est un moyen et non une fin en soi, et parce qu'elle est animée par sa verve habituelle.

● **L'action** ② Est-il vrai, comme le prétendait le journaliste de Bouillon, que toute cette exhibition avait pour seul but de faire parvenir une lettre à Rosine? Voir le commentaire de la *Lettre modérée*, p. 46, l. 378-387.

LE COMTE. — Et dont la terre s'empresse de couvrir les bévues.

BARTHOLO. — On voit bien, malappris, que vous n'êtes habitué de parler qu'à des chevaux.

LE COMTE. — Parler à des chevaux ? Ah, Docteur ! pour un docteur 810
d'esprit... N'est-il pas de notoriété que le maréchal guérit toujours ses malades sans leur parler; au lieu que le médecin parle beaucoup aux siens...

BARTHOLO. — Sans les guérir, n'est-ce pas ?

LE COMTE. — C'est vous qui l'avez dit.

BARTHOLO. — Qui diable envoie ici ce maudit ivrogne ?

LE COMTE. — Je crois que vous me lâchez des épigrammes [1], l'Amour !

BARTHOLO. — Enfin, que voulez-vous, que demandez-vous ?

LE COMTE, *feignant une grande colère.* — Eh bien donc, il s'enflamme !
Ce que je veux ? Est-ce que vous ne le voyez pas ? 820

SCÈNE XIV. — ROSINE, LE COMTE, BARTHOLO.

ROSINE, *accourant.* — Monsieur le soldat, ne vous emportez point, de grâce ! *(A Bartholo.)* Parlez-lui doucement, Monsieur : un homme qui déraisonne...

LE COMTE. — Vous avez raison; il déraisonne, lui; mais nous sommes raisonnables, nous ! Moi poli, et vous jolie... enfin suffit. La vérité, c'est que je ne veux avoir affaire qu'à vous dans la maison.

ROSINE. — Que puis-je pour votre service, Monsieur le soldat ?

LE COMTE. — Une petite bagatelle, mon enfant. Mais s'il y a de l'obscurité dans mes phrases...

ROSINE. — J'en saisirai l'esprit. 830

LE COMTE, *lui montrant la lettre.* — Non, attachez-vous à la lettre, à la lettre. Il s'agit seulement... mais je dis en tout bien tout honneur, que vous me donniez à coucher ce soir.

BARTHOLO. — Rien que cela ?

LE COMTE. — Pas davantage. Lisez le billet doux que notre maréchal des logis vous écrit.

BARTHOLO. — Voyons. *(Le Comte cache la lettre et lui donne un autre papier. Bartholo lit.)* « Le docteur Bartholo recevra, nourrira, hébergera, couchera... »

LE COMTE, *appuyant.* — Couchera. 840

BARTHOLO. — « Pour une nuit seulement, le nommé Lindor dit L'Écolier, cavalier au régiment... »

---

1. Courte pièce de vers, ordinairement d'invention satirique, et terminée par un trait d'esprit. Bien entendu, l'ivrogne peu instruit dont le Comte joue le rôle use d'un langage approximatif.

ROSINE. — C'est lui, c'est lui-même.

BARTHOLO, *vivement, à Rosine.* — Qu'est-ce qu'il y a?

LE COMTE. — Eh bien, ai-je tort à présent, docteur Barbaro?

BARTHOLO. — On dirait que cet homme se fait un malin plaisir de m'estropier de toutes les manières possibles. Allez au diable, Barbaro, Barbe à l'eau! et dites à votre impertinent maréchal des logis que, depuis mon voyage à Madrid, je suis exempt de loger des gens de guerre.   850

LE COMTE, *à part.* — Ô Ciel! fâcheux contretemps!

BARTHOLO. — Ah! ah! notre ami, cela vous contrarie et vous dégrise un peu! Mais n'en décampez pas moins à l'instant.

LE COMTE, *à part.* — J'ai pensé me trahir [1]. *(Haut.)* Décamper! Si vous êtes exempt de gens de guerre, vous n'êtes pas exempt de politesse, peut-être? Décamper! montrez-moi votre brevet d'exemption; quoique je ne sache pas lire, je verrai bientôt.

BARTHOLO. — Qu'à cela ne tienne. Il est dans ce bureau.

LE COMTE, *pendant qu'il y va, dit, sans quitter sa place.* — Ah! ma belle Rosine!   860

ROSINE. — Quoi! Lindor, c'est vous?

LE COMTE. — Recevez au moins cette lettre.

ROSINE. — Prenez garde, il a les yeux sur nous.

---

1. J'ai cru que j'allais me trahir.

● **Les jeux de scène** — Notez l'habileté avec laquelle l'auteur fait éloigner Rosine (sc. 12, l. 763) par Bartholo, qui a deviné le manège du Comte. Rosine est en effet inutile pendant les plaisanteries sur les médecins... Mais elle devient nécessaire aussitôt après : Beaumarchais justifie son retour (sc. 14) par l'à-propos de la jeune fille, qui vient tirer le Comte d'affaire au moment où la conversation languissait dangereusement.

① On notera que l'auteur complique la scène à plaisir (le « fâcheux contretemps » : l. 851). Relevez le détail des incidents.

● **Le comique** — Il tient :

— à la situation; Rosine est en présence d'Almaviva-Lindor et d'un tuteur plus méfiant que jamais, cependant fort loin de la vérité;

— à la verve des personnages; le Comte, fort à l'aise dans ce rôle d'emprunt, naturel dans l'artifice, fait d'ingénieuses trouvailles, use d'un langage un peu leste, s'exprime (lui aussi!) par des maximes... Rosine, pleine de bon sens et de vivacité, joue un jeu pour le Comte, un autre pour son tuteur, sans les confondre, mais non sans laisser paraître son émotion (l. 807). Et Bartholo ne laisse rien échapper. La réussite formelle de Beaumarchais est d'autant plus étonnante que les emprunts à ses prédécesseurs sont très visibles (non seulement les thèmes, mais les termes même : une réplique, l. 739, est transposée textuellement d'une pièce de Brécourt, *l'Ombre de Molière*).

LE COMTE. — Tirez votre mouchoir, je la laisserai tomber. *(Il s'approche.)*

BARTHOLO. — Doucement, doucement, seigneur soldat; je n'aime point qu'on regarde ma femme de si près.

LE COMTE. — Elle est votre femme?

BARTHOLO. — Eh quoi donc?

LE COMTE. — Je vous ai pris pour son bisaïeul paternel, maternel, sempiternel : il y a au moins trois générations entre elle et vous. [870]

BARTHOLO *lit un parchemin.* — « *Sur les bons et fidèles témoignages qui nous ont été rendus...* »

LE COMTE *donne un coup de main sous les parchemins, qui les envoie au plancher.* — Est-ce que j'ai besoin de tout ce verbiage?

BARTHOLO. — Savez-vous bien, soldat, que si j'appelle mes gens, je vous fais traiter sur-le-champ comme vous le méritez?

LE COMTE. — Bataille? Ah, volontiers, bataille! c'est mon métier à moi *(montrant son pistolet de ceinture)*, et voici de quoi leur jeter de la poudre aux yeux. Vous n'avez peut-être jamais vu de bataille, [880] Madame?

ROSINE. — Ni ne veux en voir.

LE COMTE. — Rien n'est pourtant aussi gai que bataille. Figurez-vous *(poussant le docteur)* d'abord que l'ennemi est d'un côté du ravin, et les amis de l'autre. *(A Rosine, en lui montrant la lettre.)* Sortez le mouchoir. *(Il crache à terre.)* Voilà le ravin, cela s'entend [1]. *(Rosine tire son mouchoir ; le Comte laisse tomber sa lettre entre elle et lui.)*

BARTHOLO, *se baissant.* — Ah, ah!

LE COMTE *la reprend et dit.* — Tenez, moi qui allais vous apprendre les secrets de mon métier... Une femme bien discrète, en vérité! ne [890] voilà-t-il pas un billet doux qu'elle laisse tomber de sa poche?

BARTHOLO. — Donnez, donnez.

LE COMTE. — *Dulciter* [2], papa! chacun son affaire. Si une ordonnance de rhubarbe était tombée de la vôtre?

ROSINE *avance la main.* — Ah! je sais ce que c'est, Monsieur le soldat. *(Elle prend la lettre, qu'elle cache dans la petite poche de son tablier.)*

BARTHOLO. — Sortez-vous enfin?

LE COMTE. — Eh bien, je sors. Adieu, Docteur; sans rancune. Un petit compliment, mon cœur : priez la mort de m'oublier encore quelques campagnes; la vie ne m'a jamais été si chère. [900]

BARTHOLO. — Allez toujours. Si j'avais ce crédit-là sur la mort [3]...

LE COMTE. — Sur la mort? N'êtes-vous pas médecin? Vous faites tant de choses pour elle, qu'elle n'a rien à vous refuser.

(Il sort.)

---

1. Sens classique : cela se comprend. — 2. Terme latin, mais impropre : *dulciter* signifie, non pas *doucement*, comme il nous est suggéré, mais *agréablement*. — 3. Sous-entendu : je me garderais bien d'en user. C'est une façon de maudire le soldat ivrogne.

SCÈNE XV. — BARTHOLO, ROSINE.

BARTHOLO *le regarde aller*. — Il est enfin parti ! *(A part.)* Dissimulons.

ROSINE. — Convenez pourtant, Monsieur, qu'il est bien gai, ce jeune soldat ! A travers son ivresse, on voit qu'il ne manque ni d'esprit, ni d'une certaine éducation.

BARTHOLO. — Heureux, m'amour [1], d'avoir pu nous en délivrer ! Mais n'es-tu pas un peu curieuse de lire avec moi le papier qu'il t'a remis ?

910

---

1. Dans l'ancienne langue, on élidait l'adjectif possessif féminin : *m'âme*, pour *ma âme*, *m'amour* pour *ma amour* (le mot étant féminin). L'usage s'est établi ensuite de recourir en ce cas au possessif masculin : *mon* âme etc… Mais l'ancienne habitude s'est maintenue dans quelques expressions familières telles que *m'amour*, *m'amie* (qu'on a curieusement compris *ma mie*). Le folklore et les chansons ont joué un grand rôle dans ces survivances.

▬▬▬

● **Le mouvement** — On remarque, à la fin de la scène, une accélération frénétique.

— Le Comte redouble de verve et d'esprit. Examinez chacune de ses ripostes aux attaques de Bartholo : *Elle est votre femme? … Je vous ai pris pour son bisaïeul…* (l. 868-870). — *Bataille?* (l. 878). — *Dulciter, papa…* (l. 893). Il recourt successivement à un bon mot, à une gesticulation, à un refus plaisant.

— Cette accélération est en rapport avec l'état d'esprit des personnages, le Comte voulant achever son entreprise, Bartholo éconduire l'ivrogne en exploitant les avantages acquis par son brevet d'exemption.

● **Les jeux de scène** — Ils sont, eux aussi, d'une grande rapidité :
— éloignement de Bartholo, qui permet un court duo d'amour à l'intérieur de la grande scène;

— jeu de la lettre et du mouchoir, exécuté avec virtuosité et audace; il permet de préparer la scène suivante.

● **Le comique** — Il tient au langage : *sempiternel* (l. 870); *dulciter, papa!* (l. 893);

— à la situation, conçue de telle sorte que le Comte peut dire la stricte vérité sans aucun risque : *un billet doux qu'elle laisse tomber de sa poche* (l. 891); *la vie ne m'a jamais été si chère* (l. 900).

① Bartholo croit remporter une victoire en voyant le Comte partir. La victoire est illusoire, mais le docteur n'a pas été facile à berner. Dans quelle mesure l'a-t-il été?

② La diversité des procédés n'a d'égale que leur discrétion : il eût été facile de les faire durer. Pourquoi l'auteur s'en est-il abstenu?

ROSINE. — Quel papier?

BARTHOLO. — Celui qu'il a feint de ramasser pour te le faire accepter.

ROSINE. — Bon! c'est la lettre de mon cousin l'officier, qui était tombée de ma poche.

BARTHOLO. — J'ai idée, moi, qu'il l'a tirée de la sienne.

ROSINE. — Je l'ai très bien reconnue.

BARTHOLO. — Qu'est-ce qu'il te coûte d'y regarder?

ROSINE. — Je ne sais pas seulement ce que j'en ai fait.

BARTHOLO, *montrant la pochette.* — Tu l'as mise là.   920

ROSINE. — Ah! ah! par distraction.

BARTHOLO. — Ah! sûrement. Tu vas voir que ce sera quelque folie.

ROSINE, *à part.* — Si je ne le mets pas en colère, il n'y aura pas moyen de refuser.

BARTHOLO. — Donne donc, mon cœur.

ROSINE. — Mais quelle idée avez-vous en insistant, Monsieur? Est-ce encore quelque méfiance?

BARTHOLO. — Mais vous, quelle raison avez-vous de ne pas la montrer?

ROSINE. — Je vous répète, Monsieur, que ce papier n'est autre que la lettre de mon cousin, que vous m'avez rendue hier toute décachetée; et puisqu'il en est question, je vous dirai tout net que cette   930 liberté [1] me déplaît excessivement.

BARTHOLO. — Je ne vous entends [2] pas.

ROSINE. — Vais-je examiner les papiers qui vous arrivent? Pourquoi vous donnez-vous les airs de toucher à ceux qui me sont adressés? Si c'est jalousie, elle m'insulte; s'il s'agit de l'abus d'une autorité usurpée, j'en suis plus révoltée encore.

BARTHOLO. — Comment, révoltée! Vous ne m'avez jamais parlé ainsi.

ROSINE. — Si je me suis modérée jusqu'à ce jour, ce n'était pas pour vous donner le droit de m'offenser impunément.   940

BARTHOLO. — De quelle offense me parlez-vous?

ROSINE. — C'est qu'il est inouï qu'on se permette d'ouvrir les lettres de quelqu'un.

BARTHOLO. — De sa femme?

ROSINE. — Je ne la [3] suis pas encore. Mais pourquoi lui donnerait-on la préférence d'une indignité qu'on ne fait à personne?

BARTHOLO. — Vous voulez me faire prendre le change et détourner mon attention du billet qui, sans doute, est une missive de quelque amant. Mais je le verrai, je vous assure.

ROSINE. — Vous ne le verrez pas. Si vous m'approchez, je m'enfuis   950 de cette maison, et je demande retraite [4] au premier venu.

BARTHOLO. — Qui ne vous recevra point.

ROSINE. — C'est ce qu'il faudra voir.

---

1. Que vous vous êtes accordée. — 2. Sens classique : comprends. — 3. Ancien usage grammatical, *femme* étant féminin. Nous disons aujourd'hui « je ne *le* suis... ». *Le* est devenu neutre, quels que soient le genre et le nombre de l'attribut qu'il remplace. — 4. Asile; cf. « maison de retraite ».

BARTHOLO. — Nous ne sommes pas ici en France, où l'on donne toujours raison aux femmes : mais, pour vous en ôter la fantaisie, je vais fermer la porte.

ROSINE, *pendant qu'il y va.* — Ah Ciel ! que faire ?... Mettons vite à la place la lettre de mon cousin, et donnons-lui beau jeu [1] à la prendre. *(Elle fait l'échange, et met la lettre du cousin dans sa pochette, de façon qu'elle sorte un peu.)*

BARTHOLO, *revenant.* — Ah ! j'espère maintenant la voir.   960

ROSINE. — De quel droit, s'il vous plaît ?

BARTHOLO. — Du droit le plus universellement reconnu : celui du plus fort.

ROSINE. — On me tuera plutôt que de l'obtenir de moi.

BARTHOLO, *frappant du pied.* — Madame ! Madame !...

ROSINE *tombe sur un fauteuil, et feint de se trouver mal.* — Ah ! quelle indignité !...

---

1. Ménageons-lui (le pronom concerne Bartholo) des conditions favorables pour... L'image est empruntée au jeu de cartes ; cf. : « avoir beau jeu ».

- **Le comique** — Nous sommes prévenus par les apartés de Bartholo (*dissimulons*, l. 904) et de Rosine (*si je ne le mets pas en colère*, l. 922) que chacun des deux personnages joue un jeu très concerté, l'un et l'autre avec un but précis, mais inverse : le tuteur d'obtenir la lettre, Rosine de la lui refuser. Mais l'opposition apparaît aussi dans les moyens utilisés : Bartholo recourt à la douceur, sa pupille à la colère. Ces deux tons sont incompatibles, et pourtant les deux personnages s'obstinent dans leur attitude initiale, jusqu'au moment où Bartholo, qui n'est pas dupe, se laissera aller à la menace (l. 948).

- **L'insistance de Bartholo** — Elle est fondée sur la clairvoyance. Malgré la virtuosité avec laquelle, dans la scène précédente, a été exécuté le ballet de la lettre ramassée par Rosine, le tuteur a tout compris (sauf la qualité du soldat), et il attendait le départ de l'importun pour exiger cette lettre.

  ① Pourquoi Bartholo recourt-il à la douceur ? Il est tyrannique de nature, non pas violent. De plus, il a intérêt à ménager Rosine... Il faut voir combien cette douceur est cauteleuse, combien elle cache mal la volonté de domination : *j'ai idée, moi* (l. 915) ; *qu'est-ce qu'il te coûte* (l. 917) ? Il ne quitte pas des yeux l'objectif : *Tu l'as mise là* (l. 919).
  Il se garde bien (là est sa suprême ruse) d'accuser Rosine de complicité. Il la met au contraire de son côté : *tu vas voir que ce sera quelque folie* (l. 921). Entendons : dont tu seras la première à rire.
  Remarquez le passage du *tu* au *vous* (l. 927), lorsque l'insistance change de ton.

- **La colère de Rosine.** ② Vous en préciserez les caractères et en montrerez la portée (voir *Rosine victime et juge*, p. 93).

BARTHOLO. — Donnez cette lettre, ou craignez ma colère.

ROSINE, *renversée.* — Malheureuse Rosine !

BARTHOLO. — Qu'avez-vous donc ? 970

ROSINE. — Quel avenir affreux !

BARTHOLO. — Rosine !

ROSINE. — J'étouffe de fureur.

BARTHOLO. — Elle se trouve mal.

ROSINE. — Je m'affaiblis, je meurs.

BARTHOLO *lui tâte le pouls et dit à part.* — Dieux ! la lettre ! Lisons-la sans qu'elle en soit instruite. *(Il continue à lui tâter le pouls et prend la lettre, qu'il tâche de lire en se tournant un peu.)*

ROSINE, *toujours renversée.* — Infortunée ! ah !

BARTHOLO *lui quitte le bras et dit, à part.* — Quelle rage a-t-on 980 d'apprendre ce qu'on craint toujours de savoir !

ROSINE. — Ah ! pauvre Rosine !

BARTHOLO. — L'usage des odeurs [1]... produit ces affections spasmo-diques [2]. *(Il lit par derrière le fauteuil, en lui tâtant le pouls. Rosine se relève un peu, le regarde finement, fait un geste de tête et se remet sans parler).*

BARTHOLO, *à part.* — O Ciel ! c'est la lettre de son cousin. Maudite inquiétude ! Comment l'apaiser maintenant ? Qu'elle ignore au moins que je l'aie lue ! *(Il fait semblant de la soutenir et remet la lettre 990 dans la pochette.)*

ROSINE *soupire.* — Ah !...

BARTHOLO. — Eh bien ! ce n'est rien, mon enfant ; un petit mouvement de vapeurs [3], voilà tout ; car ton pouls n'a seulement pas varié. *(Il va prendre un flacon sur la console [4].)*

ROSINE, *à part.* — Il a remis la lettre ! fort bien.

BARTHOLO. — Ma chère Rosine, un peu de cette eau spiritueuse [5] ?

ROSINE. — Je ne veux rien de vous : laissez-moi.

BARTHOLO. — Je conviens que j'ai montré trop de vivacité sur [6] ce billet.

ROSINE. — Il s'agit du billet ! C'est votre façon de demander les 1000 choses qui est révoltante.

BARTHOLO, *à genoux.* — Pardon : j'ai bientôt senti tous mes torts ; et tu me vois à tes pieds, prêt à les réparer.

ROSINE. — Oui, pardon ! lorsque vous croyez que cette lettre ne vient pas de mon cousin.

BARTHOLO. — Qu'elle soit d'un autre ou de lui, je ne veux aucun éclair-cissement.

---

1. Parfums. — 2. Dues à des *spasmes*, c'est-à-dire à des contractions brusques et répé-tées de certains organes. — 3. Selon l'ancienne médecine, les *vapeurs* étaient des exhalai-sons morbides qui montaient au cerveau, produisant un état de malaise. Au XVIIIe s. il s'agit plutôt d'une expression traditionnelle que d'une réalité médicale. N'oublions pas toutefois que Bartholo est de la vieille école, et qu'il établit ici un véritable diagnostic. — 4. Petit meuble, en général appuyé contre le mur, et destiné à porter de menus objets d'ornement. — 5. Alcoolisée. On appelait *esprit* toute substance obtenue par distillation, comme l'esprit-de-vin. — 6. A propos de.

ROSINE, *lui présentant la lettre.* — Vous voyez qu'avec de bonnes façons on obtient tout de moi. Lisez-la.

BARTHOLO. — Cet honnête procédé dissiperait mes soupçons, si j'étais assez malheureux pour en conserver. 1010

ROSINE. — Lisez-la donc, Monsieur.

BARTHOLO *se retire.* — A Dieu ne plaise que je te fasse une pareille injure!

ROSINE. — Vous me contrariez de la refuser.

BARTHOLO. — Reçois en réparation cette marque de ma parfaite confiance. Je vais voir la pauvre Marceline, que ce Figaro a, je ne sais pourquoi, saignée au pied; n'y viens-tu pas aussi?

■■

● **Les jeux de scène** — Notez, une fois de plus, le soin que prend Beaumarchais de justifier chaque détail nécessaire à l'action. Ainsi, Rosine a besoin d'être un instant seule pour échanger les lettres, car la méfiance de Bartholo ne pourrait être trompée; et, comme on le menace d'une fugue (l. 949), il est naturel que lui-même aille fermer la porte.
Tous les mouvements qui suivent sont particulièrement expressifs : les deux personnages prennent le public à témoin du bon tour joué à l'autre. Bartholo est convaincu que Rosine ne le voit pas lire la lettre : c'est le schéma du dupeur dupé, car le docteur entre à son insu dans le jeu de Rosine, à la grande joie des spectateurs. Cette complicité, Beaumarchais la souligne par quelques indications : le « fin regard » et le *geste de tête* de Rosine (l. 985).
Il est en effet très important pour le public que, cette fois, Bartholo soit trompé, tout en croyant avoir été le plus fin. Ce malentendu relatif se poursuit jusqu'au bout de la scène par un jeu de coquetterie : le tuteur renonce à son exigence (croyant obliger Rosine, qui n'est pas dupe), à quoi Rosine répond en lui présentant la lettre... que Bartholo refuse à nouveau. Beaumarchais montre, dans ces jeux de scène, une étonnante maîtrise.

● **Bartholo** — Le personnage se présente ici dans ses aspects multiples : perspicace (l. 947); tyran (l. 948); prudent (l. 954); cynique (l. 962); en proie à une sorte de philosophie inquiète (l. 980); au demeurant hypocrite.

① Il y a là une scène où il apparaît intéressant de comparer Bartholo à Arnolphe. Le barbon de Molière (surtout dans l'interprétation de Jouvet) était capable d'émouvoir, lorsque la passion le torturait. Même à la fin de la scène, Bartholo peut-il réellement lui être comparé sur ce point?

② **L'humour** — Quel effet produit la réplique de Bartholo : *Nous ne sommes pas ici en France* (l. 953)? Le spectateur se croyait-il réellement en Espagne? En quoi ce rappel est-il plaisant? Ainsi Shakespeare prêtait aux courtisans danois de *Hamlet* des jugements faussement étrangers sur ses compatriotes.

■■

ROSINE. — J'y monterai dans un moment.

BARTHOLO. — Puisque la paix est faite, mignonne, donne-moi ta main.
Si tu pouvais m'aimer, ah! comme tu serais heureuse!   1020

ROSINE, *baissant les yeux.* — Si vous pouviez me plaire, ah! comme je
vous aimerais.

BARTHOLO. — Je te plairai, je te plairai; quand je te dis que je te plairai!

(Il sort.)

SCÈNE XVI. — ROSINE *le regarde aller.*

Ah! Lindor! il dit qu'il me plaira!... Lisons cette lettre, qui a
manqué de me causer tant de chagrin. *(Elle lit et s'écrie.)* Ah!... j'ai
lu trop tard; il me recommande de tenir une querelle ouverte
avec mon tuteur : j'en avais une si bonne, et je l'ai laissée échapper.
En recevant la lettre, j'ai senti que je rougissais jusqu'aux yeux.
Ah! mon tuteur a raison : je suis bien loin d'avoir cet usage du
monde qui, me dit-il souvent, assure le maintien des femmes en   1030
toute occasion! Mais un homme injuste parviendrait à faire une rusée
de l'innocence même

●●

● **Rosine la rouée** — Que Bartholo soit capable de dissimulation, voilà qui
ne nous surprend pas. Mais, pour la première fois, il est joué par sa
pupille — non pas un instant seulement, le temps de changer les lettres,
mais tout au long d'une grande scène. Rosine a donc appris à ne plus
rougir en déguisant coup sur coup la vérité (l. 735). Nous sommes ici
bien au-delà de la révolte et de son explosion irréfléchie : au début de la
scène 15, Rosine doutait encore d'elle-même, cherchant seulement à
contrôler sa colère et à l'utiliser au mieux (l. 922). Elle a acquis ainsi
le courage de braver ouvertement son tuteur (l. 949-950). Elle est
encore à demi sincère quand elle plaint la « pauvre Rosine » (l. 982),
puis, la substitution des lettres ayant réussi, elle simule merveilleusement
une résistance qui n'est plus qu'un jeu, continue ses protestations quand
Bartholo est à ses genoux, sait feindre tout aussi bien la générosité en
tendant la lettre du cousin (non sans coquetterie encore : l. 1007) et,
devant un Bartholo confondu et lyrique, ose se montrer doucement
impertinente (*Si vous pouviez me plaire :* l. 1021). Cette Rosine-là descend
en droite ligne de l'Isabelle des parades.

● **Tendre Rosine** — Cependant, revenue à elle-même (scène 16), elle doute de ses forces. Parce que la lettre de Lindor lui donne le sentiment d'avoir fait une fausse manœuvre. Parce que surtout elle a soutenu un rôle dont elle ne se croyait pas capable, dont elle ne se croit toujours pas capable. Le rôle a été joué par une Rosine passionnée, hors d'elle-même ; Lindor parti, elle manque de secours. Rosine est donc *à la fois* rouée et sensible : chef-d'œuvre d'équilibre qui réunit en elle tous les prestiges d'une civilisation. Telle est la portée de l'excuse que l'auteur lui prête à la l. 1031.

● **L'action** — Tout en nuançant la féminité de Rosine, l'habile dramaturge qu'est Beaumarchais nous ménage, à la fin de ce second acte, une péripétie de tout premier ordre : la fameuse lettre du Comte (qui se trouvait au centre de l'action depuis plusieurs scènes) vient tout remettre en question.

① La lettre non seulement n'est pas citée textuellement, mais ne fait l'objet que d'un bref commentaire. Montrez ici encore l'habileté de l'auteur.

② Commentez, d'après le deuxième acte, ce jugement de Gustave Lanson : « Lindor et Rosine contre Bartholo, c'est Horace et Agnès contre Arnolphe, l'amour qui va à la jeunesse selon la bonne, la sainte loi de nature, en dépit de la jalouse vieillesse armée par la société de droits tyranniques . »

Cl. Bernand

L'Éveillé arrive en bâillant. – *Aah, aah...* (II, 6, l. 568)

Louis Seigner dans le rôle de BARTHOLO

Comédie-Française, 1955

Le Comte, en uniforme de cavalier, ayant l'air d'être entre deux vins.
 – *Qui de vous deux, Mesdames, se nomme le docteur Balordo?*
(II, 12, l. 751)

Télévision française, septembre 1960

ACTE III

Scène première. — BARTHOLO, *seul et désolé*.

Quelle humeur ! quelle humeur ! Elle paraissait apaisée... Là, qu'on me dise qui diable lui a fourré dans la tête de ne plus vouloir prendre leçon de don Bazile ! Elle sait qu'il se mêle de mon mariage... *(On heurte à la porte.)* Faites tout au monde pour plaire aux femmes ; si vous omettez un seul petit point... je dis un seul... *(On heurte une seconde fois.)* Voyons qui c'est.

Scène II. — BARTHOLO, LE COMTE, *en bachelier* [1].

LE COMTE. — Que la paix et la joie habitent toujours céans [2] !

BARTHOLO, *brusquement*. — Jamais souhait ne vint plus à propos. Que voulez-vous ?

LE COMTE. — Monsieur, je suis Alonzo, bachelier licencié...

BARTHOLO. — Je n'ai pas besoin de précepteur.

LE COMTE. — ...élève de don Bazile, organiste du grand couvent, qui a l'honneur de montrer la musique à madame votre...

BARTHOLO. — Bazile ! organiste ! qui a l'honneur !... Je le sais ; au fait.

LE COMTE. — *(A part.)* Quel homme ! *(Haut.)* Un mal subit qui le force à garder le lit...

BARTHOLO. — Garder le lit ! Bazile ! Il a bien fait d'envoyer ; je vais le voir à l'instant.

LE COMTE. — *(A part.)* Oh diable ! *(Haut.)* Quand je dis le lit, Monsieur, c'est... la chambre que j'entends [3].

BARTHOLO. — Ne fût-il qu'incommodé [4] ! Marchez devant, je vous suis.

LE COMTE, *embarrassé*. — Monsieur, j'étais chargé... Personne ne peut-il nous entendre ?

BARTHOLO. — *(A part.)* C'est quelque fripon. *(Haut.)* Eh non, monsieur le mystérieux ! parlez sans vous troubler, si vous pouvez.

LE COMTE. — *(A part.)* Maudit vieillard ! *(Haut.)* Don Bazile m'avait chargé de vous apprendre...

BARTHOLO. — Parlez haut, je suis sourd d'une oreille.

LE COMTE, *élevant la voix*. — Ah ! volontiers... que le comte Almaviva, qui restait à la grande place...

BARTHOLO, *effrayé*. — Parlez bas ; parlez bas !

_____

1. Voir (p. 58) en quoi consistait le costume de *bachelier* et (note 3) le sens particulier du mot ici. — 2. Ici *(cé)* dedans *(ans)* ; le mot était déjà vieilli, mais il convenait à un « bachelier ». — 3. Que je veux dire. — 4. Subjonctif de souhait.

LE COMTE, *plus haut.* — ... en est délogé ce matin. Comme c'est par moi qu'il a su que le comte Almaviva...

BARTHOLO. — Bas; parlez bas, je vous prie.

LE COMTE, *du même ton.* — ...était en cette ville, et que j'ai découvert que la signora Rosine lui a écrit...

BARTHOLO. — Lui a écrit? Mon cher ami, parlez plus bas, je vous en [1070] conjure! Tenez, asseyons-nous, et jasons d'amitié [1]. Vous avez découvert, dites-vous, que Rosine...

LE COMTE, *fièrement.* — Assurément. Bazile, inquiet pour vous de cette correspondance, m'avait prié de vous montrer sa lettre; mais la manière dont vous prenez les choses...

BARTHOLO. — Eh mon Dieu! je les prends bien. Mais ne vous est-il donc pas possible de parler plus bas?

LE COMTE. — Vous êtes sourd d'une oreille, avez-vous dit.

BARTHOLO. — Pardon, pardon, seigneur Alonzo, si vous m'avez trouvé méfiant et dur; mais je suis tellement entouré d'intrigants, de [1080] pièges...; et puis votre tournure, votre âge, votre air... Pardon, pardon, pardon. Eh bien! vous avez la lettre?

LE COMTE. — A la bonne heure sur ce ton, Monsieur! mais je crains qu'on ne soit aux écoutes.

BARTHOLO. — Et qui voulez-vous? tous mes valets sur les dents! Rosine enfermée de fureur! Le diable est entré chez moi. Je vais encore m'assurer... *(Il va ouvrir doucement la porte de Rosine.)*

LE COMTE, *à part.* — Je me suis enferré de dépit [2]. Garder la lettre, à présent! il faudra m'enfuir : autant vaudrait n'être pas venu... La lui montrer!... si je puis en prévenir Rosine, la montrer est un [1090] coup de maître.

BARTHOLO *revient sur la pointe du pied.* — Elle est assise auprès de sa fenêtre, le dos tourné à la porte, occupé à relire une lettre de son

---

1. Avec amitié. — 2. Je me suis mis en mauvaise posture; exactement : j'ai mordu à l'hameçon par dépit.

● **L'action** — C'est le deuxième déguisement du Comte. Comment Bartholo, avec toute sa méfiance, peut-il ne pas reconnaître le soldat ivre de l'acte II (sc. 12)? « Bartholo est sourd et aveugle selon que l'intérêt de l'action l'exige », constate M. Pomeau. Le problème est de savoir comment l'auteur a rendu ces « distractions » vraisemblables. Et c'est là que l'art de Beaumarchais se révèle dans toute sa finesse :

— Distrait quant à l'essentiel, Bartholo est fort méfiant sur le détail, il veut suivre le bachelier chez Bazile, il flaire une supercherie. La vérité du personnage est donc respectée.

— Pour se justifier, Alonzo-Almaviva doit donc donner des gages sérieux. En remettant la lettre à Bartholo (au grand effroi du public), il complique terriblement la situation, pour le présent et pour l'avenir.

cousin l'officier, que j'avais décachetée... Voyons donc la sienne.

LE COMTE *lui remet la lettre de Rosine.* — La voici. *(A part.)* C'est ma lettre qu'elle relit.

BARTHOLO *lit.* — « *Depuis que vous m'avez appris votre nom et votre état...* » Ah! la perfide! c'est bien là sa main [1].

LE COMTE, *effrayé.* — Parlez donc bas à votre tour.

BARTHOLO. — Quelle obligation, mon cher!...

LE COMTE. — Quand tout sera fini, si vous croyez m'en devoir, vous serez le maître. D'après un travail que fait actuellement don Bazile avec un homme de loi...

BARTHOLO. — Avec un homme de loi, pour mon mariage?

LE COMTE. — Vous aurais-je arrêté sans cela? Il m'a chargé de vous dire que tout peut être prêt pour demain. Alors, si elle résiste...

BARTHOLO. — Elle résistera.

LE COMTE *veut reprendre la lettre, Bartholo la serre.* — Voilà l'instant où je puis vous servir : nous lui montrerons sa lettre et, s'il le faut *(plus mystérieusement)*, j'irai jusqu'à lui dire que je la tiens d'une femme à qui le Comte l'a sacrifiée. Vous sentez que le trouble, la honte, le dépit peuvent la porter sur-le-champ...

BARTHOLO, *riant.* — De la calomnie! Mon cher ami, je vois bien maintenant que vous venez de la part de Bazile! Mais pour que ceci n'eût pas l'air concerté, ne serait-il pas bon qu'elle vous connût d'avance?

LE COMTE *réprime un grand mouvement de joie.* — C'est assez l'avis de don Bazile. Mais comment faire? il est tard... au peu de temps qui reste...

BARTHOLO. — Je dirai que vous venez en sa place. Ne lui donnerez-vous pas bien une leçon?

LE COMTE. — Il n'y a rien que je ne fasse pour vous plaire. Mais prenez garde que toutes ces histoires de maîtres supposés sont de vieilles finesses, des moyens de comédie. Si elle va se douter?...

BARTHOLO. — Présenté par moi, quelle apparence? Vous avez plus l'air d'un amant déguisé, que d'un ami officieux [2].

LE COMTE. — Oui? Vous croyez donc que mon air peut aider à la tromperie?

BARTHOLO. — Je le donne au plus fin à deviner. Elle est ce soir d'une humeur horrible. Mais quand elle ne ferait que vous voir... Son clavecin est dans ce cabinet. Amusez-vous en l'attendant : je vais faire l'impossible pour l'amener.

LE COMTE. — Gardez-vous bien de lui parler de la lettre.

BARTHOLO. — Avant l'instant décisif? Elle perdrait tout son effet. Il ne faut pas me dire deux fois les choses : il ne faut pas me les dire deux fois.

(Il s'en va.)

---

1. Son écriture. — 2. Chargé d'un « bon office », zélé, désireux de rendre service.

Scène III. — LE COMTE, *seul.*

Me voilà sauvé. Ouf! Que ce diable d'homme est rude à manier!
Figaro le connaît bien. Je me voyais mentir; cela me donnait un
air plat et gauche; et il a des yeux!... Ma foi, sans l'inspiration
subite de la lettre, il faut l'avouer, j'étais éconduit comme un sot.
O Ciel! on dispute là-dedans. Si elle allait s'obstiner à ne pas venir![1140]
Écoutons... Elle refuse de sortir de chez elle, et j'ai perdu le fruit
de ma ruse. *(Il retourne écouter.)* La voici; ne nous montrons pas
d'abord. *(Il entre dans le cabinet.)*

* **L'action** — Le problème est exactement posé par le Comte dans l'aparté
des lignes 1088-1091. L'habileté de Beaumarchais consiste souvent à
annoncer ce qui se passera (les péripéties sont ainsi plus vraisemblables),
tout en laissant une certaine dose d'imprévu. Le Comte a d'abord agi
inconsidérément, puis il conçoit un plan grandiose : *Si je puis en prévenir
Rosine* (l. 1090); la condition ne sera pas réalisée, et il en résultera des
conséquences graves (IV, 3).

* **Bartholo** — On voit se préciser quelques traits de son langage. Certains
ne lui appartiennent pas en propre, encore qu'ils prennent dans sa
bouche une résonance particulière. Ainsi le goût des aphorismes (l. 1036),
surtout avec redoublement, signe d'entêtement lucide (l. 1134 et fin de
l'acte III).
Mais le problème majeur, toujours le même, que pose Bartholo, et
qui place le personnage au centre de l'intrigue, c'est sa méfiance. Comment, au milieu de la scène, la méfiance peut-elle se muer en confiance?
Beaumarchais a compris qu'un être méfiant peut soudain changer
d'attitude quand précisément on lui vient en aide sur un des points où
porte sa méfiance : quand on parle à Bartholo du Comte Almaviva, le
tour est joué.
Puisqu'Alonzo vient au nom de Bazile, Bartholo cherche attentivement
tout ce qui, chez l'élève, reflète la doctrine du maître : quand il a décelé
la calomnie (l. 1113) la preuve est faite (voir II, 8). Le Comte n'a plus qu'à
exploiter ce résultat : *C'est assez l'avis de don Bazile* (l. 1116).

* **Le comique** — Il tient à la situation :
— Le Comte vient révéler un secret sur... le Comte : l. 1062.
— Bartholo, qui est sourd, prie le Comte de parler plus haut, puis, devant
la gravité du secret, le supplie de parler plus bas : l. 1061-1070.
— La jeunesse d'Alonzo, objet de méfiance au début de la scène, devient
pour Bartholo le moyen souhaité pour obtenir les bonnes grâces de
Rosine.

① Ce sont là de vieux procédés, remarque M. Scherer à propos des *vieilles
finesses* (l. 1122), que Beaumarchais rend acceptables en faisant « du
spectateur un complice ». Certes... Mais le comique ne vient-il pas surtout
de ce que le Comte lui-même émet des doutes sur un procédé dont il
espère être le bénéficiaire?

Scène IV. — LE COMTE, ROSINE, BARTHOLO.

ROSINE, *avec une colère simulée.* — Tout ce que vous direz est inutile, Monsieur. J'ai pris mon parti; je ne veux plus entendre parler de musique.

BARTHOLO. — Écoute donc, mon enfant; c'est le seigneur Alonzo, l'élève et l'ami de don Bazile, choisi par lui pour être un de nos témoins... La musique te calmera, je t'assure.

ROSINE. — Oh! pour cela, vous pouvez vous en détacher[1]. Si je chante[1150] ce soir!... Où donc est-il ce maître que vous craignez de renvoyer? Je vais, en deux mots, lui donner son compte, et celui de Bazile. *(Elle aperçoit son amant; elle fait un cri.)* Ah!...

BARTHOLO. — Qu'avez-vous?

ROSINE, *les deux mains sur son cœur, avec un grand trouble.* — Ah! mon Dieu, Monsieur... Ah! mon Dieu, Monsieur...

BARTHOLO. — Elle se trouve encore[2] mal! Seigneur Alonzo!

ROSINE. — Non, je ne me trouve pas mal... mais c'est qu'en me tournant... Ah!...

LE COMTE. — Le pied vous a tourné, Madame?[1160]

ROSINE. — Ah! oui, le pied m'a tourné. Je me suis fait un mal horrible.

LE COMTE. — Je m'en suis bien aperçu.

ROSINE, *regardant le Comte.* — Le coup m'a porté au cœur.

BARTHOLO. — Un siège, un siège. Et pas un fauteuil ici? *(Il va le chercher.)*

LE COMTE. — Ah! Rosine!

ROSINE. — Quelle imprudence!

LE COMTE. — J'ai mille choses essentielles à vous dire.

ROSINE. — Il ne nous quittera pas.

LE COMTE. — Figaro va venir nous aider.[1170]

BARTHOLO *apporte un fauteuil.* — Tiens, mignonne[3], assieds-toi. — Il n'y a pas d'apparence, bachelier, qu'elle prenne de leçon ce soir; ce sera pour un autre jour. Adieu.

ROSINE, *au Comte.* — Non, attendez; ma douleur est un peu apaisée. *(A Bartholo.)* Je sens que j'ai eu tort avec vous, Monsieur : je veux vous imiter, en réparant sur-le-champ...

BARTHOLO. — Oh! le bon petit naturel de femme! Mais après une pareille émotion, mon enfant, je ne souffrirai pas que tu fasses le moindre effort. Adieu, adieu, bachelier.

ROSINE, *au Comte.* — Un moment, de grâce! *(A Bartholo.)* Je croirai,[1180] Monsieur, que vous n'aimez pas à m'obliger, si vous m'empêchez de vous prouver mes regrets en prenant ma leçon.

LE COMTE, *à part, à Bartholo.* — Ne la contrariez pas, si vous m'en croyez.

---

1. Renoncer à cette idée. — 2. Rosine avait déjà feint de se trouver mal (II, 15, 1. 966) lors de l'échange des lettres. Bartholo est encore sous l'émotion de cette scène. — 3. Bartholo utilise le même vocabulaire désuet qu'Harpagon avec Mariane.

BARTHOLO. — Voilà qui est fini, mon amoureuse. Je suis si loin de chercher à te déplaire que je veux rester là tout le temps que tu vas étudier.

ROSINE. — Non, Monsieur. Je sais que la musique n'a nul attrait pour vous.

BARTHOLO. — Je t'assure que ce soir elle m'enchantera. 1190

ROSINE, *au Comte, à part.* — Je suis au supplice.

LE COMTE, *prenant un papier de musique sur le pupitre.* — Est-ce là ce que vous voulez chanter, Madame ?

ROSINE. — Oui, c'est un morceau très agréable de *la Précaution inutile.*

BARTHOLO. — Toujours *la Précaution inutile* [1] !

LE COMTE. — C'est ce qu'il y a de plus nouveau aujourd'hui. C'est une image du printemps, d'un genre assez vif. Si Madame veut l'essayer...

ROSINE, *regardant le Comte.* — Avec grand plaisir : un tableau du printemps me ravit ; c'est la jeunesse de la nature. Au sortir de l'hiver, 1200

---

1. Le *leitmotiv* est amené ici d'une façon particulièrement plaisante et opportune.

● **L'action** — Bartholo n'a aucune hésitation à laisser le Comte seul (sc. 3). Beaumarchais en profite pour justifier le Comte d'avoir livré la lettre. L'action est conduite avec le même souci de complication que précédemment : dans l'ignorance de la situation nouvelle, Rosine résiste (sc. 4), conformément aux consignes du Comte.
La reconnaissance est brusque (l. 1153) : Rosine reconnaît sans peine son amant, tandis que Bartholo n'est pas même éclairé par la surprise de sa pupille, laquelle, il est vrai, a l'habileté de se reprendre.
Mais tout se tient remarquablement : la vue de Lindor provoque l'évanouissement (que Rosine a l'à-propos de justifier autrement), lequel amène Bartholo à aller chercher un siège, ce qui donne aux amants la possibilité de demeurer un instant seuls... mais pas trop, car l'essentiel ne doit pas être là.
Cependant, les contretemps se succèdent : c'est maintenant Bartholo qui, touché de la bonne volonté de Rosine, veut décommander la leçon ; d'où l'intervention du Comte (l. 1183).
Beaumarchais a même l'habileté d'annoncer l'arrivée de Figaro : l. 1170.

● **Rosine tendre et rouée** — Elle se tire d'affaire admirablement, sachant même user d'un langage à double entente : l. 1163 ; voir ce qu'en dit Sarcey, p. 147.

① **L'attendrissement de Bartholo** — La générosité est communicative. Bartholo se montre décidément en confiance. Mais a-t-il abandonné toute prudence ?

② Il va assister à la leçon : est-ce pour surveiller Rosine ou se réjouir de la bonne humeur qu'elle a reconquise ?

il semble que le cœur acquière un plus haut degré de sensibilité :
comme un esclave, enfermé depuis longtemps, goûte avec plus de
plaisir le charme de la liberté qui vient de lui être offerte.

BARTHOLO, *bas au Comte.* — Toujours des idées romanesques en tête.

LE COMTE, *bas.* — En sentez-vous l'application [1] ?

BARTHOLO. — Parbleu ! *(Il va s'asseoir dans le fauteuil qu'a occupé
Rosine.)*

ROSINE *chante.* —

> Quand, dans la plaine
> L'amour ramène
> Le printemps   1210
> Si chéri des amants,
> Tout reprend l'être,
> Son feu pénètre
> Dans les fleurs
> Et dans les jeunes cœurs.
> On voit les troupeaux
> Sortir des hameaux ;
> Dans tous les coteaux
> Les cris des agneaux   1220
> Retentissent ;
> Ils bondissent ;
> Tout fermente,
> Tout augmente ;
> Les brebis paissent
> Les fleurs qui naissent ;
> Les chiens fidèles
> Veillent sur elles ;
> Mais Lindor enflammé
> Ne songe guère   1230
> Qu'au bonheur d'être aimé
> De sa bergère.

---

1. Comprenez-vous à quoi — et à qui — elles s'appliquent ? Cette repartie, et la
réponse de Bartholo, sont très importantes. Ce clin d'œil au vieillard, qui précisément
attend du maître de chant qu'il radoucisse l'humeur de Rosine, explique tout son comportement ultérieur : le relâchement de la défiance, la danse grotesque.

■■■

Après *Est-ce là ce que vous voulez chanter, Madame ?* (l. 1192) la version
en cinq actes comportait un passage d'une verve éblouissante :

ROSINE. — Précisément, seigneur don...

LE COMTE. — Palézo, pour vous servir.

BARTHOLO. — Comment, Palézo ? Ce n'est pas là le nom que vous
m'avez dit.

LE COMTE *(embarrassé, à part).* — Je suis pris. *(Haut.)* Cela est vrai...,
mais c'est que... vous m'avez reçu... vous m'avez reçu si singulièrement que j'en avais oublié...

BARTHOLO. — Jusqu'à votre nom ?

LE COMTE. — Ah! point du tout..., mais que j'avais oublié *(Rosine lui fait un signe en levant deux doigts)* de vous dire que j'en avais deux.

BARTHOLO. — Ainsi vous vous appelez Palézo de...

LE COMTE. — Palézo... et l'autre nom que je vous ai dit.

ROSINE. — Seigneur Alonzo, si c'est moi que ce beau mystère regarde, il fallait au moins recommander à mon tuteur de ne pas vous nommer devant moi...

LE COMTE. — En vérité, Mademoiselle, on ne peut pas mieux acquitter une dette, vous ne devez pas craindre...

BARTHOLO. — Ouais! Seigneur Alonzo ou Palézo, comme il vous plaira, savez-vous bien que vous ne savez plus un mot de ce que vous dites, et que vous rougissez jusqu'aux oreilles, en nous parlant, car je m'y connais?

LE COMTE *(prenant à part le docteur)*. — Vous avez raison, Seigneur! En vérité, je rougis, car je ne puis soutenir un mensonge, quelque innocent qu'il soit. Mais vous et Basile en êtes un peu la cause.

BARTHOLO. — Moi? Vous m'expliquerez cela.

LE COMTE *(à Rosine)*. — Pardon, Madame, il n'y a rien dans ce secret de contraire à vos intérêts. *(A part, au docteur.)* C'est que je vous dirai, Seigneur, que je ne m'appelle Alonzo ni Palézo.

BARTHOLO. — Est-ce que vous me prenez pour une grue? Je l'ai bien vu.

LE COMTE. — Lorsque Bazile m'a prié de vous apporter la lettre en question...

BARTHOLO *(l'attirant plus près)*. — Parlez plus bas.

LE COMTE. — Il m'a dit : « Pour vous introduire en sûreté chez le docteur, prenez le nom d'Alonzo. » Je l'ai pris. Mais comme on oublie aisément ce qui est supposé, j'ai dit à la signora le premier nom qui m'est venu à la bouche, et votre remarque (judicieuse en un sens, mais, permettez-moi de vous le dire, indiscrète dans un autre), m'a tellement embarrassé...

BARTHOLO. — J'entends, j'entends; c'est moi qui ai tort.

LE COMTE. — Car mon véritable nom est don Antonio de Casca de los Rios, y Fuentes, y Mare, y autras aguas.

BARTHOLO. — C'est moi qui ai tort.

LE COMTE. — De Casca de los Rios dont on a fait par abréviation Cascario.

BARTHOLO. — Cascario? C'est assez, c'est moi qui ai tort.

LE COMTE *(à part)*. — Je n'oublierai pas celui-ci, c'est le nom de mon valet de chambre.

BARTHOLO *(à Rosine, haut)*. — En vérité, ma brebis, j'ai tort, le plus grand tort; des raisons importantes avaient forcé le bachelier de cacher ici son vrai nom et moi, sottement...

LE COMTE. — Je crois qu'à cet égard le plus fort est fait.

ROSINE. — Le nom de Monsieur est indifférent, pourvu que ma leçon n'en souffre pas.

BARTHOLO. — Sa réflexion est juste. Allons, bachelier...

ROSINE *(montrant son papier de musique)*. — C'est un morceau très agréable de la *Précaution inutile*...

① En se « mettant en quatre », Beaumarchais a fait bien des sacrifices, dont certains peuvent être regrettés. Il est vrai qu'un épisode comme celui-là allongeait une scène déjà longue... Peut-être aussi en modifiait-il le ton et pourrait-on trouver cette virtuosité un peu gratuite. Et puis Bartholo est en confiance, et il ne faut pas en abuser... Quoi qu'il en soit, Beaumarchais a opté pour un *Barbier* sans longueur. Que pensez-vous de cette suppression?

LE COMTE. — *Allez vous coucher, mon cher Bazile...* (III, II, l. 1512)

(Même air.)

Loin de sa mère
Cette bergère
Va chantant
Où son amant l'attend.
Par cette ruse,
L'amour l'abuse;
Mais chanter
Sauve-t-il du danger?

Les doux chalumeaux,   1240
Les chants des oiseaux,
Ses charmes naissants,
Ses quinze ou seize ans,
Tout l'excite,
Tout l'agite;
La pauvrette
S'inquiète.
De sa retraite,
Lindor la guette;
Elle s'avance;   1250
Lindor s'élance;
Il vient de l'embrasser :
Elle, bien aise,
Feint de se courroucer
Pour qu'on l'apaise.

(petite reprise)

Les soupirs,
Les soins, les promesses,
Les vives tendresses,
Les plaisirs,
Le fin badinage,   1260
Sont mis en usage;
Et bientôt la bergère
Ne sent plus de colère.
Si quelque jaloux
Trouble un bien si doux,
Nos amants d'accord
Ont un soin extrême...
... De voiler leur transport;
Mais quand on s'aime,
La gêne ajoute encor   1270
Au plaisir même.

(En l'écoutant, Bartholo s'est assoupi. Le comte, pendant la petite reprise, se hasarde à prendre une main qu'il couvre de baisers. L'émotion ralentit le chant de Rosine, l'affaiblit, et finit même par lui couper la voix au milieu de la cadence, au mot extrême. L'orchestre suit le mouvement de la chanteuse, affaiblit son jeu, et se tait avec elle. L'absence du bruit, qui avait endormi Bartholo, le réveille. Le Comte se relève, Rosine et l'orchestre reprennent subitement la suite de l'air. Si la petite reprise se répète, le même jeu recommence.)

LE COMTE. — En vérité, c'est un morceau charmant, et Madame [1280] l'exécute avec une intelligence...

ROSINE. — Vous me flattez, Seigneur ; la gloire est tout entière au maître.

BARTHOLO, *bâillant.* — Moi, je crois que j'ai un peu dormi pendant le morceau charmant. J'ai mes malades. Je vas, je viens, je toupille [1], et sitôt que je m'assieds, mes pauvres jambes... *(Il se lève et pousse le fauteuil.)*

ROSINE, *bas au Comte.* — Figaro ne vient pas !

LE COMTE. — Filons le temps [2].

BARTHOLO. — Mais, bachelier, je l'ai déjà dit à ce vieux Bazile : est-ce [1290] qu'il n'y aurait pas moyen de lui faire étudier des choses plus gaies que toutes ces grandes arias [3], qui vont en haut, en bas, en roulant, hi, ho, a, a, a, a, et qui me semblent autant d'enterrements ? Là, de ces petits airs qu'on chantait dans ma jeunesse, et que chacun retenait facilement ? J'en savais autrefois... Par exemple...

(Pendant la ritournelle [4], il cherche en se grattant la tête et chante en faisant claquer ses pouces et dansant des genoux comme les vieillards.)

> Veux-tu, ma Rosinette,
> Faire emplette
> Du roi des maris ?...   [1300]

(Au Comte, en riant.) Il y a Fanchonnette dans la chanson ; mais j'y ai substitué Rosinette pour la lui rendre plus agréable, et la faire cadrer aux circonstances. Ah, ah, ah, ah ! Fort bien ! pas vrai ?

LE COMTE, *riant.* — Ah, ah, ah ! Oui, tout au mieux.

SCÈNE V. — FIGARO *dans le fond;* ROSINE, BARTHOLO, LE COMTE.

BARTHOLO *chante.* —

> Veux-tu, ma Rosinette,
> Faire emplette
> Du roi des maris ?
> Je ne suis point Tircis [5],

---

1. Je tourne sur moi-même comme une *toupie* ; c'est-à-dire : je me fatigue vite, sans grand rendement. — 2. Traînons en longueur, gagnons du temps. — 3. Mot italien (air), d'où le diminutif *ariette*, petit air; morceaux écrits pour la voix ou pour un instrument. — 4. Refrain (ital. *ritorno* : retour) joué par les violons. — 5. Jeune berger des *Bucoliques* de Virgile (septième églogue). A la fin du XVIIIe s., les « bergeries » étaient à la mode.

> Mais la nuit, dans l'ombre
> Je vaux encore mon prix ;   1310
> Et quand il fait sombre
> Les plus beaux chats sont gris.

● **L'ariette de Rosine** — Beaumarchais a rédigé lui-même une note dont l'intérêt est évident à plusieurs titres : « Cette ariette, dans le goût espagnol, fut chantée le premier jour à Paris, malgré les huées, les rumeurs et le train usités au parterre en ces jours de crise et de combat. La timidité de l'actrice l'a depuis empêchée d'oser la redire, et les jeunes rigoristes du théâtre l'ont fort louée de cette réticence. Mais si la dignité de la Comédie-Française y a gagné quelque chose, il faut convenir que le *Barbier de Séville* y a beaucoup perdu. C'est pourquoi, sur les théâtres où quelque peu de musique ne tirera pas tant à conséquence, nous invitons tous directeurs à la restituer, tous acteurs à la chanter, tous spectateurs à l'écouter, et tous critiques à nous la pardonner, en faveur du genre de la pièce et du plaisir que leur fera le morceau ».
— Il est exact que la tradition de la Comédie-Française s'opposait à l'insertion d'intermèdes musicaux dont la place semblait plutôt à l'Opéra-Comique. Tel n'est pas l'avis de Beaumarchais (voir à ce propos la fin de la *Lettre modérée* : p. 54, l. 695 et suiv.)… Il reste qu'à bon droit la valeur littéraire de l'ariette a pu être contestée, et l'usage s'est établi de laisser l'interprète du rôle chanter un air de son choix — usage qui s'est curieusement étendu à l'opéra-comique de Rossini. Ainsi les droits de la fantaisie, revendiqués par Beaumarchais, sont plus que respectés.
— Molière avait déjà traité au moins deux fois, dans son théâtre, cette sorte de débat sur la chanson préférée (voir *le Misanthrope*, éd. Bordas, p. 47). Alceste, comme M. Jourdain, oppose le goût de jadis aux inepties à la mode. Mais Molière était de l'avis d'Alceste contre celui d'Oronte. La comparaison avec *le Bourgeois gentilhomme* est donc beaucoup plus convaincante, car la chanson vantée par M. Jourdain, (I, 2) :

> Je croyais Jeanneton [...]
> Plus douce qu'un mouton...

est franchement ridicule, comme l'est ici celle de Bartholo, bien que pour des raisons différentes.

● **Les goûts de Bartholo** — Ils sont conformes à son caractère. Malgré ses bonnes dispositions, il se déclare hostile au romanesque (l. 1204), il déteste les nouveautés. Mais il est poli : de son sommeil l'âge est la seule cause (l. 1284-1286).

● **Le comique** — Appréciez le délicat jeu de scène : quand la musique faiblit, Bartholo se réveille. Comment expliquer l'imprudence du Comte (p. 113)?

① Montrez le ridicule du vieillard regaillardi, et qui veut danser. Quand il s'écrie : *Je ne suis point Tircis*, on le croit aisément… Quelle logique de l'inconscient lui a donc fait choisir la chanson qui convenait exactement à sa situation?

② Dans une mise en scène d'André Barsacq, au Théâtre de l'Atelier, en 1961, l'acteur Michel de Ré incarnait un Bartholo plutôt digne et pas très vieux. Assez convaincante parfois, cette interprétation paraissait, dans la présente scène, peu fidèle au texte. Voyez-vous pourquoi?
(Reportez-vous à la *Lettre modérée*, p. 49, l. 490.)

(Il répète la reprise en dansant ; Figaro, derrière lui, imite ses mouvements.)

Je ne suis pas Tircis...

(Apercevant Figaro.) Ah ! entrez, Monsieur le barbier ; avancez ; vous êtes charmant !

FIGARO *salue.* — Monsieur, il est vrai que ma mère me l'a dit autrefois [1] ; mais je suis un peu déformé depuis ce temps-là. *(A part, au Comte.)* Bravo, Monseigneur !

(Pendant toute cette scène, le Comte fait ce qu'il peut pour parler à Rosine ; [1320] *mais l'œil inquiet et vigilant du tuteur l'en empêche toujours, ce qui forme un jeu muet de tous les acteurs étrangers au débat du docteur et de Figaro.)*

BARTHOLO. — Venez-vous purger encore, saigner, droguer [2], mettre sur le grabat toute ma maison ?

FIGARO. — Monsieur, il n'est pas tous les jours fête ; mais, sans compter les soins quotidiens, Monsieur a pu voir que, lorsqu'ils en ont besoin, mon zèle n'attend pas qu'on lui commande...

BARTHOLO. — Votre zèle n'attend pas ! Que direz-vous, Monsieur le zélé, à ce malheureux qui bâille et dort tout éveillé ? et à l'autre [1330] qui, depuis trois heures, éternue à se faire sauter le crâne et jaillir la cervelle [3] ? que leur direz-vous ?

FIGARO. — Ce que je leur dirai ?

BARTHOLO. — Oui !

FIGARO. — Je leur dirai... Eh, parbleu ! je dirai à celui qui éternue : *Dieu vous bénisse !* et : *Va te coucher* à celui qui bâille. Ce n'est pas cela, Monsieur, qui grossira le mémoire [4].

BARTHOLO. — Vraiment non ; mais c'est la saignée et les médicaments qui le grossiraient, si je voulais y entendre. Est-ce par zèle aussi, que vous avez empaqueté les yeux de ma mule [5] ? et votre cataplasme [1340] lui rendra-t-il la vue ?

FIGARO. — S'il ne lui rend pas la vue, ce n'est pas cela non plus qui l'empêchera d'y voir.

BARTHOLO. — Que je le trouve sur le mémoire !... On n'est pas de cette extravagance-là !

FIGARO. — Ma foi, Monsieur, les hommes n'ayant guère à choisir qu'entre la sottise et la folie, où je ne vois point de profit je veux au moins du plaisir ; et vive la joie ! Qui sait si le monde durera encore trois semaines ?

BARTHOLO. — Vous feriez bien mieux, Monsieur le raisonneur, de me [1350] payer mes cent écus [6] et les intérêts sans lanterner [7] ; je vous en avertis.

---

1. Voir le plaisant commentaire de cette réplique par l'auteur lui-même dans la *Lettre modérée*, p. 48, l. 438-444. — 2. Comme il l'a fait déjà (II, 4, l. 522). — 3. Voir II, 6, et aussi la réponse de Beaumarchais aux attaques de la critique, dans la *Lettre modérée*, l. 457-465. — 4. Voir p. 84, n. 1. — 5. Voir p. 84, l. 525. — 6. Il y est déjà fait allusion à la l. 609. — 7. *Lanternes* (au pluriel) est attesté dans le sens de *contes absurdes*, probablement par allusion à l'expression de Rabelais « prendre des vessies pour des lanternes ». *Lanterner* c'est donc chercher de faux prétextes pour duper quelqu'un.

FIGARO. — Doutez-vous de ma probité, Monsieur ? Vos cent écus !
j'aimerais mieux vous les devoir toute ma vie que de les nier un seul
instant.

BARTHOLO. — Et dites-moi un peu comment la petite Figaro a trouvé
les bonbons que vous lui avez portés ?

FIGARO. — Quels bonbons ? Que voulez-vous dire ?

BARTHOLO. — Oui, ces bonbons, dans ce cornet fait avec cette feuille
de papier à lettre [1], ce matin.   1360

FIGARO. — Diable emporte si...

ROSINE, *l'interrompant*. — Avez-vous eu soin au moins de les lui donner
de ma part, Monsieur Figaro ? Je vous l'avais recommandé.

FIGARO. — Ah ! ah ! les bonbons de ce matin ? Que je suis bête, moi !
j'avais perdu tout cela de vue... Oh ! excellents, Madame, admirables !

BARTHOLO. — Excellents ! admirables ! Oui, sans doute, Monsieur le
barbier, revenez sur vos pas [2] ! Vous faites là un joli métier, Monsieur !

FIGARO. — Qu'est-ce qu'il a donc, Monsieur ?   1370

BARTHOLO. — Et qui vous fera une belle réputation, Monsieur !

FIGARO. — Je la soutiendrai, Monsieur.

BARTHOLO. — Dites que vous la supporterez, Monsieur.

FIGARO. — Comme il vous plaira, Monsieur.

---

1. Allusion à l'explication hasardée par Rosine au deuxième acte (s. 11, l. 726) —
2. Réparez votre maladresse.

▪▪▪

● **Le comique** — Le Bartholo gaillard (à l'idée que les émois de Rosine lui
étaient destinés : l. 1206) était comique dans la mesure où il était inconscient de sa situation fausse, donc de son ridicule. Le comique change de
nature quand le même Bartholo s'aperçoit qu'il est parodié par Figaro :
nous avons alors un ridicule devenu conscient de lui-même.
Ainsi Figaro (qu'on avait oublié depuis quelque temps et qui fait une
entrée digne de lui : l. 1313) ramène le tuteur à sa véritable nature. Sans
doute, la méfiance de Bartholo est orientée vers le barbier, qui a plus
d'un compte à rendre, mais elle atteint aussi Rosine et son maître de chant,
devant lesquels le tuteur pouvait s'endormir un instant avant.

● **Figaro** — ① Il s'avoue (l. 1318) *un peu déformé*. M. Pomeau voit là une
preuve qu'il n'est plus très jeune. Qu'en pensez-vous ?

② Montrez que la gratuité de ses répliques se justifie par le fait qu'il a
pour but, non de se disculper, mais seulement d'occuper Bartholo.

— Certaines répliques vont cependant assez loin : l. 1346-1349.
— C'est Rosine qui contraint Figaro, sur un point, à une réponse précise (l. 1364) : *les bonbons de ce matin*. Simple pirouette, dont Bartholo
n'est pas dupe.

▪▪▪

BARTHOLO. — Vous le prenez bien haut, Monsieur! Sachez que quand je dispute avec un fat, je ne lui cède jamais.

FIGARO *lui tourne le dos*. — Nous différons en cela, Monsieur; moi, je lui cède toujours.

BARTHOLO. — Hein! qu'est-ce qu'il dit donc, bachelier?

FIGARO. — C'est que vous croyez avoir affaire à quelque barbier de [1380] village, et qui ne sait manier que le rasoir. Apprenez, Monsieur, que j'ai travaillé de la plume à Madrid, et que sans les envieux...

BARTHOLO. — Eh! que n'y restiez-vous, sans venir ici changer de profession!

FIGARO. — On fait comme on peut. Mettez-vous à ma place.

BARTHOLO. — Me mettre à votre place! Ah! parbleu, je dirais de belles sottises!

FIGARO. — Monsieur, vous ne commencez pas trop mal; je m'en rapporte à votre confrère qui est là rêvassant.

LE COMTE, *revenant à lui*. — Je... je ne suis pas le confrère de Monsieur. [1390]

FIGARO. — Non! Vous voyant ici à consulter [1], j'ai pensé que vous poursuiviez le même objet [2].

BARTHOLO, *en colère*. — Enfin, quel sujet vous amène? Y a-t-il quelque lettre à remettre encore ce soir à Madame? Parlez, faut-il que je me retire?

FIGARO. — Comme vous rudoyez le pauvre monde! Eh! parbleu, Monsieur, je viens vous raser, voilà tout : n'est-ce pas aujourd'hui votre jour?

BARTHOLO. — Vous reviendrez tantôt.

FIGARO. — Ah! oui, revenir! Toute la garnison prend médecine [3] demain [1400] matin, j'en ai obtenu l'entreprise par mes protections. Jugez donc comme j'ai du temps à perdre! Monsieur passe-t-il chez lui [4]?

BARTHOLO. — Non, Monsieur ne passe point chez lui. Eh! mais... qui empêche qu'on ne me rase ici?

ROSINE, *avec dédain*. — Vous êtes honnête [5]! Et pourquoi pas dans mon appartement?

BARTHOLO. — Tu te fâches! Pardon, mon enfant, tu vas achever de prendre ta leçon; c'est pour ne pas perdre un instant le plaisir de t'entendre.

FIGARO, *bas au Comte*. — On ne le tirera pas d'ici! *(Haut.)* Allons, [1410] L'Éveillé? La Jeunesse? le bassin, de l'eau, tout ce qu'il faut à Monsieur.

BARTHOLO. — Sans doute, appelez-les! Fatigués, harassés, moulus de votre façon [6], n'a-t-il pas fallu les faire coucher!

---

1. A délibérer sur une question médicale. — 2. Se rappeler le sens du mot dans le théâtre classique et le langage galant. — 3. Le barbier Figaro administre des purges. Nous avons vu (p. 71, n. 5) que ce cumul (auquel il convient d'ajouter l'office de chirurgien) était usuel. — 4. Dans sa chambre (on devine les raisons de Figaro). — 5. Poli, avec de bonnes manières; antiphrase ironique. — 6. Par les soins que vous leur avez donnés.

FIGARO. — Eh bien! j'irai tout chercher. N'est-ce pas dans votre chambre? *(Bas au Comte.)* Je vais l'attirer dehors.

BARTHOLO *détache son trousseau de clefs, et dit par réflexion.* — Non, non, j'y vais moi-même. *(Bas au Comte, en s'en allant.)* Ayez les yeux sur eux, je vous prie.

Scène VI. — FIGARO, LE COMTE, ROSINE.

FIGARO. — Ah! que nous l'avons manqué belle! il allait me donner [1420] le trousseau. La clef de la jalousie n'y est-elle pas?

ROSINE. — C'est la plus neuve de toutes.

● **Le mouvement** — L'altercation de Bartholo avec son barbier n'est pas d'une grande utilité pour l'action, sinon dans le jeu qui s'esquisse à la fin de la scène. Elle est cependant d'un grand effet. A propos des « huit répliques piquantes, dont chacune est ponctuée par le mot *Monsieur* », M. Scherer écrit : « C'est une sorte de chant amébée utilisé pour l'injure ou de stichomythie [répliques qui tiennent en un vers] assouplie par l'emploi de la prose ».

① Comparez ce passage (l. 1367-1378) à certaines stichomythies de Corneille (sc. de la provocation dans *le Cid*) et appréciez dans le détail les effets obtenus ici par Beaumarchais.
— Après *changer de profession* (l. 1383), l'auteur avait primitivement prévu deux pages de dialogue où Figaro expliquait ses déboires avec les journalistes (mais est-ce que I, 2 ne suffisait pas?), vantait le métier de barbier en deux ariettes (mais celle de Rosine ne suffisait-elle pas?) et essayait d'obtenir de Rosine la cachette de la clé de la jalousie (mais sur ce point Beaumarchais a imaginé mieux). Voir, à ce propos, le commentaire p. 119.

● **Les insolences de Figaro** — Le retour de Figaro ramène un certain ton, que le spectateur avait un peu oublié, et qui justifie le titre donné à la pièce.

② Montrez que l'impertinence du barbier se manifeste encore — et surtout — quand il « cède ». Les reparties de Figaro sont tantôt utiles à l'action, tantôt gratuites, comme l'équivoque du *même objet* (l. 1392).

③ Commentez ce jugement de Sainte-Beuve : « Figaro est le professeur qui a enseigné systématiquement, je ne dirai pas à la bourgeoisie, mais aux parvenus et aux prétendants de toutes classes, l'insolence.» Figaro — et son auteur — ne sont-ils pas, en effet, plus insolents que révolutionnaires?

● **Les perplexités de Bartholo** — Sa méfiance totale à l'égard de Figaro, sa confiance relative en Alonzo (voir les l. 1403 et 1418) s'expliquent par le choix du moindre mal, et aussi par le désir de ne pas déplaire à Rosine (l. 1407).

SCÈNE VII. — BARTHOLO, FIGARO, LE COMTE, ROSINE.

BARTHOLO, *revenant.* — *(A part.)* Bon! je ne sais ce que je fais, de laisser ici ce maudit barbier. *(A Figaro.)* Tenez. *(Il lui donne le trousseau.)* Dans mon cabinet, sous mon bureau; mais ne touchez à rien.

FIGARO. — La peste [1]! il y ferait bon, méfiant comme vous êtes! *(A part, en s'en allant.)* Voyez comme le Ciel protège l'innocence!

SCÈNE VIII. — BARTHOLO, LE COMTE, ROSINE.

BARTHOLO, *bas au Comte.* — C'est le drôle qui a porté la lettre au Comte.

LE COMTE, *bas.* — Il m'a l'air d'un fripon.

BARTHOLO. — Il ne m'attrapera plus.

LE COMTE. — Je crois qu'à cet égard le plus fort est fait.

BARTHOLO. — Tout considéré, j'ai pensé qu'il était plus prudent de l'envoyer dans ma chambre que de le laisser avec elle.

LE COMTE. — Ils n'auraient pas dit un mot que je n'eusse été en tiers.

ROSINE. — Il [2] est bien poli, Messieurs, de parler bas sans cesse. Et ma leçon?

(Ici, l'on entend un bruit, comme de vaisselle renversée.)

BARTHOLO, *criant.* — Qu'est-ce que j'entends donc? Le cruel barbier aura tout laissé tomber dans l'escalier, et les plus belles pièces de mon nécessaire!...

(Il court dehors.)

SCÈNE IX. — LE COMTE, ROSINE.

LE COMTE. — Profitons du moment que l'intelligence de Figaro nous ménage. Accordez-moi ce soir, je vous en conjure, Madame, un moment d'entretien indispensable pour vous soustraire à l'esclavage où vous alliez tomber.

ROSINE. — Ah! Lindor!

LE COMTE. — Je puis monter à votre jalousie; et quant à la lettre que j'ai reçue de vous ce matin, je me suis vu forcé...

---

1. Nous ne mettrions plus l'article. L'expression se justifie si l'on sous-entend : *la pest* y toucherait, mais personne d'autre. — 2. *Il* est neutre. Nous dirions : c'est bien poli...

SCÈNE X. — ROSINE, BARTHOLO, FIGARO, LE COMTE.

BARTHOLO. — Je ne m'étais pas trompé ; tout est brisé, fracassé.   1450

FIGARO. — Voyez le grand malheur pour tant de train [1] ! On ne voit
goutte sur l'escalier. *(Il montre la clef au Comte.)* Moi, en montant,
j'ai accroché une clef...

BARTHOLO. — On prend garde à ce qu'on fait. Accrocher une clef !
L'habile homme !

FIGARO. — Ma foi, Monsieur, cherchez-en un plus subtil.

---

1. *Train* signifie : allure, hâte. *Pour tant de train :* pour m'être trop hâté. Le mot, qui
comportait à l'origine l'idée d'un attelage, s'est étendu, tant au sens propre qu'au figuré :
aller son train, mener grand train, train de vie, plein d'entrain.

● **L'action** — La succession de ces cinq scènes révèle un art admirable.
A la fin de la sc. 5, Figaro avait prévenu le Comte — et le spectateur —
de son intention d'*attirer* Bartholo *dehors* (l. 1416). Mais le projet subit
toutes sortes de péripéties : Bartholo part lui-même, puis se ravise, cherchant de deux risques le moindre (l. 1424). Figaro finit par se voir
confier le trousseau de clés. Bartholo n'est donc pas sorti, mais le barbier
va mettre la main sur la clé de la jalousie (fermée depuis I, 3, l. 208, elle
va donc pouvoir être rouverte au bénéfice du Comte en IV, 5).
La maladresse volontaire de Figaro permet au Comte de demeurer avec
Rosine le temps qu'il faut pour annoncer la visite nocturne, mais non
pour produire, à propos de la lettre livrée à Bartholo, les précisions indispensables. Nous disposons ainsi des données à partir desquelles le dernier acte va s'organiser.
Beaumarchais réussit le tour de force d'accorder les nécessités de l'action
future avec les circonstances immédiates : la substitution des personnages
(absence de Bartholo, son retour, absence de Figaro, absences de Figaro
et de Bartholo, retour de tous) est réglée avec la précision d'un ballet,
en concordance parfaite avec la durée exigée par chaque dialogue.

● **La vraisemblance** — On peut s'étonner que Bartholo confie à Figaro, le
plus suspect de tous (mais n'oublions pas que les domestiques demeurent
indisponibles), le *trousseau entier.* Il y a la hâte, il est vrai... On peut se
demander aussi pourquoi le tuteur se précipite au bruit de la vaisselle
cassée : mais on sait qu'il est avare.

① Appréciez l'air de complicité que se donne le Comte dans son jugement sur Figaro (l. 1431). L'effet de naturel (dans l'artifice) est irrésis-
tible : voilà Bartholo porté aux confidences.

SCÈNE XI. — LES ACTEURS PRÉCÉDENTS, DON BAZILE.

ROSINE, *effrayée, à part.* — Don Bazile!...

LE COMTE, *à part.* — Juste Ciel!

FIGARO, *à part.* — C'est le diable!

BARTHOLO *va au-devant de lui.* — Ah! Bazile, mon ami, soyez le bien [1] rétabli [1]. Votre accident n'a donc point eu de suites? En vérité le seigneur Alonzo m'avait fort effrayé sur votre état; demandez-lui, je partais pour vous aller voir, et s'il ne m'avait point retenu [2]...

BAZILE, *étonné.* — Le seigneur Alonzo?

FIGARO *frappe du pied.* — Eh quoi! toujours des accrocs [3]? Deux heures pour une méchante barbe... Chienne de pratique [4]!

BAZILE, *regardant tout le monde.* — Me ferez-vous bien le plaisir de me dire, Messieurs...?

FIGARO. — Vous lui parlerez quand je serai parti.

BAZILE. — Mais encore faudrait-il...

LE COMTE. — Il faudrait vous taire, Bazile. Croyez-vous apprendre à Monsieur quelque chose qu'il ignore? Je lui ai raconté que vous m'aviez chargé de venir donner une leçon de musique à votre place.

BAZILE, *plus étonné.* — La leçon de musique!... Alonzo!...

ROSINE, *à part, à Bazile.* — Eh! taisez-vous.

BAZILE. — Elle aussi!

LE COMTE, *bas à Bartholo.* — Dites-lui donc tout bas que nous en sommes convenus.

BARTHOLO, *à Bazile, à part.* — N'allez pas nous démentir, Bazile, en disant qu'il n'est pas votre élève, vous gâteriez tout.

BAZILE. — Ah! ah!

BARTHOLO, *haut.* — En vérité, Bazile, on n'a pas plus de talent que votre élève.

BAZILE, *stupéfait.* — Que mon élève!... *(Bas.)* Je venais pour vous dire que le Comte est déménagé.

BARTHOLO, *bas.* — Je le sais [5], taisez-vous.

BAZILE, *bas.* — Qui vous l'a dit?

BARTHOLO, *bas.* — Lui, apparemment.

LE COMTE, *bas.* — Moi, sans doute: écoutez seulement.

ROSINE, *bas à Bazile.* — Est-il si difficile de vous taire?

---

1. Comme on dit: le bienvenu. — 2. Au début de III, 2, le Comte déguisé en Alonzo a effectivement grand-peine à empêcher Bartholo de se rendre chez Bazile. — 3. Difficultés retards, comme si l'on était retenu, accroché, en cours de route. En langage familier, on di dans le même sens: « accrochages ». — 4. Clientèle. — 5. En III, 2 (l. 1065), Alonzo annoncé à Bartholo le départ du Comte, avant de lui livrer la lettre; d'où le *lui* de Bartholo (l. 1489), évidemment équivoque.

FIGARO, *bas à Bazile.* — Hum! Grand escogriffe [1]! Il est sourd!

BAZILE, *à part.* — Qui diable est-ce donc qu'on trompe ici? Tout le monde est dans le secret!

BARTHOLO, *haut.* — Eh bien, Bazile, votre homme de loi [2]?

FIGARO. — Vous avez toute la soirée pour parler de l'homme de loi.

BARTHOLO, *à Bazile.* — Un mot : dites-moi seulement si vous êtes content de l'homme de loi.

BAZILE, *effaré.* — De l'homme de loi?

LE COMTE, *souriant.* — Vous ne l'avez pas vu, l'homme de loi?   1500

BAZILE, *impatienté.* — Eh! non, je ne l'ai pas vu, l'homme de loi.

LE COMTE, *à Bartholo, à part.* — Voulez-vous donc qu'il s'explique ici devant elle? Renvoyez-le.

BARTHOLO, *bas, au Comte.* — Vous avez raison. *(A Bazile.)* Mais quel mal vous a donc pris si subitement?

---

1. Molière, *Bourgeois gentilhomme*, III, 3 : « Ce grand *escogriffe* de maître d'armes ». Il semble qu'on dise toujours *grand* escogriffe (homme d'allure dégingandée). Mais le mot prend le plus souvent une nuance morale péjorative. Cf. Gautier, *Souvenirs de théâtre* (à propos de Bazile précisément) : « Pendant cette querelle arrive don Bazile, un grand esco-*griffe*, long, sec, jaune, bilieux, ossu, malsain et venimeux d'aspect. » — 2. Voir III, 2, l. 1103.

▪▪

● **L'action** — Bazile intervient peu souvent dans le *Barbier*, mais toujours de façon remarquable. Son entrée en scène s'accompagne d'un grand effet (voir II, 8). Beaumarchais invoque lui-même fort justement, dans sa lettre-préface (p. 47,l. 411), « la scène de stupéfaction de Bazile [...] qui a paru si neuve au théâtre et a tant réjoui les spectateurs ».
Dans une certaine perspective, cette scène n'est qu'un intermède à l'intérieur de la grande scène où Figaro entreprend de faire son office de barbier auprès de Bartholo. Elle constitue cependant un danger redouté depuis l'imposture d'Alonzo, car le Comte et ses complices risquent d'être mis en fâcheuse posture... A force d'habileté, et avec un *argument sans réplique* (l. 1602), on parvient à conjurer le péril, mais l'alerte a été chaude.

● **Le comique** — Le Comte, Rosine et Figaro ont un intérêt commun à « neutraliser » Bazile. Mais le génie de Beaumarchais est de faire entrer Bartholo lui-même dans le complot. C'est ce que le Comte suggère en aparté (l. 1478). Selon M. Scherer, « il y a deux secrets, un vrai et un faux, et c'est Bartholo qui est trompé, tout en croyant participer à une tromperie dont la victime serait Rosine ». Ainsi le Comte est bien le Comte, pour les uns (renseignés ou non sur son identité exacte), alors que, pour Bartholo, il demeure Alonzo.

① Le comique est aussi dans les mots, qui s'accordent merveilleusement à la situation. Six répliques successives se terminent par le mot *homme de loi*. Montrez que cette répétition traduit, pour chaque personnage, une intention différente, et que ces quelques répliques nous donnent en raccourci le schéma de la scène entière.

▪▪

BAZILE, *en colère*. — Je ne vous entends [1] pas.

LE COMTE *lui met, à part, une bourse dans la main*. — Oui, Monsieur vous demande ce que vous venez faire ici, dans l'état d'indisposition où vous êtes ?

FIGARO. — Il est pâle comme un mort !   1510

BAZILE. — Ah ! je comprends...

LE COMTE. — Allez vous coucher, mon cher Bazile : vous n'êtes pas bien, et vous nous faites mourir de frayeur. Allez vous coucher.

FIGARO. — Il a la physionomie toute renversée. Allez vous coucher.

BARTHOLO. — D'honneur [2], il sent la fièvre d'une lieue. Allez vous coucher.

ROSINE. — Pourquoi êtes-vous donc sorti ? On dit que cela se gagne [3]. Allez vous coucher.

BAZILE, *au dernier étonnement*. — Que j'aille me coucher !

TOUS LES ACTEURS ENSEMBLE. — Eh ! sans doute.   1520

BAZILE, *les regardant tous*. — En effet, Messieurs, je crois que je ne ferai pas mal de me retirer : je sens que je ne suis pas ici dans mon assiette ordinaire.

BARTHOLO. — A demain, toujours : si vous êtes mieux.

LE COMTE. — Bazile, je serai chez vous de très bonne heure.

FIGARO. — Croyez-moi, tenez-vous bien chaudement dans votre lit.

ROSINE. — Bonsoir, Monsieur Bazile.

BAZILE, *à part*. — Diable emporte si j'y comprends rien ! et sans cette bourse...

TOUS. — Bonsoir, Bazile, bonsoir.   1530

BAZILE, *en s'en allant*. — Eh bien ! bonsoir donc, bonsoir.

(Ils l'accompagnent tous en riant.)

SCÈNE XII. — LES ACTEURS PRÉCÉDENTS, *excepté* BAZILE.

BARTHOLO, *d'un ton important* [4]. — Cet homme-là n'est pas bien du tout.

ROSINE. — Il a les yeux égarés.

LE COMTE. — Le grand air l'aura saisi.

FIGARO. — Avez-vous vu comme il parlait tout seul ? Ce que c'est que de nous ! *(A Bartholo.)* Ah çà, vous décidez-vous, cette fois ? *(Il lui pousse un fauteuil très loin du Comte, et lui présente le linge.)*

LE COMTE. — Avant de finir, Madame, je dois vous dire un mot essentiel au progrès de l'art que j'ai l'honneur de vous enseigner. *(Il s'approche et lui parle bas à l'oreille.)*   1540

---

1. Sens classique : comprends. — 2. Parole d'honneur. — 3. Est contagieux ; nous disons familièrement aujourd'hui : cela s'attrape. — 4. N'oublions pas que Bartholo est médecin. Mais l'importance qu'il se donne contraste plaisamment avec sa situation réelle.

BARTHOLO, *à Figaro*. — Eh mais! il semble que vous le fassiez exprès de vous approcher, et de vous mettre devant moi pour m'empêcher de voir...

LE COMTE, *bas à Rosine*. — Nous avons la clef de la jalousie, et nous serons ici à minuit.

FIGARO *passe le linge au cou de Bartholo*. — Quoi voir? Si c'était une leçon de danse, on vous passerait d'y regarder; mais du chant!... Ahi, ahi!

BARTHOLO. — Qu'est-ce que c'est?

- ● **Le mouvement** — Ne convient-il pas de remarquer, dans le déroulement de la scène 11, un effet d'accélération? Les vrais conjurés de ce complot n'ont d'abord d'autre ambition que d'empêcher Bazile de parler (il faudrait vous taire... taisez-vous...) : ils se tiennent prudemment sur la défensive. Puis ils réussissent à mettre Bartholo dans le complot : dès lors, selon la remarque de M. Scherer, face à Bazile les quatre personnages « poursuivent le même but, mais pour des raisons différentes ». Bazile une fois neutralisé (la bourse achève de le convaincre), on peut passer à l'offensive et l'envoyer « se coucher ».

- ● **Les jeux de scène** — Nous avons observé (p. 127) la répétition de *l'homme de loi*. Le même mouvement se reproduit à propos d'*allez vous coucher* et, avec quelques variantes, lors du *bonsoir* qui termine la scène. Vous noterez les petites différences de détail (opportunité et souci de variété) : le mouvement est déclenché tantôt par Bartholo, tantôt par le Comte, par Rosine enfin. Mais, dans les trois cas, l'effet est identique et concourt au même but.

  ① Montrez que ce procédé contribue pour une large part au ton, au rythme, à l'originalité de la scène.

- ● **Le personnage de Bazile** — Le comique n'est pas seulement dans la situation et dans les mots : il est aussi dans les personnages, parce que chacun d'eux reste conforme à sa vérité. Pour l'auteur — et le public — il faut que Bartholo demeure trompé, mais tout dépend de l'attitude de Bazile : c'est donc vers lui que l'attention se porte.

  ② *Ad augusta per angusta* (« vers la grandeur par des voies étroites ») : de Bazile dépend une issue que l'on souhaite heureuse, et pourtant le personnage est et doit rester antipathique. Montrez comment la prudence cauteleuse de Bazile, ainsi que sa vénalité, sont exploitées en ce sens, ce qui entraîne une différence assez curieuse avec II, 8 : là Bazile se révélait par ce qu'il disait; il se révèle ici par ce qu'il ne dit pas, même en prenant l'argent.
  Bazile, circonspect au début, devient progressivement lucide (l. 1493) : *Qui diable est-ce donc qu'on trompe ici?* Il attend la bourse, parce qu'il avait deviné le manège.

  ③ Cette scène est généralement considérée comme une des meilleures. Peut-on penser, avec Sainte-Beuve, que « tout est fait pour amuser et pour ravir dans cette charmante complication de ruse et de folie »?

FIGARO. — Je ne sais ce qui m'est entré dans l'œil. *(Il rapproche sa tête.)* 1550

BARTHOLO. — Ne frottez donc pas.

FIGARO. — C'est le gauche. Voudriez-vous me faire le plaisir d'y souffler un peu fort ?

*(Bartholo prend la tête de Figaro, regarde par-dessus, le pousse violem-
ment et va derrière les amants écouter leur conversation.)*

LE COMTE, *bas à Rosine.* — Et quant à votre lettre, je me suis trouvé
tantôt dans un tel embarras pour rester ici...

FIGARO, *de loin, pour avertir.* — Hem !... hem !...

LE COMTE. — Désolé de voir encore mon déguisement inutile !

BARTHOLO, *passant entre deux.* — Votre déguisement inutile !   1560

ROSINE, *effrayée.* — Ah !...

BARTHOLO. — Fort bien, Madame, ne vous gênez pas. Comment ! sous
mes yeux mêmes, en ma présence, on m'ose outrager de la sorte !

LE COMTE. — Qu'avez-vous donc, Seigneur ?

BARTHOLO. — Perfide Alonzo !

LE COMTE. — Seigneur Bartholo, si vous avez souvent des lubies
comme celle dont le hasard me rend témoin, je ne suis plus étonné
de l'éloignement que Mademoiselle a pour devenir votre femme.

ROSINE. — Sa femme ! Moi ! Passer mes jours auprès d'un vieux jaloux
qui, pour tout bonheur, offre à ma jeunesse un esclavage abomi-   1570
nable !

BARTHOLO. — Ah ! qu'est-ce que j'entends !

ROSINE. — Oui, je le dis tout haut : je donnerai mon cœur et ma main
à celui qui pourra m'arracher de cette horrible prison, où ma
personne et mon bien sont retenus contre toute justice.

(Rosine sort.)

Scène XIII. — BARTHOLO, FIGARO, LE COMTE.

BARTHOLO. — La colère me suffoque.

LE COMTE. — En effet, Seigneur, il est difficile qu'une jeune femme...

FIGARO. — Oui, une jeune femme et un grand âge, voilà ce qui trouble
la tête d'un vieillard.

BARTHOLO. — Comment ! lorsque je les prends sur le fait ! Maudit bar-   1580
bier ! il me prend des envies...

FIGARO. — Je me retire, il est fou.

LE COMTE. — Et moi aussi ; d'honneur, il est fou.

FIGARO. — Il est fou, il est fou... *(Ils sortent.)*

SCÈNE XIV. — BARTHOLO, *seul, les poursuit.*

Je suis fou! Infâmes suborneurs[1], émissaires du diable, dont vous faites ici l'office, et qui puisse vous emporter tous... je suis fou!... Je les ai vus comme je vois ce pupitre... et me soutenir effrontément...! Ah! il n'y a que Bazile qui puisse m'expliquer ceci. Oui, envoyons-le chercher. Holà! quelqu'un... Ah! j'oublie que je n'ai personne... Un voisin, le premier venu, n'importe. Il y a de quoi 1590 perdre l'esprit! il y a de quoi perdre l'esprit!

Pendant l'entracte le théâtre s'obscurcit; on entend un bruit d'orage et l'orchestre joue celui qui est gravé dans le recueil de la musique du *Barbier*.

---

1. Gens qui induisent au mal par quelque appât : « L'infâme — Tente le noir dessein de *suborner* ma femme », dit Orgon dans *Tartuffe* (V, 3).

■■

● **L'action** — ① Pourquoi toute la fin de l'acte est-elle conçue de façon que Rosine soit mise au courant du vol de la clé mais non de la remise de sa lettre à Bartholo?

② Pourquoi la précipitation de ces trois scènes (12, 13, 14), le réveil de la méfiance en Bartholo, de la révolte chez Rosine? Est-ce que tout le troisième acte n'aboutit qu'au vol d'une clé?

● **Bartholo** — L'acte commence et finit par un monologue désespéré de Bartholo. Notez le contraste entre la verve endiablée des *il est fou* (sc. 13) et la reprise du même mot par Bartholo (l. 1585) sur un ton désabusé et presque tragique (comparez-le ici à Arnolphe).

③ Relevez, parmi les imprécations, quelques aveux importants (à la l. 1580 et dans le monologue) et dites quelle en est la signification.

● **Figaro** — ④ Expliquez ce jugement de Lanson, à la lumière du troisième acte :

« Il y a de la protection dans son service; c'est l'homme sensible, heureux de remplir le vœu de la nature en rapprochant des amoureux [...] L'intrigant se fait familier avec les grands qui l'emploient; insolent avec le bourgeois qui le méprise : les temps sont proches où son mérite aura la carrière ouverte et libre. »

■■

ACTE IV

Le théâtre est obscur.

Scène première. — BARTHOLO; DON BAZILE,
une lanterne de papier à la main.

BARTHOLO. — Comment, Bazile, vous ne le connaissez pas! Ce que vous
dites est-il possible?

BAZILE. — Vous m'interrogeriez cent fois, que je vous ferais toujours
la même réponse. S'il vous a remis la lettre de Rosine, c'est sans
doute un des émissaires du Comte. Mais, à la magnificence du présent qu'il m'a fait, il se pourrait que ce fût le Comte lui-même.

BARTHOLO. — Quelle apparence [1]? Mais, à propos de ce présent, eh!
pourquoi l'avez-vous reçu?

BAZILE. — Vous aviez l'air d'accord; je n'y entendais [2] rien; et, dans
les cas difficiles à juger, une bourse d'or me paraît toujours un
argument sans réplique. Et puis, comme dit le proverbe, ce qui
est bon à prendre...

BARTHOLO. — J'entends [2], est bon...

BAZILE. — ...à garder.

BARTHOLO, *surpris.* — Ah! ah [3]!

BAZILE. — Oui, j'ai arrangé comme cela plusieurs petits proverbes
avec des variations [4]. Mais allons au fait : à quoi vous arrêtez-vous?

BARTHOLO. — En ma place, Bazile, ne feriez-vous pas les derniers
efforts pour la posséder?

BAZILE. — Ma foi non, Docteur. En toute espèce de biens, posséder est
peu de chose; c'est jouir, qui rend heureux : mon avis est qu'épouser une femme dont on n'est point aimé, c'est s'exposer...

BARTHOLO. — Vous craindriez les accidents?

BAZILE. — Hé! hé! Monsieur... on en voit beaucoup cette année. Je ne
ferais point violence à son cœur.

BARTHOLO. — Votre valet [5], Bazile. Il vaut mieux qu'elle pleure de
m'avoir, que moi je meure de ne l'avoir pas.

BAZILE. — Il y va de la vie? Épousez, Docteur, épousez.

BARTHOLO. — Aussi ferai-je, et cette nuit même.

BAZILE. — Adieu donc... Souvenez-vous, en parlant à la pupille, de
les [6] rendre tous plus noirs que l'enfer.

BARTHOLO. — Vous avez raison.

---

1. Quelle vraisemblance y a-t-il que ce soit le Comte? — 2. Sens classique : comprendre. — 3. Bartholo, se référant à la morale courante (qui n'est pas celle de Bazile), attendait quelque chose comme : à rendre. — 4. Terme de musique pour : arrangements.
Bazile est musicien (cf. II, 8, l. 612). — 5. (Je suis) *votre valet :* façon de prendre congé ou —
comme ici et souvent chez Molière — d'esquiver un débat, pour ne pas contredire brutalement son interlocuteur. Mais l'intention de contredire n'en est que plus manifeste. —
6. Tous les séducteurs possibles, donc tous les hommes.

BAZILE. — La calomnie, Docteur, la calomnie! Il faut toujours en venir là.

BARTHOLO. — Voici la lettre de Rosine, que cet Alonzo m'a remise; et il m'a montré, sans le vouloir, l'usage que j'en dois faire auprès d'elle [1].

BAZILE. — Adieu : nous serons tous ici à quatre heures [2].

BARTHOLO. — Pourquoi pas plus tôt?   1630

BAZILE. — Impossible; le notaire [3] est retenu.

BARTHOLO. — Pour un mariage?

BAZILE. — Oui, chez le barbier Figaro; c'est sa nièce qu'il marie.

BARTHOLO. — Sa nièce? il n'en a pas.

BAZILE. — Voilà ce qu'ils ont dit au notaire.

BARTHOLO. — Ce drôle est du complot : que diable!...

---

1. Voir III, 2, l. 1109. — 2. Du matin. — 3. On sait qu'au théâtre c'est le notaire qui célèbre les mariages, cette convention évitant de faire apparaître un prêtre sur la scène et aussi d'avoir à déplacer l'action vers l'église, toutes choses impossibles pour des raisons ou esthétiques ou morales. En réalité le notaire, comme de nos jours, n'était habilité qu'à dresser un contrat de mariage.

● **L'action** — Non seulement les fatidiques vingt-quatre heures ne seront pas dépassées, mais l'écoulement en est rigoureusement réglé. Pendant l'entracte, le théâtre est devenu *obscur*. Quant à l'orage (voir la l. 1641), il serait vain d'y chercher quelque écho romantique aux passions : il répond à des exigences dramatiques (voir la l. 1643 et le cours de l'acte IV). Cette conscience de la durée renforce singulièrement l'action. Le troisième acte s'achevait sur un Bartholo inquiet à deux titres, n'ayant d'espoir que dans le maître calomniateur. Alonzo était plus que suspect, ses chances auprès de Rosine plus que douteuses. *Il n'y a que Bazile* (l. 1588). Au quatrième acte, le rideau se lève sur une conversation en cours : les deux sujets d'inquiétude (Alonzo, Rosine) sont précisément évoqués entre Bartholo et Bazile. Et l'acte IV s'enracine profondément dans les précédents : rappel de la lettre remise par Alonzo et du projet qui en découle (III, 2); rappel des préceptes antérieurement formulés par Bazile...

● **Le cynisme de Bazile** — La scène confirme sa vénalité et ses vues sur « la calomnie » (voir II, 8 et III, 11). Mais son cynisme ne s'était pas encore manifesté avec tant d'impudeur. Étudiez :
— l'aveu de la *magnificence du présent* (l. 1596);
— l'*argument sans réplique* (l. 1602) et la petite *variation* (l. 1608);
— la hauteur prise vis-à-vis de Bartholo : *Épousez, Docteur* (l. 1619) ou : *on en voit beaucoup cette année* (l. 1615).

① Décelez les raisons qui poussent Bazile à donner à Bartholo des conseils de renoncement. Notez l'ambiguïté de *nous serons tous ici* (l. 1629).

② Montrez quel comique particulier naît du cynisme de Bazile (et des réactions qu'il suscite chez Bartholo).

BAZILE. — Est-ce que vous penseriez... ?

BARTHOLO. — Ma foi, ces gens-là sont si alertes ! Tenez, mon ami, je ne suis pas tranquille. Retournez chez le notaire. Qu'il vienne ici sur-le-champ avec vous. 1640

BAZILE. — Il pleut, il fait un temps du diable ; mais rien ne m'arrête pour vous servir. Que faites-vous donc ?

BARTHOLO. — Je vous reconduis : n'ont-ils pas fait estropier tout mon monde par ce Figaro ! Je suis seul ici.

BAZILE. — J'ai ma lanterne.

BARTHOLO. — Tenez, Bazile, voilà mon passe-partout. Je vous attends, je veille ; et vienne qui voudra, hors le notaire et vous, personne n'entrera de la nuit.

BAZILE. — Avec ces précautions, vous êtes sûr de votre fait.

SCÈNE II. — ROSINE, *seule, sortant de sa chambre.*

Il me semblait avoir entendu parler. Il est minuit sonné ; Lindor 1650 ne vient point ! Ce mauvais temps même était propre à le favoriser. Sûr de ne rencontrer personne... Ah ! Lindor ! si vous m'aviez trompée !... Quel bruit entends-je ?... Dieux ! c'est mon tuteur. Rentrons.

SCÈNE III [1]. — ROSINE, BARTHOLO.

BARTHOLO, *tenant de la lumière.* — Ah ! Rosine, puisque vous n'êtes pas encore rentrée dans votre appartement...

ROSINE. — Je vais me retirer.

BARTHOLO. — Par le temps affreux qu'il fait, vous ne reposerez pas, et j'ai des choses très pressées à vous dire.

ROSINE. — Que me voulez-vous, Monsieur ? N'est-ce donc pas assez d'être tourmentée le jour ? 1660

BARTHOLO. — Rosine, écoutez-moi.

ROSINE. — Demain je vous entendrai.

BARTHOLO. — Un moment, de grâce !

ROSINE, *à part.* — S'il allait venir !

BARTHOLO *lui montre sa lettre.* — Connaissez-vous cette lettre ?

ROSINE *la reconnaît.* — Ah ! grands dieux !...

BARTHOLO. — Mon intention, Rosine, n'est point de vous faire de reproches : à votre âge, on peut s'égarer ; mais je suis votre ami ; écoutez-moi.

ROSINE. — Je n'en puis plus. 1670

---

1. Dans une version antérieure, Bartholo, avant d'aller frapper à la porte de Rosine, se lamentait en un style pathétique : « Quel temps ! quel orage !... Elle est couchée, tous les gens malades... et je suis seul ! Voilà la sueur froide qui me prend... Qui va là ?... Ce n'est rien ; il suffit d'une mauvaise conscience pour troubler la meilleure tête. Il faut pourtant l'éveiller ; elle va s'effrayer de mon apparition. *(Il frappe.)* »

BARTHOLO. — Cette lettre que vous avez écrite au comte Almaviva...

ROSINE, *étonnée.* — Au comte Almaviva !

BARTHOLO. — Voyez quel homme affreux est ce Comte : aussitôt qu'il l'a reçue, il en a fait trophée [1]. Je la tiens d'une femme à qui il l'a sacrifiée.

ROSINE. — Le comte Almaviva !

BARTHOLO. — Vous avez peine à vous persuader cette horreur [2]. L'inexpérience, Rosine, rend votre sexe confiant et crédule; mais apprenez dans quel piège on vous attirait. Cette femme m'a fait donner avis

---

1. *Faire un trophée*, dans l'antiquité grecque, c'était suspendre à un arbre l'armure d'un ennemi vaincu. Du sens propre subsiste la double idée de victoire et d'ostentation. Almaviva est un séducteur, qui se vante publiquement de ses conquêtes. — 2. Cette tournure correspond au latin *quod tibi suadeo*; elle était très usitée au XVIIIe s. (voir la l. 476), mais on disait aussi : persuader quelqu'un de quelque chose.

- **L'obstination de Bartholo** — On pourrait déceler, dans la sc. 1, la trace d'un thème comique traditionnel, celui de la consultation matrimoniale (rappelez-vous les perplexités de Panurge, et celles de Sganarelle dans *le Mariage forcé* de Molière). Mais il est, dans le *Barbier*, d'une extrême discrétion, emporté dans le rythme général.

  — Cette « consultation » suppose une grande confiance en Bazile. Comment la justifier? Bartholo ne voit-il pas que Bazile se vendra au plus offrant, ainsi qu'il le laisse entendre aux l. 1600-1603?

  ① Pourquoi Bartholo s'obstine-t-il, malgré des doutes dramatiques? N'est-ce pas parce qu'avec la lettre il détient une arme redoutable : « l'arme absolue » de Bazile, la calomnie? En s'obstinant, Bartholo est donc plus « bazilien » que don Bazile.

  ② Montrez qu'il n'en est pas moins inquiet (encore que Beaumarchais ait supprimé un passage très pathétique au début de la scène 3 : voir la note 1, p. 134).
  Les critiques pensent que Bartholo est moins émouvant qu'Arnolphe. *Il y va de la vie*, lit-on à la l. 1619. Mais ce n'est pas Bartholo qui l'affirme, c'est Bazile. Bartholo veut posséder, il n'aime pas (voir les l. 1619-1620). Ce que révèle Bartholo, beaucoup plus qu'un homme vieillissant craignant de ne plus être aimé, c'est un égoïsme d'autant plus ignoble qu'il est lucide (l. 1617).

- **L'intrigue** — ③ Étudiez comment se précise le thème de la « précaution inutile » : l. 1639, 1646, 1649. La quête du notaire et la remise du passe-partout (voir la *Lettre modérée*, p. 46, l. 389) sont-elles entièrement rassurantes pour la cause de Bartholo? La dernière réplique de Bazile, ambiguë dans sa formulation, devient, pour le public, franchement ironique.

  — Cependant, la menace depuis longtemps suspendue se précise : comment va réagir Rosine à l'épreuve de la lettre? L'attente anxieuse (le monologue de la scène 2) la prédispose à redouter le pire. Voilà, pour le quatrième acte, une péripétie de tout premier ordre.

de tout, apparemment pour écarter une rivale aussi dangereuse[1680]
que vous. J'en frémis ! le plus abominable complot entre Almaviva,
Figaro et cet Alonzo, cet élève supposé de Bazile, qui porte un
autre nom et n'est que le vil agent du Comte, allait vous entraîner
dans un abîme dont rien n'eût pu vous tirer.

ROSINE, *accablée.* — Quelle horreur !... quoi, Lindor !... quoi, ce
jeune homme !...

BARTHOLO, *à part.* — Ah ! c'est Lindor.

ROSINE. — C'est pour le comte Almaviva... C'est pour un autre...

BARTHOLO. — Voilà ce qu'on m'a dit en me remettant votre lettre.

ROSINE, *outrée.* — Ah ! quelle indignité !... Il en sera puni... Monsieur,[1690]
vous avez désiré de m'épouser ?

BARTHOLO. — Tu connais la vivacité de mes sentiments.

ROSINE. — S'il peut vous en rester encore, je suis à vous.

BARTHOLO. — Eh bien ! le notaire viendra cette nuit même.

ROSINE. — Ce n'est pas tout. O Ciel ! suis-je assez humiliée !... Apprenez
que dans peu le perfide ose entrer par cette jalousie dont ils ont
eu l'art de vous dérober la clef.

BARTHOLO, *regardant au trousseau.* — Ah ! les scélérats ! Mon enfant,
je ne te quitte plus.

ROSINE, *avec effroi.* — Ah, Monsieur ! et s'ils sont armés ?   [1700]

BARTHOLO. — Tu as raison : je perdrais ma vengeance. Monte chez
Marceline : enferme-toi chez elle à double tour. Je vais chercher
main-forte, et l' [1]attendre auprès de la maison. Arrêté comme
voleur [2], nous aurons le plaisir d'en être à la fois vengés et délivrés !
Et compte que mon amour te dédommagera...

ROSINE, *au désespoir.* — Oubliez seulement mon erreur. *(A part.)* Ah !
je m'en punis assez !

BARTHOLO, *s'en allant.* — Allons nous embusquer. A la fin, je la [3] tiens.
(Il sort.)

Scène IV. — ROSINE, *seule.*

Son amour me dédommagera !... Malheureuse !... *(Elle tire son
mouchoir et s'abandonne aux larmes.)* Que faire ?... Il va venir. [1710]
Je veux rester et feindre avec lui, pour le contempler un
moment dans toute sa noirceur. La bassesse de son procédé

---

1. Attendre *le perfide* (l. 1696). La grammaire ici compte moins que l'emportement de la
passion et, même si le pronom ne renvoyait nulle part, le sens serait clair. — 2. Tour
aujourd'hui incorrect, *arrêté* renvoyant non à *nous* mais à *en* (le perfide). — 3. *Ma vengeance* (l. 1701), pensent certains commentateurs. Mais ne convient-il pas de comprendre,
en dépit de la grammaire : *je tiens* Rosine ? L'effet dramatique, en fin de scène, serait ainsi
plus grand. Et puis, c'est bien Rosine qu'il importe à Bartholo de posséder.

sera mon préservatif,[1]... Ah! j'en ai grand besoin. Figure noble, air doux, une voix si tendre!... et ce n'est que le vil agent d'un corrupteur! Ah, malheureuse! malheureuse!... Ciel! on ouvre la jalousie!

(Elle se sauve.)

Scène V. — LE COMTE; FIGARO, *enveloppé d'un manteau, paraît à la fenêtre.*

FIGARO *parle en dehors.* — Quelqu'un s'enfuit : entrerai-je ?
LE COMTE, *en dehors.* — Un homme ?
FIGARO. — Non.
LE COMTE. — C'est Rosine, que ta figure atroce aura mise en fuite.

---

1. Mon moyen de défense (contre la tentation de lui pardonner et de l'aimer encore).

- **La dernière chance de Bartholo** — L'épisode de la lettre remise à Bartholo par Alonzo-Lindor-Almaviva, sans que ce dernier ait pu se justifier auprès de Rosine, fournit à Beaumarchais l'occasion de jouer avec la difficulté comme rarement auteur dramatique l'a fait. En cet acte, le dernier et le plus court de la comédie, l'auteur permet à Bartholo de conquérir Rosine, alors qu'il n'avait jamais pu, au long de la pièce, obtenir son consentement; autrement dit, l'auteur remet en question tout ce qui s'était tramé (et avec quelles difficultés!) au cours de trois actes, dont deux considérables, pour donner à Bartholo, à quelques pages du dénouement, une chance imprévue, encore que depuis longtemps préparée. C'est réellement (voir la *Lettre modérée*, p. 47, l. 414-419) créer des embarras pour le plaisir de les démêler *en deux mots*, à l'émerveillement du spectateur.

  Cette gageure serait contestable si elle était tenue aux dépens des caractères. Mais Bartholo se montre ici :

  — un policier aussi habile à tendre un piège que dans l'acte II (sc. 11);

  — un comédien assez fin pour atteindre au naturel dans le mensonge (l. 1677-1684), parce qu'il est sincère quant au but poursuivi, même s'il joue pour l'atteindre;

  — un vieil homme qui renaît à l'espoir d'être aimé, se fait tendre et paternel, sans descendre à l'indignité d'Arnolphe (*École des femmes*, V, 4), car il n'a pas à supplier mais à se confondre en reconnaissance.

- **Délicate Rosine** — La « rouerie » que nous avions décelée en Rosine était héritée de l'Isabelle des parades. Cette scène, sans effacer les traits antérieurs, rend à Rosine sa délicate timidité de jeune fille.

  ① Vous le montrerez.

137

FIGARO *saute dans la chambre*. — Ma foi, je le crois... Nous voici enfin [1720] arrivés, malgré la pluie, la foudre et les éclairs.

LE COMTE, *enveloppé d'un long manteau*. — Donne-moi la main. *(Il saute à son tour.)* A nous la victoire!

FIGARO *jette son manteau*. — Nous sommes tout percés. Charmant temps, pour aller en bonne fortune! Monseigneur, comment trouvez-vous cette nuit?

LE COMTE. — Superbe pour un amant.

FIGARO. — Oui; mais pour un confident?... Et si quelqu'un allait nous surprendre ici?

LE COMTE. — N'es-tu pas avec moi? J'ai bien une autre inquiétude: [1730] c'est de la [1] déterminer à quitter sur-le-champ la maison du docteur.

FIGARO. — Vous avez pour vous trois passions toutes-puissantes sur le beau sexe: l'amour, la haine et la crainte.

LE COMTE *regarde dans l'obscurité*. — Comment lui annoncer brusquement que le notaire [2] l'attend chez toi pour nous unir? Elle trouvera mon projet bien hardi; elle va me nommer audacieux.

FIGARO. — Si elle vous nomme audacieux, vous l'appellerez cruelle. Les femmes aiment beaucoup qu'on les appelle cruelles. Au surplus, si son amour est tel que vous le désirez, vous lui direz qui vous êtes; [1740] elle ne doutera plus de vos sentiments.

SCÈNE VI. — LE COMTE, ROSINE, FIGARO.

(Figaro allume toutes les bougies qui sont sur la table.)

LE COMTE. — La voici. — Ma belle Rosine!...

ROSINE, *d'un ton très compassé*. — Je commençais, Monsieur, à craindre que vous ne vinssiez pas.

LE COMTE. — Charmante inquiétude!... Mademoiselle, il ne me convient point d'abuser des circonstances pour vous proposer de partager le sort d'un infortuné; mais quelque asile que vous choisissiez, je jure sur mon honneur...

ROSINE. — Monsieur, si le don de la main n'avait pas dû suivre à l'instant celui de mon cœur, vous ne seriez pas ici. Que la nécessité [1750] justifie à vos yeux ce que cette entrevue a d'irrégulier.

LE COMTE. — Vous, Rosine! la compagne d'un malheureux sans fortune, sans naissance!...

ROSINE. — La naissance, la fortune! Laissons là les jeux du hasard; et si vous m'assurez que vos intentions sont pures...

LE COMTE, *à ses pieds*. — Ah! Rosine! je vous adore!...

---

1. Rosine (elle n'a pas été nommée mais l'amant ne pense qu'à elle). — 2. Voir IV, 1, l. 1631.

ROSINE, *indignée*. — Arrêtez, malheureux!... vous osez profaner!... Tu m'adores!... Va!... tu n'es plus dangereux pour moi; j'attendais ce mot pour te détester. Mais, avant de t'abandonner au remords qui t'attend (*en pleurant*), apprends que je t'aimais, apprends que [1760] je faisais mon bonheur de partager ton mauvais sort. Misérable Lindor! j'allais tout quitter pour te suivre. Mais le lâche abus que tu as fait de mes bontés, et l'indignité de cet affreux comte Almaviva, à qui tu me vendais, ont fait rentrer dans mes mains ce témoignage de ma faiblesse. Connais-tu cette lettre?

LE COMTE, *vivement*. — Que votre tuteur vous a remise?

ROSINE, *fièrement*. — Oui, je lui en ai l'obligation.

LE COMTE. — Dieux! que je suis heureux! Il la tient de moi. Dans mon embarras, hier, je m'en suis servi pour arracher sa confiance, et je n'ai pu trouver l'instant de vous en informer. Ah, Rosine! il est [1770] donc vrai que vous m'aimez véritablement!

FIGARO. — Monseigneur, vous cherchiez une femme qui vous aimât pour vous-même...

ROSINE. — Monseigneur!... Que dit-il?

■■

● **Le romanesque** — Dans la symétrie générale de la comédie (il est remarquable que les actes I et IV soient courts, II et III longs), la scène 6 n'est pas sans rappeler les deux premières scènes de l'acte I :

— le Comte a franchi la fenêtre sous laquelle il était apparu en qualité de soupirant.

— Le dialogue entre le Comte et Figaro est ce qu'il était en I, 2 : celui de deux positions sociales et de deux philosophies.

① L'association Almaviva-Figaro ne ressemble-t-elle pas à celle de don Quichotte et de Sancho Pança? Notez la fidélité un peu désabusée de l'ancien valet : l'opposition amant-confident (l. 1727-1728). L'épreuve de l'orage ajoute à ce romanesque : elle a une autre utilité, celle de convaincre Rosine de la bonne foi de Lindor.
Si Figaro a le détachement qui convient à son rôle et à sa nature, le Comte, lui, est plus amoureux que jamais. La question que suggérait le monologue initial reçoit ici une réponse : Figaro parle de *bonne fortune* (l. 1725), mais le Comte s'engage, sans ambiguïté aucune, à épouser Rosine. Beaumarchais explique la résolution dans sa *Lettre modérée*, p. 46, l. 373 et suivantes. L'explication vaut à la fois pour la conclusion du *Barbier* et pour l'intrigue du *Mariage...*
Le Comte passe sans difficulté du ton de la plaisanterie, même un peu vive, avec Figaro (l. 1719), à la confidence amoureuse et aux déclarations enflammées à l'adresse de Rosine : contraste admis, atténué par un sourire amusé. Mais le spectateur attend un autre contraste, plus dramatique : comment Rosine va-t-elle accueillir le Comte?

② Analysez l'attente du public et la manière dont l'auteur y répond.

③ Montrez, chez l'Almaviva de l'acte IV, une délicatesse nouvelle qui s'ajoute à la passion.

■■

LE COMTE, *jetant son large manteau, paraît en habit magnifique.* — O la plus aimée des femmes! il n'est plus temps de vous abuser: l'heureux homme que vous voyez à vos pieds n'est point Lindor; je suis le comte Almaviva, qui meurt d'amour, et vous cherche en vain depuis six mois.

ROSINE *tombe dans les bras du comte.* — Ah!...   1780

LE COMTE, *effrayé.* — Figaro!

FIGARO. — Point d'inquiétude, Monseigneur: la douce émotion de la joie n'a jamais de suites fâcheuses; la voilà, la voilà qui reprend ses sens. Morbleu, qu'elle est belle!

ROSINE. — Ah, Lindor!... Ah, Monsieur! que je suis coupable! j'allais me donner cette nuit même à mon tuteur.

LE COMTE. — Vous, Rosine!

ROSINE. — Ne voyez que ma punition! J'aurais passé ma vie à vous détester. Ah! Lindor, le plus affreux supplice n'est-il pas de haïr, quand on sent qu'on est faite pour aimer?   1790

FIGARO *regarde à la fenêtre.* — Monseigneur, le retour [1] est fermé; l'échelle est enlevée.

LE COMTE. — Enlevée!

ROSINE *troublée.* — Oui, c'est moi... c'est le docteur [2]. Voilà le fruit de ma crédulité. Il m'a trompée. J'ai tout avoué, tout trahi: il sait que vous êtes ici, et va venir avec main-forte.

FIGARO *regarde encore.* — Monseigneur! on ouvre la porte de la rue.

ROSINE, *courant dans les bras du Comte avec frayeur.* — Ah, Lindor!...

LE COMTE, *avec fermeté.* — Rosine, vous m'aimez! Je ne crains personne; et vous serez ma femme. J'aurais donc le plaisir de punir [1800] à mon gré l'odieux vieillard!...

ROSINE. — Non, non; grâce pour lui, cher Lindor! Mon cœur est si plein que la vengeance ne peut y trouver place.

SCÈNE VII. — LE NOTAIRE, DON BAZILE,
LES ACTEURS PRÉCÉDENTS.

FIGARO. — Monseigneur, c'est notre notaire.

LE COMTE. — Et l'ami Bazile avec lui!

BAZILE. — Ah! qu'est-ce que j'aperçois?

FIGARO. — Eh! par quel hasard, notre ami?...

BAZILE. — Par quel accident, Messieurs?...

LE NOTAIRE. — Sont-ce là les futurs conjoints?

LE COMTE. — Oui, Monsieur. Vous deviez unir la signora Rosine et [1810] moi cette nuit, chez le barbier Figaro; mais nous avons préféré

---

1. Métonymie: le chemin du retour. — 2. Il faut entendre: *c'est moi* (la coupable)... *c'est le docteur* (Bartholo qui arrive). Ces ellipses expriment l'émotion.

cette maison, pour des raisons que vous saurez. Avez-vous notre contrat ?

LE NOTAIRE. — J'ai donc l'honneur de parler à Son Excellence Monsieur le comte Almaviva ?

FIGARO. — Précisément.

BAZILE, *à part*. — Si c'est pour cela qu'il m'a donné le passe-partout...

LE NOTAIRE. — C'est que j'ai deux contrats de mariage, Monseigneur. Ne confondons point : voici le vôtre; et c'est ici celui du seigneur Bartholo avec la signora... Rosine aussi ? Les demoiselles apparem- 1820 ment sont deux sœurs qui portent le même nom.

LE COMTE. — Signons toujours. Don Bazile voudra bien nous servir de second témoin. *(Ils signent.)*

BAZILE. — Mais, Votre Excellence... je ne comprends pas...

■■■

● **L'action** — On serait tenté, non sans quelque apparence de raison, de voir ici (IV, 6) une scène de dépit amoureux. Mais, si on la compare à des scènes de ce genre chez Molière, on est frappé par la sobriété, la rapidité de mouvement qui caractérisent si souvent *le Barbier*. Observez les phases : l'indignation de Rosine, qui va aussitôt au fait (la lettre); l'explication de Lindor, qui dissipe un malentendu savamment préparé (voir notamment III, 2 et III, 9); Lindor révèle sa véritable identité, à la suite d'un *Monseigneur* négligemment lâché par Figaro (l. 1772). Cette « reconnaissance », d'un joli effet dramatique, est la conclusion du vœu *(être aimé pour soi-même)* formulé par le Comte en I, 1 (l. 14). Tout cela tient en vingt lignes.

— Nous voilà donc rassurés. Cependant, il faut maintenir une certaine tension dramatique : d'où la péripétie de l'échelle enlevée. Que redoute alors le public ?

● **Rosine** — ① A propos de l'indignation de Rosine (l. 1757-1765), discutez cette opinion de M. René Pomeau : « Ce Lindor pourtant, qu'elle prend pour un vil entremetteur, exerce sur elle un certain attrait. Au lieu de se réfugier dans sa chambre, elle l'attend près de la jalousie pour lui dire son fait. » Analysez attentivement : la succession des *vous* et des *tu* ; la valeur des imparfaits *(je t'aimais* : l. 1760...); la franchise avec laquelle Rosine tend la lettre (l. 1765).

② Pourquoi Rosine défaille-t-elle entre les bras du Comte (l. 1780) ? Peut-on supposer que ce soit par feinte ?

③ Quel nouveau trait de son caractère nous est révélé à la fin de la scène ?

● **Figaro** — ④ A propos de *Morbleu, qu'elle est belle*! (l. 1784), M. Scherer remarque : « Figaro a les sens aussi éveillés que les autres personnages. »

⑤ Comparez cet attendrissement du barbier au badinage de II, 2 (l. 456-459). Quelle nuance ces deux répliques apportent-elles au personnage de Figaro? Intéressante en elle-même, la réplique de la l. 1784 n'a-t-elle pas en outre l'avantage de nous montrer le personnage moins détaché de l'action qu'il pourrait l'être ?

■■■

LE COMTE. — Mon maître Bazile, un rien vous embarrasse, et tout vous étonne.

BAZILE. — Monseigneur... mais si le docteur...

LE COMTE, *lui jetant une bourse.* — Vous faites l'enfant! Signez donc vite.

BAZILE, *étonné.* — Ah! ah!...   1830

FIGARO. — Où est donc la difficulté de signer?

BAZILE, *pesant la bourse.* — Il n'y en a plus. Mais c'est que moi, quand j'ai donné ma parole une fois, il faut des motifs d'un grand poids [1]...

(Il signe.)

SCÈNE VIII. — BARTHOLO, UN ALCADE [2], DES ALGUAZILS [2], DES VALETS *avec des flambeaux,* ET LES ACTEURS PRÉCÉDENTS.

BARTHOLO *voit le Comte baiser la main de Rosine, et Figaro qui embrasse grotesquement don Bazile; il crie en prenant le notaire à la gorge.* — Rosine avec ces fripons! Arrêtez tout le monde. J'en tiens un au collet.

LE NOTAIRE. — C'est votre notaire.

BAZILE. — C'est votre notaire. Vous moquez-vous?

BARTHOLO. — Ah! don Bazile, et comment êtes-vous ici?   1840

BAZILE. — Mais plutôt vous, comment n'y êtes-vous pas?

L'ALCADE, *montrant Figaro.* — Un moment! je connais celui-ci. Que viens-tu faire en cette maison, à des heures indues?

FIGARO. — Heure indue? Monsieur voit bien qu'il est aussi près du matin que du soir [3]. D'ailleurs, je suis de la compagnie de Son Excellence Monseigneur le comte Almaviva.

BARTHOLO. — Almaviva!

L'ALCADE. — Ce ne sont donc pas des voleurs?

BARTHOLO. — Laissons cela. — Partout ailleurs, Monsieur le Comte, je suis le serviteur de Votre Excellence; mais vous sentez que   1850
la supériorité du rang est ici sans force. Ayez, s'il vous plaît, la bonté de vous retirer.

LE COMTE. — Oui, le rang doit être ici sans force; mais ce qui en a beaucoup est la préférence que Mademoiselle vient de m'accorder sur vous, en se donnant à moi volontairement.

BARTHOLO. — Que dit-il, Rosine?

---

1. Dans le manuscrit, la scène comportait encore sept répliques dont celle-ci, qui contient une indication assez remarquable: « FIGARO *(pendant qu'on signe).* — L'ami Bazile, à votre manière de raisonner, à vos façons de conclure, si mon père eût fait le voyage d'Italie, je croirais, ma foi, que nous sommes un peu parents. » Après quoi le Comte offre à Figaro une place de secrétaire, dont Bazile consent à partager « en frère » les appointements. On comprend que ces répliques aient été supprimées. — 2. Voir p. 59, n. 4 et 5. — 3. Quatre heures du matin.

ROSINE. — Il dit vrai. D'où naît votre étonnement ? Ne devais-je pas, cette nuit même, être vengée d'un trompeur ? [1] Je le suis.

BAZILE. — Quand je vous disais que c'était le Comte lui-même, Docteur ?

BARTHOLO. — Que m'importe à moi ? Plaisant mariage ! Où sont les [1860] témoins ?

LE NOTAIRE. — Il n'y manque rien. Je suis assisté de ces deux messieurs.

BARTHOLO. — Comment, Bazile ! vous avez signé ?

BAZILE. — Que voulez-vous ? ce diable d'homme a toujours ses poches pleines d'arguments irrésistibles.

BARTHOLO. — Je me moque de ses arguments. J'userai de mon autorité.

LE COMTE. — Vous l'avez perdue en en abusant.

BARTHOLO. — La demoiselle est mineure.

FIGARO. — Elle vient de s'émanciper.

BARTHOLO. — Qui te parle à toi, maître fripon ? [1870]

LE COMTE. — Mademoiselle est noble et belle ; je suis homme de qualité, jeune et riche ; elle est ma femme : à ce titre, qui nous honore également, prétend-on me la disputer ?

BARTHOLO. — Jamais on ne l'ôtera de mes mains.

LE COMTE. — Elle n'est plus en votre pouvoir. Je la mets sous l'autorité des lois ; et Monsieur, que vous avez amené vous-même [2], la protégera contre la violence que vous voulez lui faire. Les vrais magistrats sont les soutiens de ceux qu'on opprime.

L'ALCADE. — Certainement. Et cette inutile résistance au plus honorable mariage indique assez sa frayeur sur la mauvaise adminis- [1880] tration des biens [3] de sa pupille, dont il faudra qu'il rende compte.

LE COMTE. — Ah ! qu'il consente à tout, et je ne lui demande rien.

FIGARO. — ...que la quittance de mes cent écus [4] : ne perdons pas la tête.

BARTHOLO, *irrité*. — Ils étaient tous contre moi ; je me suis fourré la tête dans un guêpier.

BAZILE. — Quel guêpier ? Ne pouvant avoir la femme, calculez, Docteur, que l'argent vous reste ; eh oui ! vous reste !

---

1. Voir IV, 3. — 2. Noter l'importance de ce détail. — 3. Une allusion était faite à cette mauvaise gestion par Rosine elle-même à la fin de III, 12 (l. 1575). Faut-il faire remarquer combien la situation sociale de Rosine est différente, sur ce point, de celle d'Agnès chez Molière ? — 4. Voir III, 5, l. 1351.

■■■

● **L'action** — M. Scherer se demande ce que fait Bartholo durant la scène 7. C'est lui qui a enlevé l'échelle : et ensuite?

① Vous répondrez à cette question en observant que Beaumarchais n'a rien oublié : l. 1796 et fin de IV, 3.

● **L'étonnement de Bazile** — ② Comment a été renouvelé ici le thème déjà traité (II, 8 ; III, 11 ; IV, 1) de sa vénalité?

③ Expliquez le comique de *Il n'y en a plus* (l. 1832) et de *Comment n'y êtes-vous pas?* (l. 1841).

■■■

BARTHOLO. — Ah! laissez-moi donc en repos, Bazile! Vous ne songez qu'à l'argent. Je me soucie bien de l'argent, moi! A la bonne heure,[1890] je le garde; mais croyez-vous que ce soit le motif qui me détermine?

(Il signe.)

FIGARO, *riant.* — Ah! ah! ah! Monseigneur! ils sont de la même famille [1].

LE NOTAIRE. — Mais, Messieurs, je n'y comprends plus rien. Est-ce qu'elles ne sont pas deux demoiselles qui portent le même nom?

FIGARO. — Non, Monsieur, elles ne sont qu'une.

BARTHOLO, *se désolant.* — Et moi qui leur ai enlevé l'échelle pour que le mariage fût plus sûr! Ah! je me suis perdu faute de soins.

FIGARO. — Faute de sens [2]. Mais soyons vrais, Docteur : quand la jeunesse et l'amour sont d'accord pour tromper un vieillard, tout ce[1900] qu'il fait pour l'empêcher peut bien s'appeler à bon droit *la Précaution inutile.*

---

1. Dans *le Barbier* en 5 actes, on lisait ici : « BARTHOLO. — Je me rends parce qu'il est clair qu'elle m'aurait trompé toute sa vie. ROSINE. — Non, Monsieur, mais je vous aurais haï jusqu'à la mort. » — 2. De bon sens (l'assonance *soins-sens* accentue la vivacité de la rectification).

■■

- **Le comique** — Observez quelques manifestations (assez discrètes) de comique professionnel, à propos du notaire (l. 1820 et 1894) et de l'alcade (l. 1848) qui, ne l'oublions pas, tient le rôle à la fois d'un commissaire de police et d'un juge de paix.

  Quelques situations comiques sont liées aux caractères : Rosine, qui retrouve sa bonne humeur en cette scène finale, prétend n'avoir point changé d'avis (l. 1857), depuis IV, 3. Il s'agissait seulement de savoir qui était *le trompeur.*

  ① Analysez à ce double propos (situation et caractère) le comique du *quand je vous disais*, de Bazile (l. 1859).

  Beaumarchais n'a exploité aucune des facilités qui lui étaient offertes dans cette scène, sauf peut-être le thème de la *précaution inutile*, rappelé (discrètement) à la l. 1876, puis (avec plus d'insistance) à l'avant-dernière réplique et enfin (triomphalement) à la dernière. N'est-ce pas parce que l'auteur voulait donner au dénouement, préparé si soigneusement, une impression de naturel?

- **La déconvenue de Bartholo** — La dignité conférée au personnage est remarquable : en face du Comte d'abord (l. 1849-1852), puis de Figaro (l. 1870), enfin de Bazile (l. 1889-1891); attitude d'autant plus méritoire qu'on sait Bartholo avare.

● **La réplique de Figaro** (l. 1892) — Voir ce que dit Beaumarchais de Bartholo dans la *Lettre modérée* : l. 275-278 et 395-400.

② Pourquoi cette réhabilitation du *malheureux tuteur* (*Lettre modérée*, l. 395)?

● **La morale de la comédie** — En dernier ressort, Figaro sert les desseins du Comte et, en la personne de Bartholo, c'est la bourgeoisie qui cède, l'alcade se rangeant du côté de la noblesse...

③ La morale ne serait-elle pas tout simplement celle qu'énonce Figaro?

Sur cet important problème, toujours repris et difficilement conclu, des prétendues intentions révolutionnaires de Beaumarchais, on relira notamment I, 2 et III, 5, ainsi que les commentaires des p. 65 et 123, avant d'apprécier ce jugement où M. Scherer distingue avec soin la portée sociale de la pièce *avant et après* la Révolution (*La Dramaturgie de Beaumarchais*, p. 106-107) :

« Beaumarchais écrit essentiellement pour un public bourgeois; or, au XVIIIᵉ siècle, la bourgeoisie n'a pas d'ennemis à gauche. Le peuple ne présente pas, aux yeux des bourgeois, une force politique : le théâtre de Beaumarchais montre assez qu'on le tient pour rien. On se trompait et Robespierre se chargea de montrer qu'une révolution populaire était possible. Après les années de révolution populaire — que Beaumarchais passa à l'étranger —, il devint évident que les critiques adressées par la bourgeoisie à la noblesse pouvaient être utilisées par le peuple contre la bourgeoisie. Devenue la classe dominante, la bourgeoisie héritait des privilèges, mais aussi des faiblesses, de la noblesse de l'Ancien Régime. Beaumarchais devenait, après sa mort, dangereux pour elle : en dirigeant sur les ennemis de droite, qui n'étaient d'ailleurs plus très puissants après 1830, des traits, même émoussés, il renforçait la position des ennemis de gauche, qui se révélaient les plus redoutables. La bourgeoisie se mit donc à attribuer au *Barbier* et au *Mariage* une efficacité merveilleuse. Celle-ci aurait fort étonné Louis XVI, qui, pour son temps et pour son régime, avait raison de ne point trop craindre Beaumarchais. »

④ Si cette opinion ne résout pas toute la question, n'explique-t-elle pas au moins pourquoi c'est au XIXᵉ siècle (et à ce propos la remarque de Sainte-Beuve, p. 123 ③, est fort suggestive) qu'on a voulu voir un Beaumarchais révolutionnaire, quand ce n'est évident ni au XVIIIᵉ... ni au XXᵉ?

ROSINE. – *Ne devais-je pas, cette nuit même, être vengée d'un trom-*
peur? Je le suis

(IV, 8, l. 1857)

Télévision française, septembre 1960

ÉTUDE DU « BARBIER DE SÉVILLE »

1. L'intrigue

Plusieurs critiques ont étudié l'art de l'intrigue dans le *Barbier de Séville* et se sont demandé où réside l'originalité de Beaumarchais. On discutera le jugement de deux d'entre eux : Lintilhac et Brunetière.

① « *Le Barbier* est, de toutes les comédies, celle où le dénouement est le mieux amené, partant le plus intéressant [...] C'est un jeu d'échecs : les pièces en sont vieilles, mais la partie est toute neuve, car, bien que l'un des joueurs avance sans cesse, le succès est à chaque coup compromis par l'habile défense du plus faible, et nous ne respirons que lorsque ce dernier est fait échec et mat » (E. LINTILHAC, *Beaumarchais et ses œuvres*, 1887).

② Beaumarchais « n'a pas cru qu'il lui fût interdit de joindre à l'héritage de Molière ce que les successeurs de Molière y avaient eux-mêmes ajouté depuis plus de cent ans et, au contraire, venant le dernier il n'a eu garde, sous prétexte d'être original, de ne pas profiter des leçons et des exemples de Regnard, de Lesage, de Marivaux [...] Il a donc appris à mettre l'intérêt dans l'intrigue, à en diversifier l'allure, à tenir la curiosité en haleine, à la renouveler d'acte en acte, à combiner, à disposer ses fils en vue du dénouement, lequel prend en effet une importance toute nouvelle » (BRUNETIÈRE, *Époques du théâtre français*, 1892).

2. Les personnages

Nous avons fait figurer, dans l'analyse méthodique de la pièce, bien des sujets de réflexion sur les personnages du *Barbier*. On y ajoutera le propos suivant :

FRANCISQUE SARCEY *(Quarante ans de Théâtre*, 1900) dit de **Rosine** : « L'innocence même, c'est cela; voilà la caractéristique du rôle. Lorsque Rosine aperçoit tout à coup le Comte déguisé en maître à chanter et qu'elle jette un cri [l. 1153], ce n'est pas elle qui, avec l'aplomb de l'Angélique de Molière, trouve tout de suite un mensonge plausible pour expliquer son émoi; c'est son amant qui le lui fournit... »

③ Comme, d'autre part, on insiste volontiers sur le style plus « déluré » de Rosine par rapport à Agnès, vous vous efforcerez de nuancer les conclusions que vous pouvez tirer, sur ce point précis, d'une comparaison entre Beaumarchais et Molière.

④ Justifiez et discutez cette opinion d'E. LINTILHAC : « Rosine a des délicatesses, des nuances et des élans de passion qui enlevèrent les suffrages les plus délicats. »

① Quel jour jette, sur le personnage de **Figaro**, l'opinion formulée par M. Philippe Van Tieghem dans son *Beaumarchais par lui-même* (1960, p. 123)? « Figaro apparaît comme une création de Beaumarchais; de tous les valets de comédie, seul il est inoubliable. Mais l'auteur du *Barbier* ne l'a pas créé *ex nihilo.* »

Après avoir évoqué l'Arlequin du Théâtre italien, les Sganarelle et Mascarille de Molière, le Frontin de *Turcaret* et *Crispin rival de son maître,* le critique poursuit :

② « Figaro enfin, brusquement se dresse comme l'homme des revendications sociales. Il a toutes les qualités intellectuelles qu'il faut pour prétendre aux grandes places. Cultivé, intelligent, honnête sans naïveté, plein d'idées, ne vaut-il pas n'importe lequel de ces puissants d'un jour dont il a subi l'injuste pouvoir? Il échoue cependant. Tout au plus s'est-il élevé au niveau d'homme de confiance de la famille Almaviva. C'est son successeur immédiat qui réalisera ses promesses, Ruy Blas, premier ministre de toutes les Espagnes. »

③ Parce qu'il dérange un peu la thèse sociale qu'on développe si volontiers à propos du *Barbier* (voir le commentaire de la p. 65), le personnage du **Comte** a moins fixé l'attention que les autres. M. Maurice Rat écrit à son sujet : « Almaviva, cet échappé de l'Œil-de-Bœuf qui n'oublie pas sa naissance, mais qui ne la rend point déplaisante, est aussi le jeune cavalier plein de flamme et pétri d'un esprit qui le font mettre à profit bien vite les leçons de Figaro. »

④ A propos de **Bazile,** dont Félix Gaiffe dit que « le costume sombre, les bas instincts et l'aspect à demi ecclésiastique ont flatté l'anticléricalisme inconscient qui sommeillait dans ce parterre d'une fin de régime », vous reprendrez, en les confrontant avec ce jugement, les remarques que vous avez été amené à faire après l'étude de II, 8 (voir p. 91).

⑤ Les personnages du *Barbier* sont-ils fortement individualisés ? M. Auguste Bailly se le demande (*Beaumarchais, la vie et l'œuvre,* p. 172) : « En vérité, chacun d'eux est Beaumarchais, car il leur prête sa verve et son style bien plus qu'il ne cherche à leur donner celui de leur condition, de leur âge et de leur caractère. Les uns et les autres parlent comme il écrit lorsqu'il se livre à son tempérament de polémiste et à son prodigieux talent de repartie. »

3. Le style

Cependant, un contemporain de Beaumarchais, Métra, ne lui reconnaissait aucune originalité puisqu'il s'exprimait ainsi dans sa *Correspondance littéraire* (25 février 1775) : « Un plaisant s'est écrié, à la représentation du *Barbier de Séville* : Cette pièce est un legs que Taconet a fait à Beaumarchais. Ce Taconet était le fabricant des pièces de Nicolet [1728-1796], notre fameux et pitoyable bateleur. »

① GRIMM s'est montré plus favorable : « Cette pièce, sans être du meilleur genre, sans avoir non plus la verve et la folie des farces de Molière, n'en est pas moins l'ouvrage d'un homme de beaucoup d'esprit. Le dialogue en serait plus facile et plus vrai, s'il n'avait pas l'air de courir après le mot; mais plusieurs de ces mots sont fins et plaisants. » Partagez-vous cette opinion?

Les réserves d'E. LINTILHAC, sur ce point, aboutissent à un éloge : « Quand la magie de l'action a cessé, on s'aperçoit que la recherche du trait n'est pas toujours heureuse, ni l'expression correcte, que le style est tendu, que cette prose vise trop à passer en proverbe, que tout n'est pas or, qu'il y a du clinquant et du *claquant*, comme dirait Figaro; mais qu'on a de la peine à se l'avouer et qu'il est facile de l'oublier! » (*Histoire générale du théâtre en France*, t. IV, 1909).

SARCEY, de son côté, écrivait dans la chronique du *Temps* (1ᵉʳ mars 1886) : « Beaumarchais a la phrase ramassée et lumineuse, il a le mot qui flamboie, il a le trait. Il a surtout le mouvement, un mouvement endiablé. La scène file rapidement de réplique en réplique. »

En homme d'expérience, le même SARCEY remarquait, dans *Quarante ans de Théâtre :* « Pour que ce trait porte, pour qu'il éblouisse à la fois les yeux de tout un public, il faut que la vérité dont il est le résumé, le ramassé étincelant, ait été longtemps triturée par tous les modes de publicité possibles; il faut qu'elle soit devenue lieu commun, il faut qu'elle ait passé en quelque sorte dans le sang de la génération qui la comprend et qui l'applaudit. »

4. Comment on a jugé la pièce au cours des siècles

XVIIIᵉ SIÈCLE — La *Lettre modérée* nous avait appris l'opinion peu favorable du *Journal encyclopédique* de Bouillon. En voici un autre échantillon : « Il sera difficile de tracer un plan de cette comédie parce qu'elle en a peu et n'offre en général que des scènes liées au hasard, à la manière de ces canevas italiens où l'on ne consulte ni vraisemblance ni aucune des unités ni morale naturelle... »

② N'est-ce pas un des points où il est le plus aisé de justifier Beaumarchais ?

Aux jugements reproduits dans notre étude initiale (p. 33), il conviendrait d'ajouter un propos de Voltaire qui concerne, il est vrai, l'auteur des *Mémoires*, mais qu'on pourrait appliquer à l'auteur du *Barbier :*
③ « Quel homme ! Il réunit tout, la plaisanterie, le sérieux, la raison, la gaîté, la force, le touchant, tous les genres d'éloquence, et il n'en recherche aucun, et il confond tous ses adversaires, et

il donne des leçons à ses juges. Sa naïveté m'enchante... » (lettre à d'Alembert, 25 février 1774).

XIXe SIÈCLE — SAINTE-BEUVE fut extrêmement sensible à l'esprit de Beaumarchais qu'il opposait à l'esprit « graveleux » de Charles Collé (1709-1783), dont les *parades* avaient séduit un siècle libertin :

① « Collé, qui était de la bonne race gauloise, n'avait ni l'abondance ni le jet de verve de Beaumarchais, et il se complaisait un peu trop dans le graveleux. Beaumarchais y allait plus à cœur ouvert ; et en même temps, il avait le genre de plaisanterie moderne ce tour et ce trait aiguisé qu'on aimait à la pensée depuis Voltaire il avait la saillie, le pétillement continuel. Il combina ces qualités diverses et les réalisa dans des personnages vivants, dans un seu surtout qu'il anima et doua d'une vie puissante, et d'une fertilité de ressources inépuisable. On peut dire de lui qu'il donna une nouvelle forme à l'esprit » (*Lundis*, 1852).

A peu près à la même époque, L. de LOMÉNIE (*Beaumarchais et son temps*, 1856) écrivait : « Dans cette rapide transformation du *Barbier*, Beaumarchais apparaît avec tout ce qui caractérise la période la plus brillante de son talent. Son esprit a toute la force que donne la maturité, et il conserve encore la flexibilité de la jeunesse. Ardent, souple et fécond, les dangers et les embarras lui font trouver des ressources inattendues ; il sait se plier à toutes les circonstances, et il les dompte en les enlaçant. »

EUGÈNE LINTILHAC a souligné ce qu'il y a de populaire dans le génie de Beaumarchais :

② « Beaumarchais, a-t-on dit, est un prince de la scène. Il est vrai, mais sur la scène du Théâtre-Français, comme sur la scène du monde, il est un parvenu. Ses origines, ainsi que celles de Molière, sont bourgeoises, et les parades de l'un, ainsi que les farces de l'autre sont, pour ainsi dire, les extraits de naissance de leur génie comique » (*Beaumarchais et ses œuvres*, 1887).

L'importance du *Barbier* est-elle apparue après coup ? SARCEY le pense : « Personne ne se douta que Beaumarchais apportait au théâtre une nouvelle manière, qu'il faisait une révolution. On regarda sa pièce comme sans conséquence. »

Tel n'est pas cependant l'avis de LANSON. Croyant — contrairement aux données de la comédie — qu'Almaviva épouse « une petite bourgeoise », il y voit une thèse contre le préjugé des mésalliances, qui aurait conféré au *Barbier* une portée immense : « Beaumarchais a suivi le conseil de Diderot, il a enveloppé les caractères dans les conditions, et il y a trouvé le moyen de caresser les goûts philosophiques du public. Le sujet manqué par Voltaire dans *Nanine* est venu très justement s'appliquer sur le thème de l'*École des femmes* » (*Histoire de la Littérature française*, 1894).

③ Pour en juger, vous vous reporterez aux réactions des contemporains, citées p. 33, vous les confronterez et vous conclurez.

XXe SIÈCLE — ANDRÉ GIDE note, à la date du 20 février 1926 (*Retour du Tchad*, Pléiade, II, p. 867) :

① « Étendu sur une chaise de bord qui, de jour, prend la place du lit de camp replié, je relis *le Barbier de Séville*. Plus d'esprit que d'intelligence profonde. De la paillette. Manque de gravité dans le comique. »

AUGUSTE BAILLY (*Beaumarchais*, 1945) n'est pas d'un avis très différent. Reprenant la comparaison avec *l'École des femmes*, il précise :

② « Almaviva représente le type habituel de l'amoureux, sans que son amour parvienne jamais à nous émouvoir. Rosine est infiniment moins complexe qu'Agnès, dont l'ingénuité trahit une nature plus originale et plus secrète. Bartholo, avare, méchant, hargneux, n'éprouve pas les sentiments douloureux et profonds qui prêtent au rôle d'Arnolphe une intensité souvent pathétique; et, malgré tout, *le Barbier de Séville* n'est pas — mais pour des raisons différentes — une comédie moins attrayante que *l'École des femmes*. Ses mérites sont plus superficiels sans doute [...] mais si l'on essaie simplement de mesurer le plaisir de jeu que l'une et l'autre nous procurent, l'égalité se rétablit [...]. Nous touchons ici aux qualités mêmes du génie de Beaumarchais, et non seulement à celles de son génie, mais à celles de son caractère : le mouvement et l'esprit. »

③ Que pensez-vous de cette comparaison et de cette conclusion ?

Depuis 1945, on observe un renouveau d'études sur Beaumarchais. Dans sa *Dramaturgie de Beaumarchais* (1954), M. JACQUES SCHERER (p. 246) évoque la destinée de cette « comédie dont la hardiesse est dans les flèches qu'elle lance sur quelques privilèges sociaux, mais surtout dans l'extraordinaire promotion du sujet : par une carrière sans doute unique au XVIIIe siècle, *le Barbier* passe du théâtre privé de la parade à la scène de l'Opéra-Comique, puis à celle de la Comédie-Française; il parcourt ainsi à peu près toute l'étendue du monde théâtral de cette époque ».

④ Selon M. Arnould, rien ne prouve que *le Barbier de Séville* ait d'abord existé sous forme de parade. Ce serait une légende née d'une affirmation, d'ailleurs bien vague, de Lintilhac. En fait, les critiques l'ont accueillie un peu facilement car aucune trace de cette prétendue parade n'a été retrouvée. Tout ce qu'on peut dire, c'est que la chose n'a rien d'invraisemblable puisque, à défaut de celle-là, Beaumarchais a écrit d'autres parades, qui ont été conservées. Quoi qu'il en soit sur ce point, peut-on parler encore d'une « extraordinaire promotion du sujet » ? Est-elle entièrement identique à la promotion de la farce dans le théâtre de Molière ? Comment et en quel sens concevez-vous cette promotion dans la pièce de Beaumarchais ?

Dans son *Beaumarchais par lui-même* paru en 1960, M. PHILIPPE VAN TIEGHEM a fait cette remarque profonde : « Le baroque se caractérise par la primauté du *paraître* sur l'*être*. Comment une personnalité si peu homogène (il s'agit de Figaro) pourrait-elle exister en soi autrement que par référence à la situation ? *Le plus grand savoir*, dit Balthazar Gracian, *consiste dans l'art de paraître*. C'est ce que semble avoir admis Beaumarchais qui se donne tant de mal pour imposer au public, selon les cas, l'image d'un homme sensible, d'un citoyen utile, d'une *tête carrée*, ou, en cas exceptionnel, d'un homme de lettres frivole [...]. Si l'homme véritable est un être mouvant, toute la comédie qui le met en scène aura nécessairement pour caractère la rapidité du rythme. Figaro entraîne tous ceux qui l'entourent dans son agitation. »

① Peut-on concevoir, dans le plein sens du terme, un Beaumarchais « baroque » ?

Ce serait là une « promotion » d'un autre ordre, tant il est vrai que la perspective ouverte par M. Van Tieghem confère au personnage de Figaro, à l'ensemble de l'œuvre et à son auteur, une dimension métaphysique. Cette opinion n'est pas partagée par tous les critiques, comme il apparaît dans le jugement, intéressant à plus d'un titre, d'ARMAND SALACROU, lui aussi homme de théâtre (*Cahiers de la Bibliothèque mondiale*, 1er juillet 1954) :

« Pas un frémissement n'annonce le prochain mal du siècle; aucune inquiétude sur la condition humaine. Dans toute son œuvre, parmi toutes ses lettres, ses comédies et mémoires, on ne peut relever que deux phrases « métaphysiques » : *Être des êtres, je te dois tout : le bonheur d'exister, de penser, et de sentir*; et : *Forcé de parcourir la route où je suis entré sans le savoir, comme j'en sortirai sans le vouloir, je l'ai jonchée d'autant de fleurs que ma gaîté me l'a permis...*

» Ajoutons une dernière remarque : Beaumarchais eut la chance d'écrire pour le théâtre en un siècle où tout le monde parlait bien, et l'on écrivait comme l'on parlait. Le décalage entre la langue écrite et la langue parlée que nous connaissons aujourd'hui, est alors inexistant. Même les mouchards de police, dans leurs rapports secrets découverts lors de la prise de la Bastille, écrivent une langue qui est celle de Diderot et de Voltaire.

» Enfin on peut dire à propos de Beaumarchais que ses œuvres ne sont que les traces de sa vie. Il n'a pas sacrifié sa vie à son œuvre, comme Flaubert. Beaumarchais a écrit pour se justifier, pour se consoler en riant de ne pas être né prince ou marquis et de ne pas être à la tête des affaires publiques. Ainsi, durant ses belles années, quand tout semblait lui réussir, avant la ruine, la surdité, l'isolement, sa gaîté alors intacte, souveraine, sa géniale gaîté le souleva, l'entraîna et d'éclats de rire en bons mots, de persiflages en gentilles amours, il écrivit dans la joie deux des plus brillantes comédies de tout le théâtre français. »

① Ce jugement est-il en contradiction absolue avec celui de Ph. Van Tieghem ?

De toutes récentes études, en France et hors de France, ont montré qu'il y avait encore beaucoup à découvrir dans le *Barbier*, ou autour du *Barbier*, particulièrement en ce qui concerne le *Compliment de clôture* dont on trouvera plus loin deux versions. Ces études ont pris un tour érudit, parce que seul l'examen attentif des manuscrits permettait de rectifier certaines erreurs et d'éclairer certaines obscurités. On trouvera les principales dans notre bibliographie (p. 30) et nous y ferons de nombreux emprunts dans la suite de notre étude.

Un des apports de la récente critique a été de mettre en question, à propos du *Barbier de Séville*, du *Mariage de Figaro* et de *la Mère coupable*, la fameuse notion de trilogie. Ainsi M. Enzo Giudici dénonce « l'erreur, condamnée par l'esthétique moderne, de tous ceux qui ont voulu critiquer le personnage de Figaro d'après son évolution dans la trilogie. Mais artistiquement cette trilogie n'existe pas, chaque ouvrage a son individualité et il serait très grave de confondre le Figaro du *Barbier* avec celui du *Mariage* et celui de *la Mère coupable*, seulement à cause de l'identité des noms. C'est une faute très courante (Beaumarchais lui-même l'a commise !) mais qui n'est pas moins insoutenable esthétiquement. Elle est d'autant plus dangereuse qu'elle pousse à poser de faux problèmes, tel que celui de décider si Beaumarchais a rajeuni son héros dans *le Mariage*, comme le prétend non sans pénétration M. Pomeau (ouvrage cité, p. 147), ou si Figaro y a vieilli, comme tous les critiques l'ont cru après Beaumarchais lui-même. »

② Vous discuterez ce propos, en remarquant avec le critique que la notion de trilogie a été suggérée par l'auteur : dans la *Lettre modérée* (l. 310-338), Beaumarchais annonce en effet le futur *Mariage* comme un « sixième acte » du *Barbier*.

Quel que soit le lien qui unit les trois pièces de la prétendue « trilogie » et surtout les deux premières, il n'est pas interdit de s'interroger sur leurs mérites respectifs, comme le fait le critique italien dans son introduction au *Barbier de Séville* (p. LIII-LIV) :

« Et puisque Rosine (devenue comtesse Almaviva) se méfie de son mari, tout en ayant un penchant pour un jeune et joli page, Chérubin, et que Figaro lui aussi se méfie (mais à tort) de Suzanne, pendant que Marceline (à la fin on découvrira qu'elle est la mère de Figaro) voudrait l'épouser, profitant de ce qu'il ne peut lui rendre autrement l'argent qu'il lui avait emprunté, voilà que l'intrigue se complique énormément. Nous retrouvons ce goût de la complication (mais avec combien d'effort et de lassitude) dans *la Mère coupable*, dont l'intrigue repose sur la faute de Rosine (qui a eu un fils de Chérubin) et sur les intrigues de Bégears pour lui enlever l'amour et la protection de son mari (ce son encore Figaro et Suzanne qui sauveront tout et démasqueron l'imposteur). Mais après tant d'habileté dramatique, et malgre l'excellence de ce chef-d'œuvre qu'est *le Mariage* (une coméd toute sensuelle, il est vrai, et on serait tenté de la définir sexuelle mais avec combien de finesse et de vie), on revient avec satis faction à la simplicité, à l'esprit spontané et naturel du *Barbier d Séville*, comme à un fruit absolument primitif, ayant toute l fraîcheur et la saveur des bonnes vieilles choses. Sans être un grand ouvrage, il n'est pas moins un ouvrage de talent et il forme la bas de tout le théâtre de Beaumarchais : on peut le ranger après le *Mariage*, par ordre de mérite, mais on ne peut absolument l'igno rer si l'on veut tout comprendre. »

① Après avoir lu *le Mariage de Figaro*, vous déciderez pour votre propre compte, en justifiant votre choix, à quelle pièce de Beau marchais vont vos préférences.

LE COMPLIMENT DE CLOTURE

Les comédiens avaient l'habitude, avant la fermeture annuelle (du début du Carême au dimanche de Quasimodo), d'adresser au public ce qu'on appelait un Compliment de clôture. La période du Carême constituait pour eux de grandes vacances : dans leur profession, l'année finissait en quelque sorte à cette date. C'était donc l'occasion de faire le bilan de la « saison » dramatique, et c'est à quoi était destiné le compliment, comme Bartholo nous le rappelle (l. 59-61).

La rédaction de ce rapport moral incombait naturellement au directeur de la troupe. Mais un acteur, si excellent soit-il, n'ayant pas nécessairement les talents d'un écrivain, on peut supposer qu'il en confiait le soin, ou à un « auteur de quatre sous » ou, s'il se pouvait, à celui du grand succès de l'année. C'est à ce titre, semble-t-il, que la tâche échut à Beaumarchais, pour la clôture du Carême de 1775, l'année qui avait vu le triomphe du *Barbier*.

Cette circonstance donne un intérêt majeur à un exercice qu'on peut imaginer assez terne et nullement conçu pour passionner la postérité. Il va de soi que, même médiocre, un échantillon de ce genre littéraire, apparemment fort pratiqué encore que peu connu du lecteur moderne, constituerait un document assez remarquable pour quiconque veut s'informer de l'histoire du théâtre. On peut seulement imaginer, à travers le texte de Beaumarchais, en quoi consistait l'usage. Mais l'important, pour nous, c'est que ce texte nous permette de voir à l'œuvre, en un exercice de pure forme — un « exercice de style », comme dirait Raymond Queneau —, un écrivain doté d'un rare génie verbal, sinon capable d'idées profondes.

Enfin et surtout, le *Compliment de clôture* présente l'exceptionnel avantage de prolonger le *Barbier*. Non seulement il en reflète l'actualité (nombreuses sont les allusions aux circonstances de la pièce, à l'accueil fait par le public à tel ou tel épisode), mais les personnages sont les personnages mêmes de la pièce. Certes ils s'expriment en tant qu'acteurs et non en qualité de personnages, ainsi le veut la règle du genre, mais avec les mots, les traits, les tics qui sont, dans le *Barbier*, la substance même de chacun des personnages.

Pour insuffisant qu'il soit, ce *Compliment* est donc au *Barbier de Séville* un peu ce qu'est au théâtre de Molière *la Critique de l'École des femmes* et *l'Impromptu de Versailles*. C'est, de façon assez différente il est vrai, du théâtre sur le théâtre. Nous y entendons les comédiens discuter entre eux des problèmes de leur état, comme si le public n'était pas là, encore que Beaumarchais, qui n'est pas comédien lui-même, ait nécessairement (comme le montrent les documents joints à notre dernier chapitre) d'autres vues que Molière sur les rapports entre auteurs et acteurs.

Du *Compliment de clôture*, nous avons deux versions, et rien ne prouve, selon M. Enzo Giudici, que Beaumarchais n'en ait pas écrit d'autres. Nous proposons ici les deux textes qui nous sont parvenus, convaincu que leur comparaison peut apporter quelque lumière sur le style et même la personne de Beaumarchais. Nous en avons seulement modernisé la ponctuation et l'orthographe.

Le premier texte a été écrit pour la clôture de 1775. On ne saurait en douter puisque Beaumarchais y mentionne, selon l'usage, toutes les pièces créées par les Comédiens français entre le Carême de 1774 et celui de 1775. Cependant, selon M. Arnould, il n'avait aucune chance d'être joué par les Comédiens français : d'abord parce qu'il n'était pas d'usage d'accorder un tel privilège à l'auteur d'une seule pièce, ensuite parce que les rapports de Beaumarchais avec les Comédiens (voir toujours notre dernier chapitre) n'étaient pas, à cette date, excellents. Admettons donc que le *Compliment* n'ait pas été joué : du moins Beaumarchais a-t-il dû l'écrire à cette fin, ou alors il faudrait expliquer à quoi il le destinait.

La seconde version aurait, selon M. Giudici, été rédigée pour les Comédiens du Marais lors de la clôture de 1776. De ces deux indications, seule la première est sûre, puisqu'elle figure sur le manuscrit. Quant à la date, on observera que le texte porte, à deux reprises, des allusions à la période révolutionnaire. Peut-on croire à des adjonctions tardives ? M. Arnould ruine cette supposition par un simple fait historique : il n'y a pas, en 1776, de théâtre du Marais. Cette troupe avait fusionné avec celle de Molière en 1673, puis avec les Grands Comédiens en 1680, et c'est de là précisément qu'était née la Comédie-Française. Mais le monopole des Comédiens français fut aboli par une loi révolutionnaire de janvier 1791, et c'est ainsi que le théâtre du Marais put renaître en août 1791, avec Beaumarchais pour commanditaire. Comme Mme Baptiste — qui interprète dans le *Compliment* du Marais le rôle de Rosine — fut admise dans la troupe de ce théâtre dès sa formation et la quitta en 1793, M. Arnould en conclut que le texte de Beaumarchais fut bien joué au Marais, mais entre 1791 et 1793.

I

COMPLIMENT DE CLOTURE

DU 29 MARS 1775

Scène première. — BARTHOLO, *seul, se promenant un papier à la main.*

... Diable d'homme qui promet un compliment pour la clôture, qui vous amuse presqu'au dernier jour et, à l'instant de l'annoncer, il faut que je le fasse, moi... *Messieurs, si votre indulgence ne rassurait pas un peu...* je ne ferai jamais ce compliment-là... *Messieurs, votre critique et vos applaudissements nous sont également utiles en ce que...* la peste soit de l'homme... *Messieurs...* Pour bien faire il faudrait que ce compliment eût quelque rapport à l'habit dans lequel je dois le débiter... *Messieurs... De même que les médecins* [1] *entreprennent tous les malades mais ne guérissent pas toutes les maladies...* qu'une bonne fièvre putride eût pu te saisir au collet, auteur de chien, perfide auteur!... *ne guérissent pas toutes les maladies... de même les comédiens hasardent toutes les pièces nouvelles sans être sûrs que la réussite...* ah! je sue à grosses gouttes et je ne fais rien qui vaille... *Messieurs... Messieurs !* 10

Scène II. — BARTHOLO, LE COMTE, FIGARO.

FIGARO, *riant.* — Ah! ah! ah! ah! ah! Messieurs... Eh bien, Messieurs ?

BARTHOLO. — Ah, ça, venez-vous encore m'impatienter, vous autres ?

LE COMTE. — Nous venons vous offrir nos conseils.

BARTHOLO. — Je n'ai pas besoin de précepteur aussi goguenard. Je vous connais à présent [2].

LE COMTE. — Nous ne plaisantons point, je vous jure, et nous sommes aussi intéressés que vous à ce que votre compliment soit agréé du public. 20

BARTHOLO. — Oui ?... C'est que j'ai une singularité fort... singulière, moi, quand je n'ai rien à faire : mon esprit va, va, va, comme le diable, et dès que je veux travailler...

FIGARO. — Il prend ce temps-là pour se reposer. Je sais ce que c'est, il ne faut pas que cela vous étonne, Docteur. Cela arrive aussi à beaucoup d'honnêtes gens qui travaillent. Mais savez-vous ce qu'il faut faire ? Au lieu de rester en place en composant, ce qui engourdit la conception et rend l'accouchement pénible à une jeune personne 30

_____

1. Cf. *Le Barbier*, II, 13. — 2. Après ce qui s'est passé dans la pièce du *Barbier*.

de votre corpulence, il faut vous remuer, Docteur, aller et venir, vous donner de grands mouvements...

BARTHOLO. — C'est ce que je fais aussi.

FIGARO. — Et prendre la plume dès que vous sentirez que les esprits animaux vous montent à la tête.

BARTHOLO. — Eh!... les esprits animaux [1]...

LE COMTE. — Finis donc, Figaro! Il est bien temps de plaisanter.

BARTHOLO. — Ingrat barbier! pour qui j'eus mille bontés! tu ris de mon embarras au lieu de m'en tirer.

LE COMTE. — De quoi s'agit-il, Docteur? 40

BARTHOLO. — Il s'agit d'imaginer, pour la clôture, quelque chose qui me fasse déployer un beau talent devant le public.

FIGARO. — Déployer un beau talent! Eh! mais ne cherchez pas, Docteur, rappelez-vous seulement le plaisir extrême que vous lui avez fait quand vous avez déployé à ses yeux le beau talent de chanter en claquant vos pouces :

> Veux-tu, ma Rosinette,
> Faire emplette
> Du roi des maris [2] ?

BARTHOLO. — Ce drôle se pendrait plutôt que de manquer de désobliger ceux à qui il peut faire plaisir. 50

LE COMTE. — Réellement, Figaro, tu le désoles et le temps se passe. Ah, ça, dites-moi, Docteur! Savez-vous au moins les choses dont un Compliment de clôture doit être composé ?

BARTHOLO. — Ah! si je savais aussi bien les faire comme je sais les dire [3]...

FIGARO. — Si je savais courir comme je sais boire, je ferais soixante lieues par heure.

BARTHOLO. — Je sais qu'il faut invoquer l'indulgence du public, parler modestement de nous, dire un mot de tous les ouvrages nouveaux représentés dans l'année. 60

FIGARO. — Voilà le plus difficile. Au gré des auteurs, on n'en dit jamais assez. Au gré du public, on en dit souvent trop. Le tout est de prendre un juste milieu.

LE COMTE. — Il suffit de rappeler les ouvrages et de les indiquer. Ce n'est plus à nous à prononcer sur leur mérite. L'adoption que nous en avions faite est la preuve du bien que nous en pensions; et l'œil perçant du public nous dispense ici d'en scruter les défauts. Mais sur les succès, même les plus débattus, les plus douteux, nous devons aux auteurs le juste éloge d'un désir ardent de plaire au 70 public, que nous partageons avec eux.

---

1. Cette explication des passions selon la théorie de Descartes est périmée en 1775, même pour un docteur aussi rétrograde que Bartholo. — 2. *Barbier*, III, 4, l. 1298-1300. — 3. C'est l'acteur qui parle, plutôt que le personnage.

ARTHOLO. — Eh! morbleu! Bachelier [1], que ne disiez-vous que vous alliez dire cela? J'aurais pris la plume et mon ouvrage serait fait... Vous dites donc?

E COMTE. — Ma foi, je ne me souviens plus.

ARTHOLO. — Quel dommage! Et toi, Figaro?

IGARO. — Moi, cela m'a paru fort plat.

ARTHOLO. — Je le crois. Dès qu'il n'y a pas de calembours...

IGARO. — Il est vrai. Je ne sais autre chose.

ARTHOLO. — Tâche au moins de te rendre utile en nous rappelant quelles pièces on a données cette année. 80

IGARO. — On a donné, on a donné...

E COMTE. — *Adélaïde d'Hongrie, le Vindicatif, les Amants généreux, la Chasse d'Henri quatre... la* [2]...

ARTHOLO. — Eh! vous allez si vite que je ne puis vous suivre en écrivant. Recommencez.

E COMTE. — *Adélaïde d'Hongrie.*

IGARO *à lui-même.* — L'amour paternel. Bon fond de tragique et rempli de très beaux vers.

E COMTE. — *Le Vindicatif.* 90

IGARO. — Ouvrage estimable d'un homme de beaucoup d'esprit et d'une grande sensibilité.

E COMTE. — *Les Amants généreux.*

IGARO. — Du mouvement, du caractère et des détails très piquants.

ARTHOLO. — ...*généreux.*

E COMTE. — *La Chasse d'Henri quatre.*

IGARO. — Pour ce sujet-là, c'est l'ami du cœur. Un trait de sa vie privée fait plaisir en comédie, crac! de suite on vous met ses batailles en opéra-comique. Il ne reste plus qu'à faire un ballet de l'abjuration. 100

ARTHOLO. — *D'Henri quatre.* Après?

E COMTE. — Une comédie en un acte intitulée?...

IGARO. — Elle est de l'auteur d'une pièce fugitive intitulée *le Jugement de Paris.* Morceau charmant!

E COMTE. — Et quoi encore?

IGARO. — *Les Bienfaits d'Albert le Grand,* en vers, et le petit *Barbier* [3] votre serviteur, en prose.

---

1. Voir p. 58, note 3. — 2. Selon les registres du Théâtre-Français, les pièces évoquées ci avec quelques inexactitudes dans les titres (et un coupable abus de l'élision devant l'*h* aspiré) représentent la totalité des créations (à l'exclusion des reprises, beaucoup plus ombreuses) entre les deux carêmes de 1774 et de 1775. Représenté le 2 juillet 1774, *Vindicatif* est un drame en cinq actes et en vers libres de Dudoyer de Gastels, le mari de Mlle Doligny. *Adélaïde de Hongrie,* tragédie en cinq actes et en vers, de Dorat, a été représentée le 13 août. *Les Amants généreux,* comédie en cinq actes et en prose, de Rochon e Chabannes, furent joués le 13 octobre. *La Partie de chasse de Henri IV,* comédie en rois actes et en prose de Collé, a été jouée par les Comédiens français le 16 novembre 1774. C'est enfin le 4 février 1775, peu avant le *Barbier,* que fut représenté *Albert Ier ou Adeline,* omédie héroïque en trois actes et en vers de Leblanc de Guillet : le sujet évoquait en fait ne action généreuse de l'empereur d'Autriche Joseph II. Dans *la Genèse du Barbier de Séville* (p. 437-445), E. J. Arnould donne d'intéressantes précisions sur ces pièces. — . Avec majuscule et en italique, c'est la pièce. Mais Figaro emploie aussi le mot comme 'il s'agissait du personnage (lui-même). Il y a donc là, si l'on veut, *un calembour.*

BARTHOLO. — Encore un calembour.

FIGARO. — Oui, c'est le mot.

BARTHOLO. — Cela fait sept nouveautés en dix mois, et l'on prétend que nous sommes paresseux.

FIGARO. — Nous en abattrions bien d'autres, si l'on pouvait allier des intérêts inconciliables. Mais, pendant que l'homme de lettres qui attend nous dit sans cesse : « Eh aïe donc! la comédie, c'est mon tour à engrener », l'auteur qui est sur le chantier nous crie de son côté : « Piano, la comédie, piano! Faites-moi durer encore. » Tout cela est bien difficile.

Scène III. — LES ACTEURS PRÉCÉDENTS, MADEMOISELLE LUZY [1].

Mlle LUZY. — Messieurs, tant que vous occuperez le théâtre on ne commencera pas la petite pièce. Est-ce que le Compliment n'est pas dit ?

FIGARO. — Et comment voulez-vous qu'il soit dit ? Il n'est seulement pas fait.

Mlle LUZY. — Ce Compliment ?

BARTHOLO. — Vraiment non. L'auteur du *Barbier* m'en avait promis un. A l'instant de le prononcer, il nous fait dire de nous pourvoir ailleurs.

Mlle LUZY. — Il est peut-être piqué de ce qu'on a retranché de sa pièce l'air du printemps [2].

BARTHOLO. — On a bien fait, Mademoiselle : le public n'aime pas qu'on chante à la Comédie-Française.

Mlle LUZY. — Dans les tragédies. Mais depuis quand ferait-il ôter d'un sujet gai ce qui peut en augmenter l'agrément ? Allez, Monsieur! le public aime tout ce qui l'amuse.

BARTHOLO. — Est-ce notre faute, à nous, si Rosine [3] a manqué de courage ?

Mlle LUZY. — Est-il joli, le morceau ?

LE COMTE. — Voulez-vous l'essayer ?

BARTHOLO. — Vous allez la faire chanter. Comment diable voulez-vous que je finisse mon Compliment ?

LE COMTE. — Allez toujours, Docteur.

FIGARO. — Dans un petit coin, à demi-voix.

Mlle LUZY. — Mais je suis comme Rosine, moi! Je vais trembler.

FIGARO. — Fi donc, trembler! Mauvais calcul, Mademoiselle [4]!

Mlle LUZY. — Eh bien, vous n'achevez pas votre petit calembour ? la peur du mal et le mal de la peur ?

FIGARO. — Vous appelez cela un calembour [5] ?

---

1. C'est Mlle Doligny qui jouait Rosine dans le *Barbier* (Voir p. 60). — 2. Voir III, 4, et le commentaire, p. 115. — 3. Mlle Doligny. On notera que Mlle Luzy ne répond pa directement. — 4. Voir II, 2, l. 478-479. — 5. Cette fois, ce n'en est pas un.

Mlle LUZY. — Il est vrai que moi qui ai peur de mal chanter, je ressens déjà beaucoup le mal que me fait cette peur-là.

LE COMTE. — Sur un talent qui lui est peu familier, Rosine est vraiment timide. Mais vous qui chantez souvent, friponne, avouez que vous 150 n'avez que l'hypocrisie de la timidité.

Mlle LUZY. — Au moins, Messieurs, c'est vous qui le voulez.

LE COMTE. — Nous jugerons si l'air eût fait plaisir.

Mlle LUZY *chante.* -

> Quand dans la plaine
> L'amour ramène... etc.

LE COMTE. — Fort joli !

FIGARO. — C'est un morceau charmant.

BARTHOLO. — Eh, allez au diable avec votre morceau charmant ! Je ne sais ce que je fais. Voilà que j'ai lardé mon Compliment d'agneaux et de chalumeaux... Don Bazile, à cette heure ! 160

SCÈNE IV. — TOUS LES ACTEURS PRÉCÉDENTS, DON BAZILE.

LE COMTE. — Eh ! que veut l'ami Bazile [1] ?

BARTHOLO. — Voyez s'il y a moyen de faire deux phrases de suite. Eh bien, qu'est-ce que c'est, Bazile ?

BAZILE. — Je ne veux rien. Je viens pour annoncer...

BARTHOLO. — Annoncer quoi ?

FIGARO. — Est-ce qu'il est imbécile ?

LE COMTE. — Il faut l'entendre.

BAZILE. — Il vous semble à tous qu'on vous arrache un toupet de cheveux quand on vous dérobe un seul coup de main parce qu'on vous applaudit toujours à l'annonce... Je veux annoncer aussi. 170

LE COMTE. — Mon Dieu, laissez-le faire ; c'est le seul moyen de nous en débarrassser. Voyons un peu, Bazile, comment vous vous y prendrez pour faire une annonce aujourd'hui.

BAZILE. — Eh parbleu ! en disant : *Messieurs, nous aurons l'honneur de vous donner demain... demain...* ; qu'est-ce qu'on donne demain ?

LE COMTE. — Demain, Bazile, on ne donne rien.

BAZILE. — Ah, ah !... Ça ne fait rien. *Demain donc, Messieurs, relâche au théâtre. Lundi, Messieurs...* Eh bien ! ne v'là-t-il pas que j'ai oublié ce qu'on donne lundi ? aussi vous me troublez l'esprit avec vos histoires... 180

BARTHOLO. — Est-ce que vous ne voyez pas, Bazile, qu'on se moque de vous ? lundi on ne donne rien.

BAZILE. — Pour le service de la Cour sans doute ?

BARTHOLO *en colère.* — Eh non !

FIGARO. — Justement.

1. Voir IV, 7, l. 1805.

BAZILE. — Ça ne fait rien. *En ce cas-là mardi...*

FIGARO. — Rien. Mercredi, jeudi, vendredi, samedi, rien. Toute la semaine qui vient, rien, rien. Toute la semaine d'ensuite rien, rien, rien [1], allez vous coucher [2].

Mlle LUZY. — Ce pauvre Bazile! tout le monde l'envoie coucher.   190

BARTHOLO. — Le pis de tout c'est qu'il n'y va pas et que mon Compliment...

FIGARO. — Il n'y a qu'un moyen au monde de se faire entendre de lui. Laissez-moi faire. Tenez, Bazile, tous mes camarades et moi vous prions d'accepter ce petit dédommagement [3] au chagrin que vous allez ressentir de l'absence du public.

BAZILE. — Ah ah!... une bourse... Eh mais il n'y a rien dedans, vous moquez-vous ?

FIGARO. — Quoi! vous n'êtes pas content quand la comédie vous fait présent de sa recette [4] pendant les trois semaines qui vont   200 s'écouler d'ici à la Quasimodo ?

BAZILE. — Ah! je comprends.

Mlle LUZY. — Y êtes-vous, à la fin ?

BAZILE. — C'est que c'est aujourd'hui la clôture. J'entends.

FIGARO. — Tout de bon ? Il est d'une sagacité, ce Bazile!

LE COMTE. — Ah, ça, puisque vous comprenez enfin, Bazile, laissez-nous donc achever le Compliment que vous avez interrompu. Allez-vous coucher une bonne fois.

BAZILE. — Je peux donc m'aller coucher ?

TOUS ENSEMBLE. — Eh sans doute!   210

BAZILE. — Jusqu'à la Quasimodo ?

TOUS. — Comme il vous plaira.

BAZILE. — En effet, Messieurs, puisque c'est aujourd'hui la clôture, je crois que ce que nous avons tous de mieux à faire est de nous aller coucher. Pour moi je m'y en vais. Le public ne doutera pas du chagrin que j'ai de son absence puisque nous allons être trois semaines sans faire de recettes avec lui.

BARTHOLO. — Eh, laissez-nous donc en repos, Bazile. Vous ne songez qu'à la recette [5]. Je me soucie bien de la recette, moi! A la bonne heure, je la regrette. Mais croyez-vous que ce soit le motif qui me   220 rende l'absence du public aussi déplaisante, et mon Compliment...

BAZILE. — Faites votre Compliment à votre fantaisie. Pour le mien, vous venez de l'entendre.

LE COMTE. — Eh bien, bonsoir, Bazile, bonsoir!

BAZILE. — Ah, ça, bonsoir, bonsoir [6]!

BARTHOLO. — Le voilà parti. Détourné ainsi par le tiers et le quart, Bachelier, jamais je ne finirai ce malheureux Compliment de clôture.

FIGARO. — Écoutez donc, Docteur : si vous ne pouvez pas faire le

---

1. Et pour cause : c'est la « clôture ». — 2. Allusion à la célèbre scène 2 de l'acte III. — 3. Allusion à III, 11, l. 1507. — 4. Pendant le carême, elle sera nulle. — 5. Parodie de IV, 8, l. 1889. Dans les deux cas, c'est Bartholo qui parle. — 6. Voir la fin de III, 11, l. 1527-1531.

Compliment de la clôture, faites au moins la clôture du Compli- 230
ment [1], car il faut finir une fois.

BARTHOLO. — Enfin vous voilà! Si vous étiez de moi tous les deux,
qu'est-ce que vous diriez?

FIGARO. — Si nous étions que de vous, Docteur, il est clair que nous
ne saurions que dire [2].

BARTHOLO. — Eh non. Si vous étiez moi, c'est-à-dire chargés du Compliment...

LE COMTE. — Il me semble que je dirais à peu près : « Est-il besoin,
Messieurs, que je fasse ici l'apologie de notre empressement, quand
je parle au nom de toute la Comédie? Et notre existence théâtrale 240
n'appartient-elle pas toute entière à chacun de vous, quoique
chacun de vous ne se prive pour en jouir que de la moindre partie
d'un superflu qu'il destine à ses amusements? Pour être convaincus
donc, Messieurs, qu'un motif plus noble que l'intérêt nous fait
souhaiter constamment de vous plaire, considérez qu'il n'y a pour
nous aucun rapport entre le produit de chaque place et l'extrême
plaisir que nous cause le plus léger applaudissement de celui qui
la remplit. A ce prix qui nous est si cher, Messieurs, nous supportons les dégoûts de l'étude, la surcharge de la mémoire, l'incertitude du succès, les ennemis de la redite et toutes les fatigues du 250
plus pénible état. Notre seule affaire est de vous donner du plaisir.
Toujours transportés quand nous y réussissons, nous ne changeons
jamais à votre égard, quoique vous changiez quelquefois au nôtre.
Et quand, malgré ses soins, quelqu'un de nous a le malheur de vous
déplaire, voyez avec quel modeste silence il dévore le chagrin de vos
reproches. Et vous ne l'attribuerez pas à défaut de sensibilité, nous
dont l'unique étude est d'exercer la vôtre. En toute autre querelle,
l'agresseur inquiet doit s'attendre au ressentiment qu'il provoque.
Ici, l'offensé baisse les yeux avec une timidité respectueuse, et la
seule arme qu'il oppose au plus dur traitement est un nouvel effort 260
pour vous plaire et conquérir vos suffrages. Ah! Messieurs, pour
notre gloire et pour vos plaisirs, croyez que nous désirons tous être
parfaits. Mais nous sommes forcés de l'avouer : la seule chose que
nous voudrions ne jamais invoquer est malheureusement celle dont
nous avons le plus besoin : votre indulgence. »

BARTHOLO. — Bon, bon, bon, excellent!

FIGARO. — Gardez-vous bien, Docteur, d'écrire tout ce qu'il vient de
débiter.

BARTHOLO. — Eh, pourquoi?

FIGARO. — Cela ne vaut pas le diable. 270

Mlle LUZY. — Quoi! son discours? Il m'a paru si bien.

BARTHOLO. — Je parie, moi, qu'il serait fort applaudi.

FIGARO. — Oui, parce que cela claque à l'oreille, et a l'air d'être un
compliment... Pas une pensée qui ne soit fausse.

---

1. Voir la scène 3 du *Compliment* et le *Barbier*, II, 2, l. 479. — 2. Figaro n'est pas
médecin... Mais ce n'est pas à ce titre que Bartholo lui demande de se mettre à sa place.
D'où la réplique du Docteur.

BARTHOLO. — Jalousie d'auteur.

LE COMTE. — Ah! voyons.

FIGARO. — Vous préférez les applaudissements du public au profit des places qu'il occupe au spectacle?

LE COMTE. — Certainement.

FIGARO. — Fort bien; mais si chacun s'abstenait de vous apporter ici 280 le profit de sa place, où iriez-vous chercher le plaisir de ses applaudissements? A l'hôpital[1]. Passe encore de déraisonner; mais ravaler à nos yeux la douce, l'utile recette, et faire ainsi le dédaigneux d'une chose aussi loyalement profitable! On ne fait rien pour rien. Vous ne méritez pas de prospérer. Je suis un garçon bien élevé, moi. Je ne méprise pas une mère nourrice ou comme disait feu mon père et qu'il est écrit que les ingrats deviendront poussifs, en voici déjà un qui n'est pas loin de la punition[2], Dieu merci! Et puis, qu'est-ce que l'offensé qui baisse les yeux timidement quand le public a de l'humeur? C'est du plaisir que le public 290 vient chercher, et il mérite bien d'en prendre : il l'a payé d'avance. Est-ce sa faute si on ne lui en donne pas? Les comédiens n'auront droit de s'offenser des murmures que lorsqu'ils rendront l'argent aux mécontents. Mais c'est ce qu'il ne faut jamais faire, à cause du danger des conséquences. Jusque-là, si leur droit est de plaire au public, leur métier est de souffrir en attendant qu'il lui plaisent. Ainsi, galimatias que tout votre compliment! Que de sottises on fait passer dans le monde avec des tournures! Enfin vous le ferez comme vous voudrez; mais, pour moi, je n'emploierais pas toutes ces grandes phrases de respect et de dévouement dont on 300 abuse à la journée et qui ne séduisent personne; je dirais uniment : « Messieurs, vous venez tous ici payer le plaisir d'entendre un bon ouvrage, et c'est, ma foi, bien fait à vous. Quand l'auteur tient parole et que l'acteur s'évertue, vous applaudissez par-dessus le marché : bien généreux de votre part, assurément. La toile tombée, vous emportez le plaisir, nous l'éloge et l'argent; chacun s'en va souper gaîment, et tout le monde est satisfait. Charmant commerce en vérité! Aussi je n'ai qu'un mot, notre intérêt vous répond de notre zèle; pesez-le à cette balance[3], Messieurs, et vous verrez s'il peut jamais être équivoque. » Hein, Docteur, comment trouvez- 310 vous mon petit calembour?

UN ACTEUR DE LA PETITE PIÈCE. — Avez-vous donc juré de nous faire coucher ici avec votre Compliment, que vous ne ferez point, à force de le faire? Le public s'impatiente.

BARTHOLO. — Dame! un moment, c'est pour lui que nous travaillons.

L'ACTEUR. — Eh mais! allez travailler dans une loge, au foyer, où vous voudrez; pendant ce temps, nous commencerons la petite pièce.

BARTHOLO. — Quel homme! Laissez-nous tranquilles.

---

1. Où l'acteur serait recueilli comme indigent. — 2. Il s'adresse à Bartholo, comme il est précisé dans la rédaction destinée aux comédiens du Marais (l. 305). — 3. C'est ce que disait le même Figaro en I, 4, l. 227. En quoi s'agit-il ici d'un *calembour*?

L'ACTEUR. — Vous ne voulez donc pas sortir? Jouez, jouez bien fort, Messieurs de l'orchestre; quand ils verront qu'on ne les écoute pas, 320 je vous jure qu'il n'y en aura pas un qui soit tenté de rester à bavarder sur le théâtre.

FIGARO. — Il a, ma foi, dévoilé dans un seul mot tout le secret de la comédie.

(L'orchestre joue; ils sortent tous et l'on baisse la toile [1].)

_____

1. Le rideau.

■■■

① Montrez comment, par la conception même et par la présentation de son *Compliment*, Beaumarchais a donné un tour original à un usage très conventionnel, sans pour autant rompre avec les lois du genre.

② Quels renseignements apprenons-nous sur les difficultés rencontrées lors des premières représentations du *Barbier* (par exemple l'affaire de l'ariette, sc. 3), sur les passages qui avaient plu au public et sur le jeu des acteurs (par exemple, sc. 2, l. 43-49)?

③ Dans quelle mesure Beaumarchais a-t-il fait ici du théâtre sur du théâtre (voir notamment Bartholo lisant son texte, et l'intervention, à la fin, de *l'acteur de la petite pièce*)? Dans quelle mesure peut-on, à ce propos, établir une comparaison avec *la Critique de l'École des femmes* et *l'Impromptu de Versailles* de Molière?

④ Les acteurs du *Compliment* sont censés s'exprimer en tant qu'acteurs. Mais ils sont marqués par le costume, le langage, les tics des personnages de la pièce. Relevez les « citations » qui sont faites du *Barbier* (avec ou sans « variations », comme dirait Bazile). Beaumarchais n'a-t-il pas prêté aux interprètes des personnages le caractère des personnages eux-mêmes? Quelle ambiguïté en résulte-t-il? quel effet de parodie? Au reste, les comédiens ne sont-ils pas encore un peu, par habitude ou par jeu, prisonniers de leur rôle? Tous les acteurs participent-ils également à ce jeu?

⑤ Le *Compliment* est censé présenter le bilan de la saison théâtrale, du point de vue des comédiens. Mais Beaumarchais réussit-il aussi spontanément que Molière à évoquer la psychologie des comédiens? Ne voit-on pas souvent, derrière les propos des acteurs, apparaître l'auteur qu'il était lui-même exclusivement? Pourtant, quand il s'agit de Figaro, la confusion n'est-elle pas possible?

⑥ Que pensez-vous des propos que le Comte et Figaro voudraient respectivement tenir au public? Peut-on deviner à quelle conception vont les préférences de Beaumarchais? N'est-il pas piquant que, dans les deux cas, il soit également persuasif? Si ce n'est là qu'affaire de mots, ne peut-on rapprocher cette considération du jugement émis par M. Philippe Van Tieghem (p. 148) sur « la primauté du paraître sur l'être »? Mais ne peut-on y voir aussi une allusion à la cupidité des comédiens (voir notre dernier chapitre)?

⑦ Comment interprétez-vous le mot de la fin (dont l'honneur revient, comme dans la pièce, à Figaro)?

⑧ Nous avons vu (p. 56) que la *Lettre modérée* pouvait être considérée comme le prologue du *Barbier*. Peut-on imaginer de même un lien organique entre la comédie et le *Compliment de clôture*?

■■■

COMPLIMENT DE CLOTURE
POUR LES COMÉDIENS DU MARAIS
PIÈCE EN UN ACTE

Scène première. — BARTHOLO *seul, se promenant un papier à la main.*
La toile se lève. Parlant à la coulisse.

Garçons de théâtre [1], ne levez pas la toile encore. Mes amis, je ne suis pas prêt. Quel diable d'homme, aussi, qui nous promet un Compliment de clôture, nous tient le bec à l'eau jusqu'au dernier instant et, quand on doit le prononcer, il faut que je le fasse, moi... *Messieurs, si votre indulgence ne rassurait pas un peu mon génie alarmé...* je ne ferai jamais ce Compliment-là. *Messieurs, pour bien rendre ce que je sens, il faudrait...* Il faudrait que ce Compliment eût quelque rapport à l'habit dans lequel je dois le débiter... voyons. *Messieurs... de même que les médecins entreprennent tous les malades mais ne guérissent pas toutes les maladies, de même les comédiens hasardent les* [10] *pièces nouvelles sans être sûrs que la réussite...* ah, je sue à grosses gouttes, et je ne fais rien qui vaille... *Messieurs... Messieurs...*

Scène II. — BARTHOLO, LE COMTE, FIGARO.

FIGARO, *riant.* — Ah, ah, ah, ah, ah, Messieurs... Eh bien, Messieurs ?
BARTHOLO. — Ah, ça, venez-vous donc encore m'impatienter, vous autres ?
LE COMTE. — Nous venons vous offrir nos conseils, Docteur.
BARTHOLO. — Je n'ai pas besoin de précepteur aussi goguenard ; je vous connais à présent.
LE COMTE. — Nous ne plaisantons point, je vous jure, et nous sommes aussi intéressés que vous à ce que votre Compliment soit agréable [20] au public.
FIGARO. — Ou qu'il rie des complimenteurs. En vérité, nous ne venons ici qu'à bonne intention.
BARTHOLO. — Oui ? A la bonne heure ! C'est que j'ai une singularité fort singulière, moi ! Quand je n'ai rien à travailler, mon espoir va, va, comme le diable ; et dès que je veux me mettre à composer...
FIGARO. — Il prend ce temps-là pour se reposer ? Je sais ce que c'est, Docteur ; il ne faut pas que cela vous étonne, cet accident arrive

---

1. Les machinistes.

à beaucoup d'honnêtes gens comme vous, qui se mettent à l'œuvre sans idées. Mais savez-vous ce qu'il faut faire ? au lieu de rester en place en composant, ce qui engourdit la conception et rend pénible l'accouchement à une personne de votre corpulence, il faut vous remuer, Docteur, aller et venir, vous donner des mouvements.

BARTHOLO. — C'est ce que je fais depuis une heure.

FIGARO. — Et prendre la plume dès que vous sentez que les esprits animaux vous montent à la tête.

BARTHOLO. — Comment!... les esprits animaux...

LE COMTE. — Finis donc, Figaro! Il est bien temps de plaisanter.

BARTHOLO. — Ingrat barbier! pour qui j'eus mille bontés! tu ris de mon embarras.

LE COMTE. — Où en êtes-vous, Docteur ?

BARTHOLO. — J'en suis à imaginer pour la clôture quelque chose qui me fasse au moins déployer un beau talent devant le public.

FIGARO. — Déployer un beau talent! Eh mais ne cherchez pas, Docteur, rappelez-vous seulement le plaisir extrême que vous lui avez fait quand vous avez déployé à ses yeux le très beau talent de chanter en dansant comme un ours et claquant vos deux pouces :

> Veux-tu, ma Rosinette,
> Faire emplette
> Du roi des maris ?

BARTHOLO. — Ce drôle se pendrait plutôt que de manquer de désobliger ceux à qui il peut faire plaisir.

LE COMTE. — Réellement, Figaro, tu le désoles, et le temps se passe. Ah, ça, dites-moi, Docteur, connaissez-vous les choses dont un Compliment de clôture doit être composé ?

BARTHOLO. — Ah, si je savais aussi bien le faire comme je vais le définir.

FIGARO. — Ah! si je savais courir comme je sais boire du vin, je ferais soixante lieues par heure.

BARTHOLO. — Je sais qu'il faut invoquer l'indulgence du public, parler modestement de nous, et dire un mot obligeant de tous les ouvrages représentés dans l'année.

FIGARO. — Voilà le plus difficile. Au gré des auteurs, on n'en dit jamais assez. Au gré du public, on en dit souvent trop.

BARTHOLO. — Il faudrait trouver le juste milieu...

FIGARO. — N'en point parler du tout, ma foi! C'est le plus sûr.

LE COMTE. — N'en point parler serait bien dur. Mais il suffit de rappeler les ouvrages sans les juger de nouveau. Ce n'est plus à nous à prononcer sur leur mérite. L'adaptation que nous en avions faite est la preuve du bien que nous en pensions; et l'œil perçant du public nous dispense ici d'en scruter les défauts : sur les succès, même les plus douteux, nous devons aux auteurs le juste éloge d'un désir ardent de plaire au public, que nous partageons avec eux.

BARTHOLO. — Eh, morbleu! Bachelier, que ne me disiez-vous que vous alliez dire cela ? J'aurais pris la plume et mon ouvrage serait bien avancé... Vous dites donc ?

LE COMTE. — Ma foi, je ne m'en souviens plus.

BARTHOLO. — Quel dommage! Et toi, Figaro?

FIGARO. — Moi? Cela m'a paru fort plat.

BARTHOLO. — Dès qu'il n'y a plus de calembours...

FIGARO. — Il est vrai. Je ne fais pas autre chose.

BARTHOLO. — Tâche au moins de te rendre utile une fois, en nous rappelant quelles pièces on a données cette année.

FIGARO. — On a donné, on a donné...

BARTHOLO. — Six ou sept nouveautés en dix mois. Nous ne sommes pas des paresseux.

FIGARO. — Nous en abattrions bien d'autres si l'on pouvait allier des intérêts inconciliables. Mais, pendant que l'homme de lettres, qui attend son tour, dit sans cesse : « Va donc, la Comédie, finis-en une bonne fois avec la pièce que tu joues. C'est à moi d'engrener », l'auteur qui est sur le chantier nous crie de son côté : « Piano, la Comédie, piano! Faites-moi durer encore. » Tout cela est bien difficile.

SCÈNE III. — LES ACTEURS PRÉCÉDENTS, MADAME BAPTISTE [1].

Mme BAPTISTE. — Eh bien! Eh bien, Messieurs. Est-ce que le Compliment n'est pas dit?

FIGARO. — Bah! c'est bien pis. Il n'est pas fait.

Mme BAPTISTE. — Ce Compliment?

BARTHOLO. — Vraiment non. Un maudit auteur de quatre sous m'en avait promis un chétif. A l'instant de le prononcer, il nous fait dire de nous pourvoir ailleurs.

Mme BAPTISTE. — Moi je voudrais qu'on le chantât, cela serait plus court.

FIGARO. — Et plus gai.

Mme BAPTISTE. — J'en savais un jadis.

BARTHOLO. — On a bien fait de n'en rien faire. Le public n'aime pas que l'on chante à la Comédie.

Mme BAPTISTE. — Oui, Docteur, dans les tragédies. Mais depuis quand refuserait-il ce qui ne peut que l'amuser?

FIGARO. — Est-il joli, le couplet?

BARTHOLO. — N'allez-vous pas la faire chanter? Comment diable veut-on que j'achève mon Compliment?

LE COMTE. — Allez toujours, Docteur.

FIGARO, *à Mme Baptiste.* — Dans un petit coin à demi-voix.

Mme BAPTISTE. — Je suis comme Rosine, moi! Je vais trembler.

FIGARO. — Fi donc, trembler! Mauvais calcul, Madame!

---

1. Qui a pris la place de Mlle Luzy dans le rôle de Rosine. Voir notre introduction au *Compliment de clôture*, p. 156. *Madame* prouve que nous sommes en 1791. Avant la Révolution, on l'appelait *Mademoiselle* Baptiste, *Madame* étant réservé aux femmes nobles.

FIGARO. — Il n'y a au monde qu'un moyen de se faire entendre de lui. Vous allez voir. Tenez, Bazile. Tous mes camarades et moi vous prions d'accepter ce petit dédommagement au chagrin que vous allez ressentir de l'absence du public.

BAZILE. — Ah, ah!... Une bourse ? Il n'y a rien dedans! Vous moquez-vous ?

FIGARO. — Quoi! vous n'êtes pas content quand la comédie vous fait présent de sa recette entière pendant toute la semaine prochaine ?

BAZILE. — Ah, je comprends.

Mme BAPTISTE. — Y êtes-vous à la fin ?   200

BAZILE. — C'est que c'est aujourd'hui la clôture. J'entends.

FIGARO. — Tout de bon? Il est d'une sagacité, ce Bazile!

LE COMTE. — Ah, ça, puisque vous comprenez enfin, Bazile, laissez-nous donc achever le Compliment que vous avez interrompu. Allez vous coucher une bonne fois.

BAZILE. — Ah! ah! en effet, puisque c'est la clôture, je crois que ce que nous avons tous de mieux à faire est de nous aller coucher; pour moi, je m'y en vais. Le public ne doutera pas du chagrin que j'ai de son absence puisque nous allons être huit jours sans faire de recette avec lui.   210

BARTHOLO. — Eh! laissez-nous donc en repos, Bazile. Vous ne songez qu'à la recette, je me soucie bien de la recette, moi; à la bonne heure! je la regrette, mais croyez-vous que ce soit le motif qui me rende l'absence du public aussi déplaisante, et mon Compliment...

BAZILE. — Faites-le à votre fantaisie. Le mien, vous venez de l'entendre.

LE COMTE *et tous les acteurs*. — Eh bien! bonsoir, Bazile, bonsoir.

BAZILE. — Ah ça, bonsoir... bonsoir...

SCÈNE V. — LES ACTEURS PRÉCÉDENTS,
à l'exception de Bazile.

BARTHOLO. — Le voilà parti. Détourné ainsi par le tiers et le quart, Bachelier, jamais je ne finirai ce malheureux Compliment de clôture.   220

FIGARO. — Écoutez donc, Docteur, si vous ne pouvez pas faire le Compliment de la clôture, tâchez de faire au moins la clôture du Compliment, car il faut finir une fois.

BARTHOLO. — J'ai la tête si pleine de tout ce que je viens d'entendre! En vérité une cervelle est comme une éponge...

FIGARO. — Aride et sèche de sa nature, à moins qu'elle ne soit gonflée avec les productions d'autrui.

BARTHOLO. — Enfin, puisque vous voilà, si vous étiez que de moi tous les deux, qu'est-ce que vous diriez au public ?

FIGARO. — Si nous étions que de vous, Docteur ? Il est clair que nous   230 ne saurions que dire.

BARTHOLO. — Eh, non, non. Si vous étiez de moi, c'est-à-dire chargés du Compliment.

LE COMTE. — Je me recueillerais un moment et il me semble que je dirais à peu près : « Est-il besoin, Messieurs, que je fasse ici l'apologie de notre empressement, quand je vous parle au nom de toute la Comédie ? Notre existence théâtrale n'appartient-elle pas entière à chacun de vous, Messieurs, quoique chacun de vous ne se prive, pour en jouir, que de la moindre partie de ce qu'il a donné à ses plaisirs ? Pour être convaincus, Messieurs, qu'un motif [240] plus noble que l'intérêt nous fait souhaiter constamment de vous plaire, considérez qu'il n'y a pour nous aucun rapport entre la faible utilité du produit de chaque place, et l'extrême plaisir que nous cause le plus mince applaudissement de celui qui l'occupe. A ce prix, qui nous est si cher, nous supportons les dégoûts de l'étude, la surcharge de la mémoire, l'incertitude du succès, les ennuis de la redite, et les fatigues du plus pénible état. Notre seule affaire, Messieurs, est de vous donner du plaisir. Toujours charmés quand nous réussissons, nous ne changeons jamais à votre égard, quoique vous changiez souvent au nôtre. Et quand, malgré ses soins, [250] quelqu'un de nous a le malheur de vous déplaire, voyez avec quel modeste silence il dévore le chagrin de vos cruels reproches ; et vous ne l'attribuerez pas, certes, à défaut de sensibilité, vous dont l'unique objet est d'exercer la vôtre. En toute autre querelle, l'agresseur inquiet s'attend au ressentiment qu'il provoque ; ici, l'offensé baisse les yeux avec une timidité respectueuse ; et la seule arme qu'il oppose au plus affligeant traitement est un nouvel effort pour vous plaire et reconquérir vos suffrages. Ah, Messieurs, pour notre gloire et vos plaisirs, croyez que nous désirons devenir des acteurs parfaits. Mais nous sommes forcés de l'avouer, la seule chose [260] que nous voudrions ne jamais invoquer, et malheureusement celle dont nous avons le plus besoin, c'est votre indulgence, Messieurs. » *(Il salue.)*

BARTHOLO. — Bon, bon, bon, excellent.

FIGARO. — Fi donc ! gardez-vous, Docteur, d'écrire tout ce qu'il vient de débiter.

BARTHOLO. — Eh, pourquoi...?

FIGARO. — Cela ne vaut pas le diable.

Mme BAPTISTE. — Quoi, son discours ? Il m'a paru si bien !

BARTHOLO. — Je parie, moi, qu'il serait applaudi. [270]

FIGARO. — Oui, parce qu'il claque à l'oreille, et a l'air d'être un Compliment ! Pas une pensée qui ne soit fausse.

BARTHOLO. — Jalousie d'auteur.

LE COMTE. — Ah ! voyons.

FIGARO. — Vous préférez l'applaudissement du public au profit des places qu'il occupe au spectacle ?

LE COMTE. — Certainement.

FIGARO. — Fort bien. Mais si chacun s'abstenait de vous apporter ici le profit de sa place, où iriez-vous chercher le plaisir de ses applaudissements ? Passe encore de déraisonner. Mais ravaler à nos [280] yeux la douce, l'utile recette, et faire ainsi les dédaigneux d'une chose aussi profitable ! Examinez tous les états, depuis le grave

ambassadeur qui chiffre un morceau de papier jusqu'à l'auteur
badin qui le barbouille, depuis l'homme ingénieux qui invente un
nouvel impôt, jusqu'à l'obscur filou qui nous fouille aussi dans les
poches, où se fait-il rien qui ne soit au profit de la tant bien-aimée
recette ? Et le général, couvert de gloire, qui veut de plus une
pension ; et le noble abîmé de dettes qui va cherchant une héritière ;
et le pieux et le gros saint abbé qui galope un bon évêché ; et le magistrat qui pâlit sur les minutes d'un procès ; et le légataire assidu qui ²⁹⁰
intrigue autour de son oncle ; et la mère, soi-disant honnête, qui
livre sa fillette à la nullité nuptiale d'un vieillard riche et amoureux ;
et celui qui navigue, celui qui prêche, celui qui danse, enfin tous
jusqu'à moi dont je ne parle point, mais qui ne m'oublie pas
plus qu'un autre ; y a-t-il un seul homme au monde qui n'agisse
pour augmenter la bonne, la très douce, la trois, quatre, six, dix fois
agréable recette ? — Avec vos fades compliments, vous sollicitez le
public comme on parle à un juge austère. Moi, je l'aime comme
ma mère nourrice. Elle me donnait quelquefois sur l'oreille ; mais
ses caresses étaient douces et son bon lait inépuisable. Logomachie, ³⁰⁰
bathologie ¹, cliquetis de paroles que tous ces beaux discours
méprisant la recette ! allez, vous ne méritez pas de prospérer. Mais
si, comme disait feu Roch Marc Paul Figaro mon père, les ingrats
deviennent poussifs, en voici un du moins qui n'est pas loin de sa
punition *(il tape le ventre du docteur)*. Et puis qu'est-ce que
l'offensé qui baisse des yeux timidement, quand le public a de
l'humeur ? Quand le public s'élève contre le jeu d'un comédien,
n'est-ce pas celui-ci qui est l'agresseur ? C'est du plaisir que le
public vient chercher, et il mérite bien d'en prendre. Messieurs,
il l'a payé d'avance. Est-ce sa faute si on ne lui en donne pas ? ³¹⁰
Galimatias que tout votre Compliment ! que de sottises on fait
passer, avec des mots et des tournures, de la tribune jusqu'au
café ! Enfin vous le ferez comme vous voudrez, l'interminable
Compliment, mais, pour moi, je n'emploierais pas toutes ces
grandes phrases de dévouement, dont on abuse à la journée et qui
ne séduisent personne ; je dirais : « Messieurs, vous venez tous ici
payer le plaisir d'entendre un bon ouvrage, et c'est ma foi bien fait
à vous. Quand l'auteur tient parole, que l'acteur s'évertue, vous
nous applaudissez par-dessus le marché ; bien généreux de votre
part. La toile tombée, vous avez le plaisir ; nous avons l'éloge et ³²⁰
l'argent. Chacun s'en va souper gaîment, et tout le monde est
satisfait. Charmant commerce en vérité ! Aussi je n'ai qu'un mot,
Messieurs, notre intérêt répond de notre zèle. Pesez-le à
cette balance et voyez s'il peut jamais être équivoque. » Hein ! Docteur ? Comment trouvez-vous mon petit calembour ?

BARTHOLO. — Ce maraud-là fait si bien qu'il a toujours raison.

---

1. Une *logomachie* est, comme il est dit plus loin, un *cliquetis de paroles*. *Bathologie*
ne saurait s'expliquer par le grec *bathus*, profond, mais semble plaisamment tiré du mot
« bateau » dans le sens de « monter un bateau », c'est-à-dire « en faire accroire ». Peut-
être aussi s'agit-il de « propos de bateleurs ».

UN ACTEUR DE LA PETITE PIÈCE. — Avez-vous donc juré de nous faire coucher ici avec votre Compliment, que vous ne ferez point à force de le faire ? Le public s'impatiente.

BARTHOLO. — Dame! un moment... C'est pour lui que nous travaillons. 330

Mme BAPTISTE. — Eh, mais allez travailler dans une loge, au foyer, où vous voudrez. Pendant ce temps nous commencerons la petite pièce.

L'ACTEUR. — Oui! la petite pièce! Il est neuf heures. Il n'y aura ni pièce ni Compliment.

Mme BAPTISTE. — Quoi, pas de Compliment ?

BARTHOLO. — Il ne fallait nous interrompre, Madame. Laissez-nous donc tranquilles.

Mme BAPTISTE, *se moquant*. — Oui, allez vous coucher n'est-ce pas ? Viens, mon petit Figaro. 340

L'ACTEUR. —Vous ne voulez donc point sortir ? Jouez *Ça ira*, Messieurs de l'orchestre. Quand ils verront qu'on ne les écoute pas, je vous jure qu'il n'y en aura pas un qui soit tenté de rester à bavarder sur le théâtre.

FIGARO. — Il a dévoilé, dans un mot, tout le secret de la Comédie.

(L'orchestre joue Ça ira. *Ils sortent tous et l'on baisse la toile.)*

━━━

● **L'art du « compliment »**

① Quels renseignements la version proposée aux comédiens du Marais ajoute-t-elle au texte de 1775? Observer qu'on pouvait s'adresser, pour la rédaction d'un Compliment, à un *auteur de quatre sous* (Marais, 1. 98) aussi bien qu'à *l'auteur du « Barbier »* (texte de 1775, 1. 124). Il existait aussi sans doute des Compliments passe-partout, comme en « savait » Mme Baptiste (Marais, 1. 104).

● **L'art de la « variation »**

② La comparaison des deux textes n'aide-t-elle pas aussi à comprendre l'art de Beaumarchais? Quel plaisir (en plus de la nécessité) pouvait-il éprouver à refaire, par exemple, une tirade de Figaro? Songez aux avatars du *Barbier* (voir p. 31 et 32).

● **L'actualité**

③ En comparant les deux textes, on observera que le second fait l'économie des pièces créées dans l'année : pourquoi? En revanche, la tirade de Figaro (1. 278-325) s'est allongée. Que peut-on en conclure sur l'évolution du public? Les allusions — aggravées — à la cupidité des comédiens (1. 280 et suiv., à comparer au premier texte, 1. 282 et suiv.) ne prouvent-elles pas qu'en 1791 Beaumarchais est particulièrement engagé dans la lutte en faveur des droits des auteurs?

━━━

LE BARBIER DE SÉVILLE

OPÉRA-COMIQUE

Trois fragments de l'opéra-comique présenté par Beaumarchais aux comédiens italiens en 1772 (voir p. 32) ont été publiés par Lintilhac. On y voit Almaviva déguisé en diable.

ALMAVIVA. — Bachelier le soir, diable la nuit, n'as-tu rien égaré parmi les flots orageux ? *(Pendant la ritournelle, il examine tout ce qu'il a apporté. Il chante :)*

> Comme un vrai moine
> De saint Antoine,
> Sans patrimoine,
> Vivons content.
> A la sourdine,
> Pendant matine,
> Chez ma Pauline
> Venons souvent.
> Mais l'heure approche ;
> Prenons ma cloche.
> Si le bonhomme
> Est dans son somme,
> Din, din, din, din,
> Je fais le train
> Comme un lutin
> Jusqu'au matin.
> Le misérable
> Qui croit au diable
> D'effroi pâlit
> Et se sauve du lit.
> Le bruit augmente,
> Il se tourmente.
> Et laisse enfin
> Pauline au sacristain.

Car la pupille s'appelait d'abord Pauline, comme le confirme d'ailleurs un second fragment :

LINDOR. — Seigneur Bartholo, je ne suis plus surpris si votre ménage est souvent divisé. Avec des lubies pareilles à celles-ci, dont le hasard m'a rendu témoin, il est difficile qu'une jeune femme...

BARTHOLO, *hors de lui.* — Vit-on jamais pareille impudence ?

LINDOR. — A mon égard, vous avez poussé les choses...

BARTHOLO. —

> Oui, ravisseur infâme !
> Tu subornais ma femme,

PAULINE. —

> Ciel ! pouvez-vous penser
> Qu'on voulût vous offenser ?
> Prendrait-on le moment
> Où mon époux est présent ?

LINDOR. —

> Votre indiscrète colère.
> Insulte à mon caractère.

BARTHOLO. —

> Va, mauvais garnement,
> Fuis mon ressentiment !

PAULINE. —

> Un si saint personnage !

LINDOR. —

> Une femme aussi sage !

PAULINE ET LINDOR *ensemble*. —

> Le Ciel nous vengera,
> Il vous punira
> De cet outrage-là.

BARTHOLO. —

> Lera, lera, lera, lera,
> Je me moque de tout cela.

Dans le troisième fragment cité par Lintilhac, la pupille de Bartholo porte déjà le nom de Rosine, tandis que le nom du barbier est encore écrit Figuaro. *L'intérêt du passage est surtout de correspondre à une scène* (IV, 6) *de la comédie définitive. (Pour faciliter le rapprochement, nous imprimons en caractères gras les parties qui se retrouvent textuellement en IV, 6. D'autres en sont parfois très proches.)*

ROSINE. — Comment ? Vous déguiser ?

LE COMTE. — Il ne m'a pas été possible de vous mettre au fait. Je ne vous demande plus si vous m'aimez, vous me l'avez prouvé ; je sais de plus que vous n'êtes point la femme de Bartholo ; mais je suis sans bien, sans état, mon absence de Madrid a même détruit jusqu'à mes espérances, il serait peu généreux à moi...

ROSINE. — **Arrêtez**, Lindor. **Si le don de ma main n'avait dû suivre celui de mon cœur**, aurais-je consenti de vous recevoir ici ? Je suis à vous, Lindor, et ne veux pour tout délai de notre union que le temps nécessaire à rassembler autant d'or, de brillants et d'effets qu'ils nous en faut pour vivre dans une honnête médiocrité. Tout le reste de mon bien entre les mains du docteur n'excitera pas en moi le plus léger regret, et peut-être le consolera de ma perte

LE COMTE. — Quoi ! Rosine, vous consentez à devenir la compagne d'un infortuné qui, sans vos bienfaits d'aujourd'hui, n'aurait pas même ici de quoi subsister plus longtemps ?

ROSINE. — **La naissance** et la **fortune** sont des jeux du hasard, cher Lindor ; pour prix d'une tendresse excessive, consentez généreusement à me devoir aujourd'hui **le bien que je me** serais fait un bonheur de tenir de vous.

LE COMTE *à ses pieds*. — Ah, Rosine.

FIGARO. — Eh bien, Monseigneur, n'est-ce pas là le bonheur que vous désiriez ?

ROSINE. — **Que dit-il ?**

LE COMTE. — **Oh ! la plus aimée des femmes** et la plus digne de l'être, recevez à votre tour la récompense d'un amour si pur et si désintéressé : l'heureux époux à qui vous avez tout sacrifié **n'est point Lindor. Je suis le comte Almaviva, qui vous adore et vous cherche en vain depuis six mois.** *(Rosine tombe dans les bras du Comte.)*

LE COMTE. — Ah ! dieux !

FIGARO. — Ce n'est rien que cela, Monseigneur, **point d'inquiétude ; l'émotion** que cause la joie n'a jamais de suites fâcheuses. **La voilà qui reprend ses sens.**

ROSINE. — **Ah ! Lindor, ah ! Monsieur,** que m'avez-vous appris ? Non, ne croyez pas que j'abuse ici d'un moment d'enthousiasme.

LE COMTE. — Rosine, une loi que vous avez faite est impérieuse et vous la subirez. Ah ! Rosine, si le plus généreux des deux est, selon vous-même, celui qui consent de tout devoir à l'autre, Rosine, je conserverai cet avantage sur vous. Je vous dois un bonheur auquel j'avais désespéré de jamais atteindre ; quel sort, quel rang peut payer un pareil bienfait ? Jurez-moi la foi que vous m'avez promise. *(Rosine se jette dans ses bras.)*

LE COMTE. — Il s'agit maintenant de vous tirer d'esclavage et de punir l'odieux tyran qui vous destinait des jours si malheureux.

ROSINE. — Oh ! mon cher époux, **mon cœur est si plein, que la vengeance ne peut y trouver de place.**

LE COMTE. — Il faut au moins nous réjouir un moment à ses dépens. D'ailleurs, il n'est pas possible de vous tirer d'ici par la route que nous avons tenue pour y arriver. Il nous faut les clés de la porte.

ROSINE. — Hélas ! elles sont toujours sous son oreiller.

LE COMTE. — Prêtez-vous seulement à notre joyeux projet ; l'ingénieux Figaro ne l'a imaginé que pour avoir ces clés, comme il a dérobé celle de la jalousie.

ROSINE. — Oh ! mon cher époux, je n'ai plus de volonté ; ton désir est mon unique loi, je suis dans un délire de joie.

LE COMTE. — Tout est préparé dans la plus prochaine de mes terres pour vous recevoir, et là je veux rendre notre union aussi authentique qu'elle est charmante. Lis, ma Rosine, les ordres que j'ai adressés ce soir à mon intendant. Toi, Figaro, arrange nos déguisements.

FIGARO. — Ah ! maudit jaloux, tu vas être étrillé à dire d'expert ; tu en auras pour les scènes de tantôt, et pour le jour, et pour la veille, et pour toute la semaine. *(Rosine lit pendant la ritournelle du duo.)* Cela ne durera qu'autant qu'une scène de comédie.

M. Giudici, cependant, ne pense pas que ce fragment fît partie de l'opéra-comique. Il aurait, selon lui, été rédigé peu avant la version en cinq actes. Les noms des personnages, le style, l'absence d'ariette, tout semble en effet confirmer cette opinion. Quoi qu'il en soit, la comparaison avec le texte définitif n'en a pas moins d'intérêt.

En revanche, M. Giudici signale que, dans les archives de la famille Beaumarchais, il existe d'autres fragments. On peut les trouver désormais dans l'étude récente de M. Arnould sur la Genèse du « Barbier de Séville ». Dans le passage suivant, où l'on reconnaîtra les préoccupations de Bartholo, le ton est bien celui de l'opéra-comique :

> Affreuse nuit,
> Quand je sommeille
> Le moindre bruit
> Qui me réveille
> Me fait frémir
> Et transir.
> Avec lenteur
> La nuit s'avance.
> Tout me glace le cœur
> Jusqu'au silence.
> Ne vois-je pas
> Sortir là-bas...
> Ah, je tremble, que faire, hélas ?
> A la terreur qui me possède
> Mon âme cède.

> Oui, les biens, les rangs et les honneurs
> Ouvrent l'accès auprès des belles,
> Mais il suffit avec les plus rebelles
> D'avoir un beau...
> D'avoir un grand...
> Un grand talent pour séduire les cœurs.
> L'important est avec les belles,
> Il faut pour tourner leurs cervelles
> Se montrer dans les beaux jours,
> Avoir l'art de les enflammer
> Quand on leur fait...
> Quand on leur fait...
> Quand on leur fait le doux serment d'amour.
> Oui, mais quand la femme est captive,
> Qu'on ne la voit qu'en perspective,
> Les barreaux nuisent aux...

> Comment montrer tous ses talents
> Quand le mari que le Diable emporte
> Empêche que la belle sorte ?
> Tous les galants
> Perdent leur temps
> Si l'on ne leur ouvre la porte,
> S'ils n'entrent d'une ou d'autre sorte.

Quel que soit l'intérêt de ces fragments pour expliquer la genèse de l'œuvre, il n'appartenait pas à Beaumarchais d'immortaliser son Barbier de Séville *sous la forme de l'opéra-comique. Mais il revenait à Rossini (comme, à un certain degré, à Mozart dans le cas du* Mariage*) de mener à terme, et de façon éclatante, le premier dessein de Beaumarchais. N'est-ce pas que l'œuvre, dans sa conception et dans son exécution, y tendait? C'est du moins l'avis de* NISARD (Histoire de la littérature française, *t. IV, p. 254-255, 15ᵉ éd. 1889) :*

    « *Certes, il n'a pas nui à la popularité du* Barbier de Séville *et du* Mariage de Figaro *d'avoir fourni des poèmes d'opéras au plus illustre musicien de notre temps, Rossini, et au génie même de la musique, Mozart. Il se fait à notre insu, entre la prose de l'écrivain et les chants des deux artistes, une confusion qui profite à l'écrivain. Sa tirade nous paraît d'une légèreté moins travaillée à travers la cavatine, qui n'est pas moins spirituelle, et qui semble plus facile. Ce je ne sais quoi d'aimable qui manque aux personnages de Beaumarchais, ils le reçoivent de la musique quand, au lieu de parler, ils chantent mais cela même est à la gloire de Beaumarchais, et ce qu'il gagne à être mêlé dans nos souvenirs avec Mozart et Rossini est la juste récompense de ce qu'il leur a prêté.* »

    A ce jugement Gustave Larroumet n'ajoute que quelques nuances (Études d'histoire et de critique dramatiques, *1892, p. 561) :* « *Le divin Mozart, du vivant de Beaumarchais, et Rossini moins de vingt ans après sa mort en tiraient deux chefs-d'œuvre, l'un de tendresse et de grâce, l'autre de verve et d'esprit. Chefs-d'œuvre inséparables de ceux qui les ont provoqués : malgré les vers des librettistes, les mélodies allemande et italienne ne cessent plus d'accompagner la prose de Beaumarchais, et la phrase française chante et rit à travers les deux partitions.* »

DU « BARBIER DE SÉVILLE »
A LA SOCIÉTÉ
DES AUTEURS DRAMATIQUES

Sa passion de la polémique et les dons pour l'exercer, son amour des belles causes (surtout, mais pas exclusivement, quand ces causes étaient les siennes) devaient tout naturellement faire de Beaumarchais l'avocat des gens de lettres, puisque aussi bien le souci de ses intérêts propres l'amenait à la défense de ses confrères. C'est le *Barbier de Séville* qui a été l'occasion d'une action d'envergure dans laquelle son égoïsme et son altruisme, son ambition et sa générosité, son goût de l'action et son sens de la justice ont été engagés avec toute la fougue dont Beaumarchais était capable.

Nous avons esquissé (p. 7 et aussi p. 19) le problème des rapports entre auteurs et comédiens ainsi que le rôle personnel de Beaumarchais dans leur évolution. Une historienne de la Comédie-Française, Mme Dussane, évoque ainsi, d'un point de vue qui n'est pas celui des gens de lettres, le climat de ce long différend :

« Dès la représentation du *Barbier de Séville*, Beaumarchais se fit le chef et le champion des auteurs. Un volume suffirait à peine à raconter en détail ses différentes campagnes. Il mit à cette entreprise autant d'ardeur, d'activité, d'intelligence et d'esprit d'intrigue qu'à toutes celles qui occupèrent sa vie amoureuse. Cela dura jusqu'à sa mort. Il groupa les auteurs et les organisa en société pour la défense de leurs droits. Auprès de Louis XVI, comme auprès des assemblées révolutionnaires, il ne cessa point de plaider, avec les ressources d'éloquence qu'on lui connaît, pour l'établissement de la propriété littéraire. Encore une fois, ceci ferait la matière d'un volume. Ce qu'il nous faut retenir, c'est que cette guerre, où la Comédie défendit ses intérêts avec une tenace habileté, l'avait posée, sinon en ennemie, du moins en adversaire pour tout l'élément « homme de lettres » qui joue un si grand rôle dans le bouillonnement du règne de Louis XVI et dans l'explosion des dernières années du siècle. On retrouvera les traces de cette animosité dans les rapports de la Comédie avec les assemblées révolutionnaires. »

Nous nous bornerons à donner ici quelques documents qui concernent le *Barbier*, d'où précisément toute l'affaire est sortie.

Chargé par le maréchal de Richelieu, au nom des gentilshommes de la Chambre du Roi, supérieurs de la comédie, de procéder à une enquête, Beaumarchais essuya le refus indigné des Comédiens quand il émit la prétention de vérifier leurs comptes. Ceux-ci cherchèrent à gagner du temps, comme l'auteur du *Barbier* le raconte lui-même dans son *Compte rendu de l'affaire des auteurs dramatiques et des Comédiens Français* :

« Pendant ce temps, écrit Beaumarchais, on avait joué trente-deux fois *le Barbier de Séville*, vrai badinage et la moins importante des productions théâtrales. Mais, comme il s'agissait pour moi d'en discuter le produit et non le mérite, je fis bon marché de ma gloire aux journalistes et me contentai de demander un compte exact aux comédiens.

» Ces derniers, de qui je n'en avais jamais exigé pour mes précédents ouvrages, furent peut-être alarmés de me voir solliciter celui du *Barbier de Séville*. On craignait que je ne voulusse user d'un droit incontestable pour compulser ces registres si durement refusés, et déterminer enfin si les plaintes des auteurs étaient fondées ou chimériques.

» Ma demande existait depuis six mois (novembre 1776); j'en parlais souvent aux comédiens. Un jour, à leur assemblée, l'un d'eux me demanda si mon intention était de donner ma pièce à la Comédie, ou d'en exiger le droit d'auteur. Je répondis en riant, comme Sganarelle : Je la donnerai si je veux la donner, et je ne la donnerai pas si je ne veux pas la donner; ce qui n'empêche point qu'on ne m'en remette le décompte; un présent n'a de mérite que lorsque celui qui le fait en connaît bien la valeur.

» Un des premiers acteurs insiste, et me dit : « Si vous ne la donnez
» pas, Monsieur, au moins dites-nous combien de fois vous désirez qu'on
» la joue encore à votre profit; après quoi elle nous appartiendra. —
» Quelle nécessité, Messieurs, qu'elle vous appartienne ? — Beaucoup
» de M.M. les auteurs font cet arrangement avec nous. — Ce sont
» des auteurs inimitables. — Ils s'en trouvent très bien, Monsieur :
» car, s'ils ne partagent plus dans le produit de leur ouvrage, au moins
» ont-ils le plaisir de le voir représenter plus souvent : la Comédie répond
» toujours aux procédés qu'on a pour elle. Voulez-vous qu'on la joue
» à votre profit encore six fois, huit fois, même dix ? parlez. »

» Je trouvai la proposition si gaie, que je répondis sur le même ton :
« Puisque vous le permettez, je demande qu'on la joue à mon profit
» mille et une fois. — Monsieur, vous êtes bien modeste. — Modeste,
» Messieurs, comme vous êtes justes! Quelle manie avez-vous donc
» d'hériter des gens qui ne sont pas morts ? Ma pièce ne pouvant être
» à vous qu'en tombant à une modique recette, vous devriez désirer,
» au contraire, qu'elle ne vous appartînt jamais. Les huit neuvièmes de
» cent louis ne valent-ils pas mieux que les neuf neuvièmes de cinquante ?
» Je vois, Messieurs, que vous aimez beaucoup plus vos intérêts que vous
» ne les entendez. » Je saluai en riant l'assemblée, qui souriait aussi de
son côté, parce que son orateur avait un peu rougi.

» Depuis, j'ai été instruit que la Comédie faisait cette proposition à presque tous les auteurs dramatiques.

» Enfin (le 3 janvier 1777) je vis arriver chez moi M. Desessarts le comédien : il me dit avec la plus grande politesse (car on le lui avait bien recommandé) que ses camarades et lui, désirant que je n'eusse jamais de plaintes à former contre la Comédie, m'envoyaient quatre mille cinq cent six livres qui m'appartenaient pour mon droit d'auteur sur trente-deux

ieurs prétextes, et que la dernière réponse des comédiens avait été que cela ne dépendait pas d'eux, mais de l'auteur uniquement.

» Vous savez, Messieurs, que je ne me suis jamais opposé qu'on donnât ce léger ouvrage ; qu'on a même usé de mon consentement acquis dans des occasions très dangereuses pour la pièce ; et que j'ai reçu plus d'une fois de la Comédie les remerciements de mon excessive complaisance à ce sujet.

» J'ai donc promis à M le président de F*** que j'aurais l'honneur de vous écrire, et je le fais... le plus poliment que je puis : car je trouve assez étrange la maxime adoptée de cesser de jouer un ouvrage aussitôt que l'auteur parle de compter.

» Enfin, Messieurs, vous donnerez la pièce ou vous ne la donnerez pas ; ce n'est pas de cela qu'il s'agit aujourd'hui : ce qui m'importe est de fixer un terme à tant d'incertitudes. Convenons donc, si vous l'acceptez, que je recevrai sous huit jours de votre comptable (et non de votre conseil, absolument étranger à cet objet) un compte certifié que vous me retenez depuis si longtemps ; et que, ce terme expiré, je pourrai regarder votre silence comme un refus obstiné de me faire justice. Alors ne trouvez pas mauvais que, faisant un pieux usage de mes droits d'auteur, je confie les intérêts des pauvres à des personnes que leur zèle et leur ministère obligeront de discuter ces intérêts plus méthodiquement que moi, qui fais vœu d'être toujours, avec le plus grand amour pour la paix,

» Votre, etc. »

C'est alors que Beaumarchais est invité par les Comédiens à prendre part à une assemblée réunie pour le règlement de l'affaire. Après hésitation (la procédure lui paraît suspecte), il accepte et reçoit une convocation du maréchal de Duras. Le maréchal lui propose de « réunir quelques-uns des auteurs les plus sages pour former ensemble un projet qui pût tirer les gens de lettres d'un débat perpétuel avec les comédiens ».

Beaumarchais transmet la proposition à ses confrères, et c'est ainsi que fut créée une commission, composée de Saurin, Marmontel, Sedaine et Beaumarchais lui-même, afin de réunir les documents nécessaires à l'établissement d'un projet d'ensemble. Ce projet fut remis au maréchal de Duras le 12 août 1777. Il fit quelques observations, les comédiens contestèrent certains articles, et beaucoup de temps s'écoula pendant lequel Beaumarchais risqua non seulement de perdre patience, mais aussi la confiance de ses confrères. Aussi, sous la pression de ces derniers, menaça-t-il de traduire les Comédiens devant les tribunaux ordinaires.

M. de la Ferté, intendant des Menus, proposa alors qu'on lui communiquât « un état de recettes et de dépenses de plusieurs années de la Comédie ». Il put donc, à partir de ces documents, se livrer à une étude approfondie, qui l'amena aux constatations suivantes :

1° la location des petites loges a produit 259.000 l. par an, soit, pour une moyenne de 324 représentations annuelles, 800 l. par représentation ;

2° le « quart des pauvres », dont les auteurs doivent payer le 1/9, est acquitté par la Comédie sous forme d'un forfait de 60 000 l. par an, soit 185 l. par jour.

Or le bordereau qui concernait *le Barbier de Séville* était ainsi conçu :

PART D'AUTEUR

M. de Beaumarchais, pour trente-deux représentations du *Barbier de Séville*, comédie en quatre actes :

Recettes journalières pour trente-deux représentations	68.566 l.	
Abonnements des petites loges, à 300 l. par jour..................	9.600 l.	78.166 l.

sur quoi à déduire :

Quart des hôpitaux	19.541 l. 10 s.	
Frais ordinaires et journaliers, à 300 l. par jour..................	9.600 l.	
128 soldats assistants, à 20 sous	128 l.	
Frais ordinaires par jour	128 l.	29.397 l. 10 s.

Reste net de la recette	48.768 l. 10 s.
Dont le neuvième pour le droit d'auteur est de	5.418 l. 14 s. 5 d.

Il apparut donc :

1° que du côté des recettes, la location des petites loges lui était compté 300 l. par jour au lieu de 800;

2° que du côté des déductions, le quart des pauvres (ou des hôpitaux) lui était compté pour 19.541 l. 10 sous au lieu de 185 × 32 = 5.920 l. Sur quoi Beaumarchais demanda des explications. La discussion qui suivit aboutit à l'accord signé le 11 mars 1780 :

« Il a été arrêté à l'unanimité absolue de la Comédie et de ses conseils, que, pour donner à MM. les auteurs une preuve d'égards, de considération, et du désir sincère qu'ont les comédiens de leur faire justice, et d'éviter toutes sortes de procès et de difficultés avec eux, la Comédie adopte en entier le plan d'arrangement concerté entre son Conseil, ses propres députés, et MM. Saurin, Marmontel, Sedaine et Caron de Beaumarchais, comme commissaires et députés de MM. les auteurs, dont ils ont été priés de joindre à cet acte les pouvoirs de transiger en leur nom; en conséquence, il a été arrêté et fixé ce qui suit :

» 1° A compter de ce jour, soit pour les pièces nouvelles qui seront jouées à l'avenir, soit pour celles dont les auteurs n'ont pas encore touché leur neuvième, tous les frais journaliers et ordinaires de la Comédie demeureront fixés, par chaque jour de représentation, à la somme de 600 livres, laquelle somme sera prélevée sur la recette brute du spectacle, ainsi que le quart des pauvres, dont il va être parlé; et le neuvième, douzième ou dix-huitième du restant du produit net (suivant l'étendue des pièces) appartiendra à chaque auteur, tant qu'il aura droit au partage avec les comédiens.

» 2° Par rapport aux frais extraordinaires, la Comédie en traitera avec l'auteur à l'amiable, lorsqu'il sera question de mettre la pièce à l'étude pour la représenter : et, dans le cas où l'auteur croira ces frais et embellissements nécessaires au succès de son ouvrage, il est arrêté qu'il entrera pour un quinzième dans les dits frais extraordinaires, et cette convention sera inscrite sur le registre des lectures, et signée par l'auteur.

» 3º Les auteurs supporteront en outre le neuvième de la somme journalière à laquelle se trouvera monter l'abonnement présent ou futur que la Comédie a fait ou fera du droit des pauvres avec les hôpitaux, en le divisant par 324 représentations, nombre commun des jours de spectacle d'une année.

» 4º La masse de la recette journalière sera composée non seulement de ce qu'on reçoit casuellement à la porte, mais de ce que produiront les loges louées par représentation, les loges louées à l'année sur le pied de leurs baux annuels, ramenés au produit journalier par le même diviseur 324, comme à l'article précédent, le produit évalué sur le pied de l'intérêt à 10 % des abonnements à vie; et enfin de tout ce qui forme les parties intégrantes de la recette entière du spectacle, sous quelque dénomination qu'elle se perçoive, suivant la lettre et l'esprit de tous les règlements; dans laquelle masse l'auteur prendra son neuvième net (déduction faite des frais expliqués ci-dessus), tant qu'il aura droit au partage avec les comédiens, suivant le présent décompte.

» 5º Que, dérogeant à tous usages contraires à la présente délibération, sur tous les points contenus en elle, et pour servir d'exemple et de modèle à tous les décomptes futurs, soit des auteurs dont on donnera des pièces nouvelles, soit de ceux qui n'ont pas encore reçu leur neuvième, le décompte particulier du *Barbier de Séville*, fait sur le plan, les principes et les données ci-dessus expliqués, sera annexé à la suite de la présente délibération pour y avoir recours en cas de besoin.

» Résumé du compte de ce qui revient à l'auteur du *Barbier de Séville* sur le produit de quarante-six représentations de cette pièce :

RECETTE BRUTE

Produit des recettes à la porte, pour les quarante-six représentations	95.961 l. 15 s.	
Produit des petites loges, id ...	34.263 l. 10 s.	
Abonnements à vie, au nombre de neuf, à 3.000 l. de principal, et représentant chacun une rente viagère de 300 l., ou, au total, une somme annuelle de 2.700 l., laquelle, divisée par 324, diviseur commun des différents articles de recette ou dépense annuelle, donne un produit journalier de 8 l. 6 s. 8 d. : pour quarante-six représentations	383 l. 6 s. 8 d.	130.608 l. 2 s. 8 d.

DÉPENSE A SOUSTRAIRE

Quart des hôpitaux, lequel étant fixé à 60.000 l. par an, et divisé par 324, donne par jour 185 l. 3 s. 8 d., et pour quarante-six représentations ...	8.518 l. 8 s. 8 d.		
Frais journaliers fixés à 600 l. : quarante-six représentations	27.600 l.	36.118 l. 8 s. 8 d.	
Produit net		94.489 l. 13 s. 10 d	
Dont le neuvième pour le droit d'auteur est de		10.498 l. 17 s. 1 d.	

FRAIS EXTRAORDINAIRES

184 soldats à 20 sous.........	184 l.	
Frais de théâtre, à 4 l. par jour : quarante-six représentations .	184 l.	
	368 l.	
Dont le quinzième seulement à déduire sur le droit d'auteur est		24 l. 10 s. 8 d.

Il est dû à M. de Beaumarchais, tous frais faits	10.474 l. 6 s. 5 d.

Ce nouveau calcul, beaucoup plus avantageux pour l'auteur, fut accueilli de part et d'autre avec soulagement. Mais l'accord intervenu ne mit pas fin à la querelle entre auteurs dramatiques et comédiens. Non seulement resta en vigueur l'usage selon lequel l'auteur perdait tout droit sur sa pièce dès que la recette tombait au-dessous de 1.200 l. l'hiver et 800 l'été, mais les comédiens s'efforcèrent de l'aggraver en excluant du calcul les abonnements des petites loges. Beaumarchais va protester à Versailles et obtient des adoucissements : au lieu de 1.200 l. sur les seules entrées, le maréchal de Duras propose 1.500 l. sur la recette entière. Et Beaumarchais obtient que l'auteur garde la propriété de sa pièce, en cas de reprise. C'était important, car les comédiens s'efforçaient jusque-là de faire baisser la recette pour s'approprier la pièce et la faire remonter lorsqu'ils ne devaient plus rien à l'auteur. Aussi ce sont, cette fois, les comédiens qui protestent. Mais Beaumarchais, accusé un temps de s'accorder secrètement avec l'adversaire aux dépens de ses confrères, tient bon.

Il aura l'occasion d'intervenir deux fois encore à l'époque révolutionnaire, en 1791, pour souligner l'écart scandaleux entre les droits des auteurs et les bénéfices des comédiens et protester contre « l'usurpation des propriétés des auteurs par des directeurs de spectacles ». C'est dire que le conflit va bien au-delà des comptes du *Barbier de Séville*.

CORRESPONDANCE

Voici quelques lettres échangées entre Beaumarchais et les Comédiens français à propos du *Barbier de Séville*. Elles montrent l'évolution des sentiments de l'auteur à l'égard de ses interprètes.

LES COMÉDIENS FRANÇAIS A BEAUMARCHAIS

Ce lundi 18 décembre 1775.

MONSIEUR,

On nous demande pour samedi la comédie *le Barbier de Séville*. Voulez-vous, Monsieur, consentir qu'on donne cette représentation, sans conséquence, et sans nuire ni obliger à la reprise, ni à la continuation pour ce temps-ci?

Nous n'avons voulu rien prendre sur nous; faites-nous, s'il vous plaît, savoir quelles sont vos intentions.

Nous avons l'honneur d'être, avec toute la considération possible, Monsieur, vos très humbles et très obéissants serviteurs.

II. RÉPONSE DE BEAUMARCHAIS

Paris, ce 18 décembre 1775.

Tant qu'il vous plaira, Messieurs, de donner *le Barbier de Séville*, je l'endurerai avec résignation. Et puissiez-vous crever de monde! car je suis l'ami de vos succès et l'amant des miens!...

L'orage est passé; l'on peut aujourd'hui rire au *Barbier* sans se compromettre. On ne dit plus : la pièce est bonne ou mauvaise; on dit : la pièce est gaie, et tel qui serait bien fâché de l'avoir faite ne demande pas mieux que de s'y amuser. Jouez-la donc tant qu'il vous plaira, au titre qu'il vous plaira.

Si le public est content, si vous l'êtes, je le serai aussi. Je voudrais bien pouvoir en dire autant du *Journal de Bouillon* [1] ; mais vous aurez beau faire valoir la pièce, la jouer comme des anges, il faut vous détacher de ce suffrage; on ne peut pas plaire à tout le monde.

Je suis, Messieurs, avec reconnaissance, votre très humble, etc.

1. Voir p. 37, note 6.

III. BEAUMARCHAIS AUX COMÉDIENS FRANÇAIS

Paris, ce mercredi 20 décembre 1775.

En m'écrivant, Messieurs, qu'on vous demandait *le Barbier de Séville* pour samedi prochain, vous avez oublié d'ajouter que ce même jour on donnait à la Cour *le Connétable de Bourbon* [1]. Comme c'est la seconde fois que pareille demande, accompagnée de pareil oubli, a manqué de faire courir à ce pauvre diable de *Barbier* le danger d'une représentation équivoque, ou de tomber (critique à part) *dans les règles* [2], j'ai l'honneur de vous rappeler que, sur pareille remarque, la première fois, toute la Comédie convint que, sans tirer à conséquence, il était possible que j'eusse raison ce jour-là, et la pièce ne fut pas jouée le jour du *Connétable*. Je vous prie donc, Messieurs, qu'il en soit ainsi dans cette seconde occasion. Autant j'aurai de reconnaissance toutes les fois qu'en un bon jour de bonne saison la Comédie fera l'honneur à ma pièce de la glisser au répertoire, autant je croirai avoir à m'en plaindre si elle ne se souvenait jamais du *Barbier* que pour lui faire boucher un trou, dans lequel il courrait le hasard de s'engloutir tout vivant, au grand détriment de son existence et de mes intérêts.

Tous les bons jours, excepté le samedi 25 décembre 1775, jour du *Connétable* à Versailles, vous me ferez le plus grand plaisir de satisfaire avec *le Barbier* la curiosité du petit nombre de ses amateurs. Pour ce jour seulement, il vous sera bien aisé de leur faire goûter la solidité de mes excuses, reconnue par toute la Comédie elle-même.

J'ai l'honneur d'être, avec considération, estime, amitié, etc.

IV. BEAUMARCHAIS A M. DE LA PORTE

Ce 30 décembre 1776.

M. de Beaumarchais a l'honneur de mander à son ancien ami M. de La Porte qu'il a prié et qu'il prie la Comédie, ou de ne point donner *le Barbier*, ou de retrancher la scène de l'éternuement, ou d'engager M. Dugazon de ne pas abandonner ce petit rôle, qui est gai ou dégoûtant, selon qu'il est bien ou mal rendu. Et M. Dugazon est prié d'arranger les sublimes saillies de ce rôle, qui sont les éternuements, de façon qu'on puisse entendre ce que dit le docteur dans cette scène, parce que ce n'est pas les pires choses qu'on lui a mises dans la bouche [3].

Il serait à désirer que la Comédie ne s'obstinât pas à toujours mettre une farce après *le Barbier*. Ou l'on y bâille, ou elle détruit l'effet de la première pièce.

Quand on a bien ri, on aime à sourire doucement sur des objets plus intéressants que gais, et cette variété de genres est le plus sûr moyen de soutenir les pièces et de satisfaire le public. Je n'ai jamais compris pourquoi la Comédie ne faisait pas une observation aussi simple.

---

1. Tragédie en cinq actes écrite par le comte de Guilbert, dont Mlle de Lespinasse fut l'amie. — 2. Lorsque la recette tombait au-dessous d'un certain chiffre, la pièce devenait la propriété des comédiens : voir la lettre V. — 3. Il excitait les rires du public en éternuant plus que de raison, et l'on n'entendait plus les autres comédiens.

BEAUMARCHAIS AUX COMÉDIENS FRANÇAIS

Paris, ce 31 décembre 1781.

MESSIEURS,

Lorsqu'un auteur croit avoir un juste sujet de se plaindre de la Comédie, ce qu'il peut faire de plus honnête est sans doute de s'adresser à elle-même, et c'est ce que je fais aujourd'hui, sans humeur, parce qu'une fermentation de dix jours a totalement usé mon humeur.

Il y a ce temps à peu près que vous avez donné *le Barbier de Séville*. Mais la pièce fut jouée avec tant de négligence et un manque de soin si marqué, que huit personnes de ma connaissance quittèrent le spectacle, en disant tout haut que c'est se moquer du public et de l'auteur que de les traiter ainsi.

Je suis bien loin, Messieurs, de vous prêter une pareille intention; mais ici le fait allant au moins pour l'intention, le mal est achevé quand le public est dégoûté.

Forcé de parler à la scène, si l'acteur, qui oublie son rôle, non seulement ne dit pas ce qui est écrit, mais dit encore ce qui ne l'est pas, est-ce là jouer des pièces du Théâtre-Français ? et n'est-ce pas plutôt se jouer en proverbe d'un canevas quelconque ? Tel est le malheur dans lequel je vois tomber *le Barbier de Séville* avec chagrin.

De plus, Messieurs, voilà plusieurs fois que l'on donne cette pièce le dernier jour de l'année, quoique cette séance soit reconnue la pire de toutes; il n'est pas juste non plus de faire un bouche-trou perpétuel d'une pièce où l'auteur a son intérêt. J'ai toujours eu l'honneur de me prêter aux convenances de la Comédie, mais d'après la prière que j'ai faite à Mlle Doligny, le jour de la dernière représentation, de demander de ma part à la Comédie qu'on cessât de jouer ma pièce jusqu'à ce qu'on eût daigné se recorder [1] pour lui rendre un peu d'ensemble, dont elle manque absolument, je ne crois pas dire une chose hors de place en vous prévenant que si *le Barbier de Séville* tombait aujourd'hui au-dessous de 2 300 francs, j'espère que cette séance mortuaire n'entrera pas en ligne de compte. C'est à vous, Messieurs, que je demande justice de vous, et j'en userai franchement ainsi dans toutes les occasions, ne connaissant point de manière plus certaine de vous prouver l'union d'intérêts, l'attachement sincère, et la considération parfaite, avec lesquels je me ferai toujours un honneur et un plaisir d'être, Messieurs, votre très humble et très obéissant serviteur.

CARON DE BEAUMARCHAIS.

Je prie mon ami Préville [2] de soutenir un peu son organe en jouant, si cela lui est possible. On perd beaucoup du rôle de *Figaro*.

---

1. Se la remettre en mémoire. Cf. *le Mariage de Figaro*, I, 11 (éd. Bordas, l. 601) : « Il faut bravement nous recorder. ». — 2. Célèbre comédien.

TABLE DES MATIÈRES

Le théâtre au XVIIIᵉ siècle ....

La vie de Beaumarchais et son époque ....

Beaumarchais : l'homme 2

Beaumarchais : son œuvre 2

Bibliographie, Discographie 3

La comédie du *Barbier de Séville* : les sources; petite histoire du *Barbier*; la nouveauté du *Barbier*........................... 3

Schéma de la comédie...................................... 3

Lettre modérée sur la chute et la critique du « Barbier de Séville »...... 3

Les personnages 5

Les acteurs 60

Premier acte 6

Deuxième acte 8

Troisième acte 108

Quatrième acte 132

Étude du *Barbier de Séville* : l'intrigue; les personnages; le style; comment on a jugé la pièce au cours des siècles............... 147

Le *Compliment de clôture* : Introduction; Compliment de clôture du 29 mars 1775; Compliment de clôture pour les comédiens du Marais 155

Le *Barbier de Séville*, opéra-comique 175

Du *Barbier de Séville* à la Société des auteurs dramatiques 181

Correspondance 189

ILLUSTRATIONS .... pages 2, 26, 36, 78, 79, 106, 107, 116, 146

E 1297 – MAURY-IMPRIMEUR S.A. – 45330-Malesherbes

Dépôt légal : 2ᵉ trimestre 1973

D/1967/0190/28 – 8ᵉ édition 1973